河合隼雄著作集

心理療法

3

岩波書店

序説　専門職としての心理療法家

心理療法家を志す

子どものときから、人間関係のしがらみに関心があったように思う。母親が知人や親戚の人たちと世間話をしたり、愚痴を述べ合ったりするのを聞くのが好きだったようだ。子ども心にも「人生はままにならない」というような気持で聞いているのだが、それにしてももうちょっとうまく生きられないものか、と思い、たまりかねて「こんなふうにしたら」と口をはさむ。どうせ子どものことだから話を聞いていてもわからんだろう、と思っているところへ、口出しをするので、「ギョッ」となるのだろう、恐るべき子というような目で見られたり、感心されたりした。

青年期になると、当時の学生の誰もがするように、映画を見たり小説を読んだりするが、私は芸術的価値はあまりわからず、登場人物に同一化して泣いたり笑ったり。後になっても、あのときにこうすればよかったのではないか、などとひたすら主人公の幸福を願ってあれこれ考える。当時の学生は仲間で集って映画や書物の批評をしていたが、各人がそれぞれ哲学や芸術や文学などについて高邁な知識や見解を示すなかで、私は主人公の幸福についてあれこれ考えているので、カッコーが悪くてあまり発言ができない。それに、私が読んで感激しているのは「大衆文学」とか言われるのが多くて、高尚な「純文学」というのは、どうも面白くないのが多い。

私の大衆文学愛好傾向が長年月にわたって鍛えられて、心理療法家という専門家になったとも言えそうである。しかし、この間に、子ども時代の家族、結婚後の家族の関係において学んだことも実に大きいと思う。もちろん、専門家になるための訓練も受けたのであるが、家族との関係を抜きにして「訓練」を考えることはできない、と思うほどである。

　大学卒業後は高校の教師をしていたが、だんだん心理療法を専門にしたいと思うようになった。といっても当時の日本には、そのような専門家は居ないと言っていいほどであった。

　そこで、アメリカに留学し、ＵＣＬＡのクロッパー教授のもとに学ぶことになる経緯については、既に本著作集第一巻の序説に述べた。アメリカに行くと、臨床心理士(clinical psychologist)という専門職が明確に確立しており、数え切れぬほど多くの人が働いている。これには感心すると共に、いつか日本にもそういう日が来て欲しいと思った。

　アメリカから帰国して一年後にスイスに行き、ユング研究所でユング派の分析家になるための本格的な訓練を受けた。訓練の中核はあくまで教育分析であるが、その間に多くの講義や演習があり多くを学ぶことができた。中間試験をパスすると、自分が分析をし、それを指導してもらうスーパーヴィジョンという制度がある。一回分析をすると、すぐそれについて報告し指導を受けるのだから、非常に実際的であり、力をつけるのに役立つ。スーパーバイザー(指導者)はいろいろなタイプの人につく方がいいので、少なくとも三人以上の人を選ぶことになっている。私は四人のスーパーバイザーについたが、同じユング派と言っても、実に多様で、そんな点でも多くを学んだと思う。

　当時は、日本人が下手な英語やドイツ語で分析をするというのに、受けに来る人がいるかと心配だったが、やりはじめてみると——少しはつまずきもあったが——結局は人種の違いなどあまり問題でないことがわかって嬉しかった。われわれの年代の者は、どうしても西洋人に対して劣等感をもってしまうが、それが随分と克服されたと思う。

一九六五(昭四十)年にユング派の分析家の資格を得て帰国。早速、心理療法の実際に取り組むことになった。それと同時に、日本で臨床心理学を学ぼうとする人たちの指導をすることになった。ユング研究所で学んできたことをそのまま伝えるのは無理と思ったので、受けいれやすい方法で徐々に伝えてゆこうとした。

夢分析についてすぐ述べるのは機が熟していないと思ったので、箱庭療法を先に伝えることにした。夢と異なり、箱庭はそれをつくる人の意識的関与が強いので、それだけ危険性も少ないし、結果をスライドに映して示すことができるため、治療の過程を納得させやすい、という利点がある。それに、日本には「箱庭遊び」の伝統もあるので親しみやすい。このような考えで箱庭を導入したことは大成功であった。日本中に広がり、成果をあげることができた。箱庭療法は日本で急激に発展し、そのおかげもあって、私は創始者のカルフ女史の後を継いで、現在、国際箱庭療法学会の二代目の会長をしているほどである。そのようなこともあって、本巻にも箱庭療法の初歩的な解説を収録することにした。読者に、箱庭療法についてある程度知っていただきたいと思ったからである(心理療法に関する専門的な論文は、本著作集に収録していない)。

専門家の条件

スイスから帰国したときには、わが国において、臨床心理士の資格を設定しようとする動きが活潑になり、他方、それに反撥して臨床心理士を専門職と考えるのに反対する動きも強く、対立していた。当時は日本中の大学で学生運動が盛んだったこともあり、それと響応する形で後者の方が力が強いという感じがあった。

この両者のどちらの主張にもそれぞれ根拠があった。専門家はいらないと主張する人たちは、いわゆる「専門家」が権威を後ろ楯にして、弱い者としての患者を喰いものにしたり、不必要に統制したりすることに対する反撥を基にしていた。当時の私自身が思ったことは、資格とか専門家とかについて制度上の議論を戦わす以前に、わが国の臨床心理士がそれにふさわしい能力を身につけることが必要だということであった。私が不思議に思ったのは、心理療法など役に立たない、と主張する人たちが、それを行うための基本的訓練も受けずに、ちょっと真似事のようなことをしただけで、その経験を基に発言していることであった。私は当時の一番大切なことは、心理療法についての訓練や研修を行うこと、そもそも、心理療法とは何か、臨床心理学とは何かなどについて、自分たちの経験を通じて考え、他を説得してゆくことだと考えた。

その後、臨床心理学をわが国に定着させるための努力を続けてきた。それはまだまだ満足できる状態にはなっていないが、心理療法家としての能力を身につけた人たちが飛躍的に数多くなってきたし、一般にも臨床心理士の役割についての理解が広まってきた。臨床心理士の資格という点では、これからまだまだ困難と戦っていかねばならない、と思っているが、ここではその制度的な面ではなく、臨床心理士の資格、あるいは、心理療法家の専門性に内在する重要な問題について触れておきたい。

心理療法家は、医者や弁護士が専門職であるというのとは異なる側面をもっている。それは人間の「関係性」ということが重要であること、および治療の過程に創造的(というのが強すぎるならば、発見的《ヒューリスティック》)な要素が必要であること、である。つまり、専門家が素人の知らない知識や技術を身につけて、それを「適用」することによって問題を解決してゆくという面よりも、むしろ、心理療法家とクライエントの間に成立する関係によって、クライエントの潜在的可能性がはたらきはじめ、それによって両者の関係も深まり、可能性も形をとって現われやすくなってくる。と言っても、可能性が一挙に出現してくるときは、それが否定的な形をとって出てくるので危険性も高い。急激な変革への可能性は、「自殺」という形をとるかも知れないし、両親からの自立のはたらきが「親殺し」という形をとることもある。したがって、このような過程を共にすることは極めて困難である。

このような困難な仕事をやり抜くためには「専門家」として訓練されたものでなければならない、と私は考えている。しかし、その人が自分は「専門家」だから、クライエントよりも「上」に居ると感じると、もっとも大切な関係性が破壊されてしまう。ここのことのみを意識すると、「クライエントと対等の関係になるべきなので、専門家であってはならない」という主張がでてくるのも、うなずけるところがある。しかし、これは狭い意味で「専門家」ということを規定しているからであって、私の主張するような「専門家」の在り方を考えると、その必要性がわかるであろう。

「対等の関係」というのを、センチメンタルに受けとめるので、「患者と共に歩む」とか「専門家はいらない」などという短絡的な主張が出てくるのだと思う。われわれは、確かに、「未知の世界に共にすすんでゆく」点において対等ではあるが、それにある程度役立つ知識や技法をもっている点においては、クライエントと同等ではない。しかし、ここに言う「ある程度」というところに、心理療法家の専門性の微妙なニュアンスが存在している。このようなことを細部に至るまで、自分の身につけた知識として持っていることが必要なのである。

確かに深層心理学の知識を身につけると、他人の心がわかるように思ったり、わかったようなことを言ったりすることができる。しかし、そんなことをしている人は私の考えている「専門家」ではない。現象の外側に立って観察したり操作したりするのではなく、現象のなかに自らもはいり込みながら、しかも自分の足場を失ってしまうことがない、という「専門家」を望んでいるのである。

心理療法学の確立を目指して

本巻を読んでいただくとわかるとおり、私は心理療法の根本は、クライエントの自己治癒力にあると思っている。問題が表層的なときは、ある程度は操作的に考えられなくもないが、人間の本質がかかわってくるほど、「科学的操作」を加えることによって「治す」という考えとは異なってくる。しかし、「科学主義」の考えは、一般的にまだまだ強いと言っていいだろう。

その上に困難なことは他にもある。人間の心の可能性の方に注目すると、それは概念的に明確に把握されるものとしてではなく、イメージとして表現される。そのため、従来の「学問」の条件として重視されてきた、明確な概念規定の上に立って、概念間の相互関係を明らかにし、論理的操作を行なって体系化をする、ということが極めて困難になる。「臨床心理などは学問ではない」とか「心理療法のような非科学的なものは駄目だ」とか、すぐに言われそうなのである。

もっとも、科学的研究法や概念の明確化が不可能とか無意味というのでもない。問題に限定を加えるときは、それらのことは可能である。たとえば、人間を対象としても医学の場合であれば、身体に限定して科学的研究は可能であり、大いに成果をあげている。心の問題でも、それに限定を加えられるときは、科学的研究が可能である。心理療法の場合でも因果的な考えに頼って助言を与え成功するときもある。しかし、そこで「人間全体を問題にする」立場をとりはじめると、話は簡単にはすすまない。

自己治癒の過程と言っても、それを理解する力がないとその過程を共にすることは非常に難しい。そこで、イメージを読み解く能力を身につける必要がある。そこで、夢分析や箱庭療法などを導入したが、既に述べたような理由で、箱庭からはじめ徐々に夢についても語ることにした。これらのことは知的な理解だけでは駄目なので、できる限り体験的に理解してもらうようにしたので、それが成功の基となったと思われる。「自己治癒の力」などといっても、その素晴らしさを体験してみないことには話にならない。

長年月にわたる努力によって、臨床心理学を専攻する人たちに、以上に述べたような考えをひろめることにはある程度成功した。しかし、自分の行なっている心理療法を、何とか体系化した「学」として大学のなかに位置づけるという課題があった。それは端的に言えば、これまでのアカデミズムの常識を破るようなものであった。このような点に苦しんでいたとき、一九七〇年代の終り頃、中村雄二郎、市川浩、山口昌男、多木浩二、(故)前田愛という人たちがつくっていた「都市の会」に参加させていただいた。月に一度くらい集って、それぞれの専門の分野から発言するのだが、この人たちも各人が新しい学問の地平を開拓しようと努力している人だったので、私にとって非常に意義深いものとなった。

専門を異にする人たちであったが、私の考えている心理療法の本質をすぐ理解し、私が「心理療法学」を建設しようとするのを助けていただいた。中村雄二郎氏の「神話の知」、「臨床の知」という考えは、私の考えをすすめてゆく上で大いに支えとなった。「都市の会」のメンバーには感謝するところが大である。

このようにして考えてきたことを、一九九二年に京都大学を退官するにあたり、『心理療法序説』として発表した。これは本巻に収められている。『序説』としたのは、私の心理療法学がまだまだ未完で、他の人々によって今後発展させられるのを期待するからである。それと共にひそかに思っていたのは、学生時代に読んで感激した寺田寅彦の『物理学序説』に少しでもあやかりたい、と思ったからである。『物理学序説』は物理学の本質に触れながら、学問とは何かとか、学問研究の方法論について考えさせられ、物理学を専門にしない者にとっても意味ある書物であると思った。そんな点で、『心理療法序説』も心理療法に関係のない方にもあんがい読んでいただけるのではないか、と思ったのである。

ここで大風呂敷をひろげると、この本がヒントになって、他の文科系の学問領域においても方法論についての反省が生じ、臨床経済学、臨床経営学、臨床法学、などというような学問領域が新しく拓かれるといいのだがなどと夢見ている。「臨床教育学」という講座は既に京都大学教育学部に存在している。

心理療法家の成長

心理療法をいわゆる自然科学的方法の適用と考えないことは、各人の個性によってその方法や理論に差が生じることを許容することになる。端的に言って、心理療法家は自分の「好き」な学派を選ぶことになる。学派の相違という点については、本文中に論じている。私はこのように考えたので、京都大学の教授をしている間に、ユングの考えを学生や院生に押しつけないように配慮したつもりである。京大在職中に、臨床心理学や心理療法に関する講義はしたが、「ユング心理学」と銘打つ講義を一度もしなかったのも、このためである(他大学から要請されて、集中講義で「ユング心理学」の講義をしたことはある)。

どれかの学派を選ぶとしても、それはあくまで自分の個性と関連し、クライエントの個性とも関連するので、「絶対的に」正しい答などはない。その都度、発見的に生きてゆかねばならないが、そのときのある程度の目安となるのが理論である。とは言っても、時に学派の創始者が教祖のような感じで受けとられ、理論が教義のようになるのは、どうしてだろう。

これは、心理療法ということが、全人的な関与を必要とし、それは絶対的なものに頼る方がはるかに生じやすいためである。「あれもあるしこれもある」と思っている人と、「これしかない」と思っている人とを比べると、後者の方に全人的な関与が生じやすいのは当然である。したがって、理論について相対的な考え方をもつ人よりは、それをドグマ的に受けとめている人の方が、成功しやすい時があるのも当然である。しかし、それは常にそうとは限らず、クライエントの状態によっては、まったくの的はずれで、危険なことが生じることさえある。

このあたりのことをよく心得て、自分がなぜ、ある学派を選んでいるか、それは何を意味するかについてよく考える必要がある。そして、どのような類の「資格」であれ、それを持つことは、むしろ出発点に立つことを意味し、常に自分自身の成長ということを心がけていなければならない。

私がユング派に属しているのは、ユングの言ったことがそのまま正しいとか、ユングの生き方をそのまま真似るのではなく、自分の生き方を探求する上で、ユングの思想や理論が意味をもち、それと対決しつつ自らの成長を志す集団に属することが、私にとって今も意味をもっている、ということである。したがって、それが普遍的に正しいなどとは思っていないが、あるときある場合に、私にとって「これしかない」と思わせるような強い支えとして機能することを認めている。そして、それほどの態度をもちながらも、うまくゆかないときは、私にとってそのようなことが生じたのはなぜかを考え直す。そこから、私の成長ということが生じるし、心理療法の過程が展開する、と考えている。

成長という言葉は、どうしても段階的な進歩のイメージを与えやすいので、成熟という言葉の方がいいかも知れない。それは進歩というよりも深化というべきであろう。段階的な進歩のイメージは、安易に上下関係をつくりすぎる。成熟することは、上下の関係では測り得ない。

治療者は外的には何もしていないように見えても、内的にはいかにエネルギーを使っているかを知ってもらうため、「夢の中のクライエント像」という論文を書いた。自分の内面にかかわることを書くのはどうかと思ったが、還暦でもあるので後輩にサービスして、自分の古い夢を取りあげた。その中にも書いているが、私が京都大学で指導をするようになってから、大学院生が自分のクライエントの夢を見ることが増え、それが治療者自身の成長に役立つ、ということが認められた。はじめは、そのような例について発表しようかと思ったが、あまりにもその人たちの個人的なことにかかわってくるので、自分の古い夢を使うことにしたのである。

ユング派では夢を重視するので、私は実に多くの夢の報告を受けていて、その資料も膨大なものになった。しかし、夢分析についての一般論を書くのは非常に難しく、これまでたくさんの書物を書いたが夢分析についてまとまった書物を書くことはできなかった。論文としては夢に関して書いたものは他にもあるが、本巻には夢に関するもので一般にも読みやすいものを三篇収録した。これらによって、読者は、夢に対する私の考えを相当に了解されることと思う。

治療者の成長という点では、資格をとってからも適当な機会にまた夢分析を受けるのは大いに役立つことである。私も資格取得後、何日かスイスやアメリカに行き、短い期間でも夢分析を受けて、大いに意義があった、と思っている。成長するためには、自分の「師」をもつことが必要であるが、私は、日本人の師として「明恵上人」を持ち得たことは幸いであったと思っている。西洋人の師だけではやはり残念である。明恵上人と対話し、その導きに従うことで、思いがけない道が広がってきて、まだまだ学ばねばならぬことが多いのを痛感している。道は遠いが、ともかくまだ歩き続ける力は残っているようで有難く思う。

河合隼雄著作集第3巻　心理療法　目次

序説　専門職としての心理療法家

I

心理療法序説

I

心理療法序説

はじめに

本書は心理療法に関するものであるが、どのような意図をもって、どのような立場に立って書くのかを最初に明らかにしておくのがよいと思われるので、その点について述べることにする。

本書は長年にわたる筆者の心理療法の実際経験を基礎として書かれている。しかし、その経験そのものを詳しく述べるのではなく、心理療法の経験を積みながら、常に考えさせられてきた、「心理療法とは何か」という本質的な問いにかかわる考えに焦点をおいて書かれている。心理療法を行なっていると、極めて実際的に、たとえば、この人はほんとうに自殺する気があるのか、それに対してどう対処するのか、ということに追われる一方、心理療法は人間にとってどんな意味があるのか、どんな価値があるのか、という極めて本質的な疑問にさらされ、それは簡単な解答を許さぬものがある。

そのような疑問に答えようと努力してきたことをここに記すのであるが、それを「序説」と名づけたのは、まさにこれが「はじまり」であり、この後どのように発展してゆくのか、まだまだわからない、という気持が強いためである。あるいはこの「序説」がひとつの契機となり、読者の一人一人が自分の心理療法観をつくりあげる動きを起こすことにでもなれば、幸いと思うからである。

一九五二年に京都大学の数学科を卒業したときは、一生の間高校の教師をすると決心していたので、その仕事に専念した。すぐに生徒たちが「相談」にくるようになったが、その頃は、ただ単純に素人の熱意や善意によって対していたが、それが危険なものであるし、非力なものである、という自覚もあったので、より「科学的」な方法を身につけて、生徒たちの役に立ちたいと思った。

そのような考えから、京都大学教育学部で臨床心理学を学び、その後、フルブライト奨学生としてUCLAに留学し、続いてスイスのチューリッヒのユング研究所で訓練を受け、一九六五年にユング派分析家の資格を取得した。その後帰国して、心理療法の「専門家」としての自覚をもって仕事を続けてきた。

ここに言う「専門家」とは何を意味するかについては本文中にも論じるが、単に知識や技術を身につけている、ということでは表現し難いものがあることを、まず断っておかねばならない。心理療法は自分のもっている知識や技術を他に「適用」できる、というものではない、と考えているので、その専門性については、よく吟味してみる必要があると思うのである。こんな基本的なことでも論じはじめると切りがないと感じさせられるのが、心理療法の特徴であり、本書を「序説」と名づける所以もそんなところにあると言うことができる。

心理療法の科学性ということは、筆者にとって大きい課題であった。もともと理学部の出身ということもあって、自然科学には関心が強く、若いときは御多分に洩れず、科学こそが信頼し得るもの、といった考えが強かったので余計にこの点にこだわり続けてきたのである。心理療法を実際に行なっていると、驚くような効果をあげることがあるので、そのように効果があがるというだけで信頼したり、「科学的である」と思ったりする人もあるが、筆者はそれに満足できなかった。また、心理学の科学性について(実験心理学も含めて)、相当に確信をもって保証する人もあったが、理学部出身の筆者としては、ほんとうに納得できるものではなかった。従って、本書では、心理療法の科学性や方法論の問題が、相当に論じられるだろう。

悩んでいる人に忠告や助言を与えることを、まったくしないわけではないが、それは心理療法の仕事においては、ほとんど重要なことではない。忠告や助言で解決するような人は、心理療法など受けにこないといっていいかもしれない。心理療法は長い道程をクライエントと共に歩むものであるが、長い間この仕事を行なっていると、「よくなる」とか「治る」とかいう点についても疑問をもたざるを得なくなってくる。「よくなる」とか「治る」とかいう表現が当てはまる、と考えられる例も存在するが、そうとばかりは言っておられないのである。なかなかよくならない人がある。そもそも、よくなるとはどんなことかさえわからなくなるときもある。そうなると、「よくなる」とか「治る」とかをこえて、人間が「生きる」ということにまで考えが及んでくる。

人間が生きてゆくことを考える上で、どうしても不可欠と考えられる、哲学、宗教、教育などが心理療法と関連してくる。心理療法はそれらとどう関連するのか、あるいは、心理療法をそれらとは異なる独立の領域として提示することができるのか。これらの問題も見逃すことのできないものとして、本書のなかで論じられることになろう。

心理療法を筆者がどのような立場に立って行なっているか、従って本書がどのような立場から書かれているのかを明らかにしておきたい。心理療法を「自然科学」と考えたい人は、それに学派や立場の相違があるのをおかしいと思うであろう。自然科学なら「真理はひとつ」でなければならない。それにもかかわらず、学派による相違があるのはおかしいということになろう。これについて、筆者は心理療法をいわゆる「自然科学」とは思っていない。わざわざ「いわゆる」などと言ったのは、心理療法の科学性について考えることによって、従来からある「科学」に対する考え方自体についても反省すべき点が見出せると思うからである。

心理療法の行なっていることは、敢えて言えば「人間科学」とでも言うべきことになるだろう。心理療法は全人的な関与を必要とするもので、人間と人間との主観的なかかわりを不可欠とする。と言っても、自分の在り方を何らかの方法によって対象化することを怠っていると、まったくのひとりよがりになってしまう。そのようなときに、自分がよっている学派を明確にすることは、その対象化を行いやすくする利点をもっている。

どれかの学派に属したり、その理論に頼ったりするときは、何らかの偏りを生じるので、自分はいずれにも属さずにできる限り正しい方法を選ぼうとする、という主張は、もっともらしく聞こえるが、その人が実際に行なっていることを見ると、著しくひとりよがりになるか、あるいは、あまりコミットせずに困難なケースを避けているか、という場合が多い。自分は是々非々でゆくと言っても、そのときの自分の判断がどうして決定されるのか、という点で甘くなってしまうのである。

ある学派を選ぶのは、それが正しいからではなく、自分にとって適切だから選ぶのである。あるいは、自分の判断を照らす適切な鏡として、それを選んでいるのである。

このようなことを自覚した上で、筆者はユング派に属していることを明らかにしておきたい。これは、C・G・ユングが行なった自己分析の方法と理論が、今までのところ自分にとって意味をもち、自分の心理療法の仕事を対象化して論じる際に、もっとも適切な理論をもつと筆者が判断していることを示している。従って、ユングの言ったことがすべて「正しい」とか、ユングの言ったとおりのことを自分がしなくてはならない、などと考えているのではないのである。

心理療法について述べることは極めて難しい。それは心理療法が取り扱う人間の心というものが捉え難く、二律背反に満ちているからである。心理療法の二律背反性については、これまでにも多々論じてきたが、このために、心理療法について定言的なことを言うのは、ほとんど不可能である。何かのことを言えば必ずその反対のことも言いたくなるようなところがある。さりとて、余りにも曖昧なことばかりも言っていられない。そこのところは、ある程度の思い切りをもって発言するより仕方がない、と思っている。

以上に簡単に述べた心理療法の科学性や学派の選択の問題については、本文中に再びもう少し詳しく論じられるであろう。ともあれ、最初に前述したような諸点を明らかにしておいて、本題にはいりたいと思う。

第一章　心理療法とは何か

心理療法は、心理的に困っている人を援助するという極めて実際的な要請に応えて行われてきている。そして、その名前が示唆するように医学の領域から生じてきた、「病気を治す」という一般的なイメージと平行して、心理的な苦痛を和らげるという目的を期待されている。このことを心理療法家は忘れてはならない。しかし、人間という存在はそれほど単純ではなく、心理的苦痛や問題ということのみに限定して「治療」を考えることは不可能で、心理療法は現在においては、医学の領域をはるかにこえてしまって、その目的や方法も一筋縄では把握できないものとなっている。従ってそれを「定義」することなど不可能に近いのだが、話のはじまりとして一応それを試みることにする。

1　心理療法の目的

既に述べたように、心理療法は最初は相当に限定された意味をもって出発したが、人間の心にかかわることは、結局は人間存在全体にまでかかわってくるので、人間の生き方や人生全般のことまで考えないと、心理療法を行うことができなくなってしまった。そのために、フロイトにしろユングにしろ、それぞれが人生の目標ということまで考えることになり、心理療法の目的を考えることは、人生の目的を考えることだ、というほどになってしまった。

しかし、それでは話が広くなりすぎるので、もう少し実際的なことも加味して、心理療法とは何かについて考えてみることにしよう。それについて筆者は次のように考える。

心理療法とは、悩みや問題の解決のために来談した人に対して、専門的な訓練を受けた者が、主として心理的な接近法によって、可能な限り来談者の全存在に対する配慮をもちつつ、来談者が人生の過程を発見的に歩むのを援助すること、である。

既に述べたように、心理療法を簡単な言葉で記述することは不可能に近い。ここに記したことも、これによって心理療法を「定義」すると言うよりは、考えの出発点として提示したと言うべきである。

悩みや問題の解決を期待して来談する人――われわれはクライエントと呼んでいるが――に対して、「専門的な訓練を受けた者」が会うと書いたのは、心理療法は専門家でなければやるべきではないと考えるからである。それは後述するように相当な危険性を伴う仕事であり、クライエントの利益を守ることを考えると、心理療法家の専門性を大切にしなくてはならないと思う。そこで「訓練」という用語を使用し、「専門的知識」と書かなかったのは、この仕事は知識をもつだけでは駄目で、実際的な訓練を必要とすると考えるからである。知識のみに頼って心理療法を行うと、害の方が多い。これらのことについては後に詳しく述べるであろう。

「主として心理的な接近法によって」と、わざわざ「主として」をいれたのは、場合によっては環境の調整が必要であったり、身体的なアプローチを必要とすることがあったりするからである。心理療法における身体的アプローチはだんだん盛んになりつつあり、今後もますます重要となってくるであろう。しかし、その場合の「身体」は、心と切り離して考えられる「身体」ではなく、その人によって「生きられている身体」、あるいは、心身不可分の立場によってみる身体であることを忘れてはならない。もちろん、心理療法の過程で、純粋に身体のことが問題になるときはあるが、それは医学の領域であり、心理療法家が医者であれば、それも自分が担当するべきか、他の医者にまかせるかを考えねばならないが、心理療法家が非医師の場合は、身体のことは医者にまかせて協力してゆかねばならない。

次に「来談者の全存在に対する配慮」というのは少し説明を要するであろう。たとえば、不登校の生徒が学校に行くことを、両親はもちろん本人も望んでいるかもしれない。しかし、心理療法家としては、すぐに登校することを目標とするのではなく、その生徒の生き方をできるだけ全体的に見てゆこうとする。そうすると、その子がその家族の何代かにわたる重荷を背負っていることがわかってくる。そのようなときに登校を焦るよりは、その問題について本人はもちろん、それを避けてきた両親も共に直面してゆくことが必要となってくるだろう。このようなことは実に多いのである。

そのときにわざわざ「可能な限り」と書いているのは不必要のようにも思われるが、それは実のところ「全存在に対する配慮」などということは、実際的に不可能であることを意識する必要があると思うので、このような言葉をいれたのである。あるいは、自分はこの際、この程度までを考えている、という自覚が必要とも考えたわけである。このようなことは実際上は極めて困難な決定を治療者に強いてくるときがあるが、その状況を明確に認識しているかどうかが大切なのである。

クライエントが人生の過程を「発見的に」歩む、としたが、この発見的(heuristic)という言葉は、万人共通の方法や法則が決まっていてそれを「適用」するのではなく、そのつど、適切な道を「発見」しなくてはならぬことを意味している。しかし、それはまったくの無方策でなく、ある程度一般的に通用する法則などを知りつつ、場合に応じて考えねばならぬことを意味している。登山の場合などを考えるとよくわかるかもしれない。それは処女峰であるので、明確にどうすればいいとわかっているわけではない。しかし、天候や山形や隊員の能力やなどについては、ある程度わかっており、決してしてはならないこともわかっている。ただ、そのときその場の決断となると、絶対正しい方法があるというわけではない。また、そのときにとる方法にしても、あれを試みてみたり、これを試みてみたり、あるいは途中で方針を変更したり……ということになろうし、それこそが「発見的」なのである。

人間の個性が一人一人異なることを強調するならば、ここは「創造的」と表現することにもなろう。そのような場合も確かにあるが、やはり、人間一般に対する考えや理論を考慮しつつ「発見的」に行なっている、とする方が実際の感じに合うように思われる。先に登山の例をあげたが、心理療法は一人一人の例がともかく「処女峰」の登山である、という事実はよく認識しておくべきである。

あるとき、吃音のクライエントの心理療法を行なっていたとき、「先生は今までに吃音の人を治療したことがありますか」と訊かれた。その質問は言外に、こんな面倒なことではなく、吃音の治療法というのがあれば、早くそれをやってほしい、あるいは、治療者はそういうのを知っているのか、という意味がこめられていた。そのとき治療者は、「吃音の方には今まで何人かお会いしてきましたが、吃音である××さんという方にお会いするのは、これがはじめてです」とお答えした。この答によって、クライエントは心理療法は「発見的」なものであり、それに伴う苦労もあることを了解されたようである。

「クライエントの発見的な歩みを援助する」と表現したところは、「クライエントと共に歩む」としようかと迷ったところである。治療者の実感としては後者の感じが強い。治療者の気持の表現としてはそのように言うことはあるとしても、さりとて、治療者がクライエントと安易に同一化したり、していると錯覚したりすることの危険を考えると、やはり「援助」の方がいいかと思って、そのようにした。

ここに「自己実現の過程」という表現を用いてもよかったが、自己実現という言葉が現在ではあまりに安易に用いられているので、誤解をおそれて用いないことにした。心理療法に実際に従事していない人や、軽症の人にのみ会っている人が、簡単に自己実現ということを言いたくなるようにも思われる。

以上のようなわけで、相当な曖昧さをもった表現によって心理療法をどのように考えるかについて述べたが、この程度の曖昧さがまず妥当なところと思う。人間という存在の不可解さを考えるとき、ある程度の曖昧さを残しておく方がいいと思うのである。

心理療法を人生の過程という広いパースペクティブのなかで捉えつつ、実際的には心理療法の終結ということがあるのを忘れてはならない。クライエントが自分の人生を発見的に生きてゆく態度を自分なりに確立すれば、心理療法家から離れてゆけるわけであるが、そのようなことを一方で考えるとして、他方では症状がなくなった、当面の問題が解決した、ということで実際的な終結がくることも知っていなくてはならない。いろいろな場合に応じて変化させねばならないが、心理療法の目的や、終結の意味などについて、できる限り言語によって意識化するように努めるべきである。

言語化するとき、クライエントの「腑に落ちる」言葉を用いることが大切である。どこかで教えられた横文字の言葉に言いかえるのは、多くの場合、その過程の「発見的」な様相を壊し、クライエントの個性を傷つけることにもなりがちであるので注意すべきである。この際、クライエントの用いた言葉を使用すると効果的なことが多い。子どもの問題で来談する母親は、実は自分の問題であってもそれを意識化するのが怖いので、子どものことに託しながら自分のことを話す人が多い。そのような母親が、「これまでは、子どもを盾にしてここにきていましたが」と言う。そのようなとき、「あなた自身が問題なのです」と言うよりは、「その盾をそろそろ置いても、ここにこられませんか」とか、「盾の陰から顔ぐらい覗かされても……」とか表現する方が、ピッタリと気持に沿った感じがするのではなかろうか。特に、クライエントが何らかのイメージによって表現するとき、そのイメージによって語るとうまくゆくことが多い。もちろん、時には明確に、「子どものこととしてではなく、あなたのこととしてきて下さい」などと言語化することも必要であろう。

2 心理療法のモデル

心理療法を行なってゆく上で、それはある程度、モデルに従って考えられる。実のところはそのような簡単なモデルに従っているのかどうかわからないのだが、一応、治療者がそのようなモデルを心のなかにもっている方が、ことが運びやすい面がある。もちろん、その功罪は相半ばするほどであるが、それについても述べるであろう。

医学モデル

西洋近代の医学においては、次のような考え方によって治療を行なっている。

症状 → 検査・問診 → 病因の発見(診断) → 病因の除去・弱体化 → 治癒

この考え方は自然科学的な思考により、因果的関係の把握を行い、それによって治療を行うのだから非常にわかりやすい。症状としては頭痛などを訴えて患者がくる。検査によって脳に腫瘍のあることがわかり、それを手術によって除去し、治癒する、というような過程をたどる。

この考えがわかりやすいので、フロイトが最初にヒステリーの治療に成功したときも、このモデルに準じて彼の説を発表した。周知のことなので説明は繰り返さないが、次のように言えるだろう。

症状→面接・自由連想→病因の発見→情動を伴う病因の意識化→治癒

フロイトは最初は催眠を用い、後に自由連想を用いるようにしたが、ここで彼は「無意識」という概念を導入し、患者がその病因については意識していないので、それを意識化させることが治癒につながると考えたのである。このような考えは、一応、自然科学的なモデルに従っているので承認しやすくて、多くの人がこのような考えに従おうとするが、現在においては、このようなモデルによって考えてもほとんど有効ではない。この点については後に再び述べる。

次に考えられるモデルとして、**教育モデル**がある。

問題→調査・面接→原因の発見→助言・指導による原因の除去→解決

この考え方も因果律の考えによっている。いかなる問題もその原因があるはずである。従って、それを調査や面接によって明らかにする。その際、その個人の知識の不足、しつけの不足などを見出し、それに対して、助言や指導を与えたり、時には訓練をすることによって、問題を解決する。このような考えも実際的にはほとんど有効ではない。たとえば、盗みをする少年に「盗みは悪いからやめなさい」と指導しても、なかなかやめるものではない。心理療法を受けにくるような人は、助言や指導によっては問題が解決できないような人がくると言っていいだろう。

以上の考えはあまり有効ではないが、一般的にはこのような考えに頼ろうとする人が多い。それは、人間にとって因果律によって考えることがどれほど身についているものかを示している。物質を扱う自然科学において、その方法は実に有効であることを証明してきている。それがあまりに有効なので、その方法を人間にも応用したくなるのであろうが、人間という存在はそれほど簡単ではない。たとえば、子どもが問題を起こしたときに、「母親の冷たさが原因だ」などというが、考えてみると、冷たい母親をもったために偉大になった人もある。自然科学の因果関係のように、絶対的ではなく、それはそのような考え方もある、というのに過ぎないのである。従って、それを誰にでも「適用」しようとするのは、誤りである。

医学モデル、教育モデルがあまり有効でないので心理療法において比較的よく準拠されているのが、次の成熟モデルである。あるいは自己実現モデルとでも言うべきかもしれないが。この考えの特徴は、クライエントの問題や悩みの種類やその様子などよりも、クライエントに対する治療者の態度の方に注目する、という点で、これまでの方法と決定的に異なってくる。

成熟モデル

問題、悩み→治療者の態度(後述)により→クライエントの自己成熟過程が促進→解決が期待される

これは治療者がクライエントに対して積極的にはたらきかけるのと異なり、治療者の態度によって、クライエントの自己成熟過程が促進され、それによって問題解決が期待されるのだから、主体をクライエントにする、という点で画期的な考えである。しかし、考えてみると、多くの身体の病気も本人の自己治癒の力によって治るのだから、似たようなことと言っていいかもしれない。ここに治療者の態度として述べたことは、簡単に言えば、クライエントという存在に対して、できるだけ開いた態度で接し、クライエントの心の自由なはたらきを妨害しないと同時に、それによって生じる破壊性があまり強力にならぬように注意することである。

端的に言えば、心理療法はクライエントの自己成熟の力に頼っているのである。これは自己治癒の力とか自己実現の力とも言われるが、要するに、人間の心には人間の意識の支配をこえた自律性を潜在させており、それは一般にはある程度抑えられているが、治療の場という「自由にして保護された空間」を与えることによって、人間の心の奥にある自律的な力に頼り、生き方の新しい方向性を見出そうとするのである。

この際、直接的には「問題や悩み」の解決を目指してはいないので、「解決が期待される」と書いたのである。心理療法がこのように本人の力に頼っていることを理解されることが少なく、治療者が何かをしてくれるものと思われていることが多い。それは、誰しも因果的思考が好きで、人間を「物質」のように扱うと便利なので、そのように考えるのであろう。

このような成熟モデルにおいても、因果的思考が認められる。つまり、「治療者がオープンな態度をとるならば、クライエントの自己成熟の傾向が強められる」と、「――ならば、――となる」という表現形態をとっている。しかし、ここには落し穴がある。まず、治療者の態度、あるいは、治療者とクライエントとの関係というものは、実に記述の困難なものであり、操作的に定義はできないであろう。次に、クライエントの自己成熟の傾向などと言っているが、心が自律的に動くとき、それは極めて破壊的な傾向ももっている。治療が成功したときは、それを成熟力とか治癒力とか呼べるであろうが、このような治療者の態度によって破壊性が高まってしまうこともあるのではなかろうか。

成熟モデルの以上のような点を反省し、ある意味では、心理療法の本質をもっともよく示していると思われるものに、仮に「自然《じねん》モデル」と筆者が呼ぶ考え方がある。

自然《じねん》モデル

これはユングが中国研究者のリヒャルト・ヴィルヘルムより聞いた話として伝えているものである。(1) ヴィルヘルムが中国のある地方にいたとき旱魃が起こった。数か月雨が降らず、祈りなどいろいろしたが無駄だった。最後に「雨降らし男」が呼ばれた。彼はそこいらに小屋をつくってくれと言い、そこに籠った。四日目に雪の嵐が生じた。村中大喜びだったが、ヴィルヘルムはその男に会って、どうしてこうなったのかを訊いた。彼は「自分の責任ではない」と言った。しかし、三日間の間何をしていたのかと問うと、「ここでは、天から与えられた秩序によって人々が生きていない。従って、すべての国が「道《タオ》」の状態にはない。自分はここにやってきたので、自分も自然の秩序に反する状態になった。そこで三日間籠って、自分が「道」の状態になるのを待った。すると自然に雨が降ってきた」というのが彼の説明であった。

ここで注目すべきことは、彼は因果的に説明せず、自分に責任はないと明言した上で、自分が「道」の状態になった、すると自然に(then naturally)雨が降ったという表現をしているのである。ここで、中国人がヴィルヘルムに言うときにどのような用語を用いたかは知るよしもないが、彼が「道」のことを語る点からみて、老子『道徳経』に用いられる「自然」の話を用いたものと推察される。日本語における「自然」という用語が、西洋における自然《ネーチャー》の訳語に用いられるようになって混乱したことは他にも論じたので、ここでは省略する。[2]自然《じねん》は福永光司[3]によると、「「オノツカラシカル」すなわち本来的にそうであること(そうであるもの)、もしくは人間的な作為の加えられていない(人為に歪曲されず汚染されていない)、あるがままの在り方を意味し、必ずしも外界としての自然の世界、人間界に対する自然界をそのままでは意味しない」のであり、「物我の一体性すなわち万物と自己とが根源的には一つであること」を認める態度につながるものである。

こんなことを言うと、まったく非科学的と言われるかもしれない。そのような点については、第三章に論じるが、筆者の実感で言えば、この「雨降らし男」の態度は、心理療法家のひとつの理想像という感じがある。かつて棟方志功が晩年になって、「私は自分の仕事には責任を持っていません[4]」と言ったとのことだが、似たような境地であろう。治療者が「道」の状態にあることによって、非因果的に、他にも「道」の状況が自然に生まれることを期待するのである。

3 「治ること」と「治すこと」

一応モデルなどという形で心理療法の考え方を示したが、心理療法というのは一般に誤解されている面が強く、心理療法家が医者のようにして「治してくれる」と思われている。そのような期待をもって、自分は努力しなくても「治してもらう」と思っている人や、「人間が人間を治せるはずがない」とか「心理療法家の思うままに変えられてはたまらない」とか反撥する人もあるが、それらはまったく実状と異なっている。先に提示した、医学モデルや教育モデルにしても、本人の意志と努力なしには達成できないのである。それほど簡単に人間が変えられるのなら、心理療法家やカウンセラーという人たちが、まず自分を改造して「立派な人」になっているはずである。実在の心理療法家たちを見れば、そんなことは不可能であることがよくわかる。

心理療法家が「治す」のか、クライエント自身が「治る」のか、という形で問題を立ててみる。結論的には、クライエントの自己治癒の力が原動力ということにはなるのだが、そこにはニュアンスの差があり、治療者の主観的に感じている在り方に注目すると、「治る」、「治す」という問題の立て方が意味をもってくるのである。それぞれの治療者を見ていると、「治る」、「治す」の感じのいずれかの方に強調点がおかれており、その姿勢も異なってくるのである。

心理療法には多くの逆説的なことが生じるが、クライエントの自己治癒力が強い場合、治療者としては自分が「治した」という感じをもちやすいというところがある。つまり、医学モデル、教育モデル、として示したような方法で、治療者がクライエントの心を分析したり、あるいは、助言や指導を与えたりして、急激に治るときは、実はそのような刺戟にすぐに反応したり、取り入れたりするだけの強さをクライエントがもっており、また、それだけに、治療者の援助に対する認識ももちやすいので、クライエントは「お蔭様で」と言うであろうし、治療者も自分は「――をしてあげたので、よくなった」と思いやすい。

ここで少し軽いエピソードをひとつ。企業内のカウンセリングルームを担当するカウンセラーが、「不思議ですね。こちらがあまり役に立っていない軽いケースほどお礼を言われたり、お礼の品をもってこられたりするのに、大変なケースになるほど、あまり礼を言われませんね」と言ったことがある。わが国では専門的に訓練を受けていない人がカウンセラーとしてはたらいていることがあり、従ってこのような素朴な疑問がでてきたのだが、この事実は先に述べたことと符合する。つまり、問題が浅く、立ち直る力の強い人は、カウンセラーのしたことに対して感謝を表現する強さをもち、これに対して、困難な人はそのような余裕もないのである。そもそもカウンセラーが自分に対して、どれだけの「仕事」をしているか認識していないことであろう。

このあたりのことを考えても、単純な医学モデルや教育モデルの適用は、心理療法の場合、あまり役に立たないことがわかるであろう(この両者の有用性については、また後に述べる)。従って、成熟モデルが重要になってくる。そうすると、クライエントの自己治癒力、自己成熟力が重要になってくるので、クライエントが自ら「治る」ということが前面に出てくるのであるが、問題はもう少し複雑である。クライエントの自己治癒力に頼るにしろ、そのような力が発動される場を提供することが必要であるし、その契機を与える、ということも考えられる。後者のような条件つくりの仕事に治療者の積極性を見出す人は、「治す」感じが強くなってくるであろう。

「治す」、「治る」の論議をする上で、古代における「癒し」がどのように行われていたかを簡単に見てみよう。ユング派の分析家C・A・マイヤーが古代ギリシャのインキュベーションについて論じているが[5]、これは現代における心理療法の本質と深くかかわるものである。マイヤーによれば、古代ギリシャのインキュベーションにおいて大切なことは、「治療者」がいない、という事実である。神託を受けようとする人は、沐浴などの一定の準備をすませた後に、神殿の内部や洞窟などの定められた場所に籠り、ひたすら祈りを続けて神託の下るのを待つ。そのとき、アスクレーピオスの神殿においては、「夢見ること」それ自身がすなわち癒しであり、そこにはアスクレーピオスの像以外に誰もいないのである。この際は、アスクレーピオスの神に「治していただく」と感じるわけで、それはあくまで「神の業」であり、人間が「治す」とか「治る」とかの感じはなかったのである。

古代日本においても同様のインキュベーション儀式が行われていたようで、長谷や石山などの観音信仰がそれであったことはつとに指摘されている。有名な、親鸞の夢告の体験なども、このような流れのなかに位置づけられるであろう。

このようなときは、治す主体は神であるので、神と患者との関係のみが大切であったが、そのうちに儀式を行うための司祭や、夢の「解釈」を行なったりするような人間が、神と患者との間に介在するようになる。そうなってくると、そこに介在した人によって、「治す」ことが行われるような錯覚も生じてくるわけである。

インキュベーションに対して、古来から行われている治療法に、シャーマンによるものがある。この際は、病いの原因を「霊魂亡失」、あるいは「悪霊侵入」のいずれかとして考え、シャーマンの力によって、失われた霊魂を取り戻してもらったり、侵入してきた悪霊を追い払ってもらったりすることによって治療される。この際、シャーマンが「治す」という形に見えやすいが、このことを行うためには、シャーマンが何らかの超越的存在とのかかわりをもっている必要がある。この超越的存在は部族の守護霊などさまざまであるが、シャーマンも患者も共にそれに対して絶対的帰依の感情をもっていなければならない。

インキュベーション、シャーマンのいずれの方法にしろ、癒しは宗教的行為であった。ところが、神と患者の間に介在する人間が、自分の力によって「治す」と考えはじめると、宗教性は薄れ、魔術になってくる。つまり、人間が超越的な力を操作して癒しを行うのである。このような魔術的治療法は現代の文明国においてもまだ生き残っている。

心の病いの癒しを宗教や魔術の領域から、科学的な領域に移しかえようとしたのが、フロイトである。既に医学モデルとして提示したような考えで、彼は西洋医学が身体の病気の癒しの仕事を、神の手から人間の手に奪い取ったように、心の病いにおいても同様のことができると考えた。

西洋の医学が心と体の明確な分離、自と他との明確な分離ということを前提として、自(この際、西洋近代に確立された自我)が、他としての身体を対象として治療を行うことに範を得て、分析家が患者の心を「対象」として分析し治療を行うという考えをフロイトはもったのである。しかし、転移・逆転移と呼ばれるような両者の関係がそこに複雑にからむことが明らかになってきて、まず考えたことは、分析家になるべき者は教育分析を受ける、ということであった。つまり、「関係」によって影響されないだけの人間をつくりあげることによって、「対象化」の論理を貫徹しようとしたのである。

このような努力にもかかわらず、治療者・クライエントの関係の意味の深さは、それをこえるものがあり、後にも論を展開してゆくように、むしろそれに基礎を置くような、成熟モデル、のような考えが強くなってきたのである。

フロイトの考えた、いわゆる「科学的」方法を簡単に承認することはできないが、彼が「治す」立場を明確にしようとしたことによって、分析家の責任、資格ということが自覚されるようになったことを評価すべきであろう。

以上述べてきたことからわかるように、医学モデルより自然モデルまでを並べてみると（表1）、極めて図式的であるが、上部の方が「治す」、下部の方が「治る」という傾向が強く感じられる。実際の臨床においては、解決しようとする課題の性質によって、治療者はどのようなモデルによっても仕事ができるように心がけねばならないが、ある程度、自分の得意なモデルがあることも自覚する必要があるだろう。

表1　「治る」と「治す」

医学モデル	↑	治す
教育モデル		
成熟モデル		
自然モデル	↓	治る

「治す」タイプの治療者は、それを行うために自分がよって立つ理論にクライエントの方を合わせようとし過ぎて、「解釈」を押しつけたり、不当な要求をしたりして、クライエントの本来的な生き方を歪ませようとしていないかを常に反省する必要がある。「治る」ことを強調する人は、クライエントの自主性という考えに甘え、治療者の責任や能力という点で厳しさに欠けるところがないかを反省するべきである。一番困るのは、「クライエントの力で治ったのです」などと言いながら、治療者は自分が治したのだと考え、自我肥大を起こしてしまうことである。

「治す」、「治る」どちらの考え方をするにしろ、心理療法のもともとは宗教的行為であったことを考えると、一度は否定したはずの神の座に、知らぬ間に治療者が坐ってしまうという危険があり、この点については常に自戒していなくてはならない。

4　治療者の役割

「治す」立場に立つと治療者の役割はわかりやすい。しかし、多くの場合、クライエントの潜在的な自己治癒の力に頼ることになるので、このときは、外見的には治療者の役割が何かわかりにくいことになる。比較的短期間によくなってゆかれた方で、「お蔭様でと言いたいですが、先生のお蔭とは思えません」と言った人があったが、クライエントとしてはそのように実感されることもあろう。

たとえば、クライエントが「私は最近学校に行っていないのです」と言ったとき、「何時から」とか「なぜ」とか治療者が尋ねると、下手をすると、クライエントは情報の提供者、治療者は情報を収集して考える人、というような形になってしまう。さりとて、治療者が黙っていては関係が切れてしまう。そこで、関係を維持しつつ相手の自主性を尊重するような聞き方がなされねばならない。しかし、ここで「自主性」と言っても、むしろ、クライエントの自我ではなく、自我をこえた無意識的な心のはたらきの自主性を尊重すると考えるべきである。

治療者とクライエントの会話は、ただ単に「会話」しているように見えるが、前述したような点から、普通の会話と微妙に異なってくるし、そこには細心の注意が必要になる。困難な事例で、よくなってからクライエントが次のような礼の言葉を言われた。これは治療者に対する最大の賛辞として嬉しく思った。その方によると、最初の面接が非常に印象的だった。「先生は私の顔にも服装にも全然注意を払っておられなかった」、「私の話の内容にさえ注意しておられなかった」と言うのである。それでは、いったい何に注目していたのですと問うと、「私の話していることではなく、私の一番深いところ、まあ言ってみれば、たましいとでもいうようなところだけを見ておられました」。

これはもちろん誇張した言い方で、治療者としてはクライエントの服装や容貌やすべてのことに気を配らねばならないのはもちろんであるが、この方の言いたかったことは、他の人なら関心を示し、とらわれるようなことに治療者が全然とらわれずにいたということを表現したかったのであろう。これは簡単なようでなかなかできないことである。そして、クライエントは治療者の関心がどこに向いているかを、いち早く感づいてしまうものなのである。治療者は、クライエントが語る、時には波瀾万丈とも言えるような個々の「事件」に注目するのではなく、そのような事件にまきこまれざるを得ないようなことまでして、その背後にあるたましいは、何を問いかけようとしているのか、それに耳を傾けようとするのである。

時にはクライエントにとって「緊急」の問題があるのに、治療者がそれに対してあまり関心を示さないので、治療者の能力が低いのか、感受性が鈍いのかと、クライエントが思うときさえある。しかし、人間は多くの場合、たましいの要請の厳しさから逃れるために「緊急」の問題をつくりだすようなところがあるので、そんなのにうっかり乗ってしまっていては、話がすすまないのである。

ただ、これらのことは概念的に追究されるのではなく、極めて個々、実際的であるので、たましいの要請に直面して潰されるようなクライエントの場合は、その「緊急」の問題につき合って、治療者が共に右往左往することも必要なときもある。忠告や助言などを与えても無駄であるとわかっていても、そのことによって、クライエントとの関係の維持をもつことが必要と感じたときは、している。その内容そのものはあまり問題なのではない。その行為が関係の維持に役立つからしているのである。

自己成熟とか自己治癒の力と言っても、それが急激に行動化されるときは危険なこともある。たとえば、自己変革の力を端的に行動化しようとすると、自殺という行為になるだろう。「死と再生」のパターンは、心理療法の過程につきものと言っていいほどで、その行動化と考えられる自殺に対しては、治療者は慎重に対処しなくてはならない。単純に自殺をとめることは、せっかくの「死と再生」のプロセスをとめることになるし、さりとて、それが実行されてしまうと失敗になる。もちろん、死そのものはこのように図式化して説明できないものなので、現実にはもっときめの細かい配慮が必要だが、ともかく、治療者の役割として、安易に自殺をとめるだけが能でないことは了解できるであろう。自殺をとめるとめないという考えよりは、いかにして象徴的な死と再生の過程を歩みつつ、肉体の死を避けるか、というように考えた方が、治療者の役割がはっきりするであろう。

行動化(アクティング・アウト)にどう対処するかは、治療者にとって実に困難な課題のひとつである。訓練を受けず書物による知識によって心理療法まがいのことをはじめた人が、クライエントの行動化によって傷を受け、それ以後、心理療法をやめてしまうことになるのも、よく見かけることである。アクティング・アウトの問題は、もっと後にもう一度取りあげて論じるであろう。

治療者はクライエントの内的過程が生じるための「容器」として存在しているのだが、そのためには、自分の限界をよく知っておくべきである。もちろん、人間誰しも自分の限界に挑戦しており、それによってこそ向上してゆくのであるが、クライエントが自分の限界をこえると判断したときは、そのことを率直に話し合うのがよい。それによって、もっと適切な他の治療者を見出すときもあるし、「限界」を明らかにしたことによって、クライエントも考え直し、また関係が継続され、あらたな発展が見られるときもある。ともかく、限界以上のことを無理してしていることを認識していないときは危険である。

「モデル」化して単純に書いているので、治療者の態度が開かれているなら、すなわち、自己治癒の力がはたらいて……というように一筋道で考えられがちだが、そんなに簡単に事は運ばない。もちろん、訓練された専門家であれば、ある程度の基本的な態度はできているにしても、クライエントの話す内容が共感されてこそ心が開き、心が開くからこそクライエントも深い話ができる、というように相互作用的に過程がすすむのである。治療者の「態度」さえできておれば、知識などなくともよいというのは暴論である。開かれた態度をもつためには、相当な知――と言っても体験に根ざしてないと困るが――を必要とするものである。

治療者としては、自分の容量をこえて心的内容が露呈されてくるときには、それをとめることも必要である。ある程度の強さをもったクライエントは、治療者の容量を察知する力があり、治療者の容量にふさわしい仕事をするが、そうでないときは、過去の経験や感情の未消化のものが噴出してきてしまうときがある。クライエントはそのときは自然の勢いによってそのようにしてしまったものの、帰宅後、自己嫌悪に陥ったり、あるいは、治療者の欠点を急に意識しだしたり、防衛がはたらきすぎて中断してしまうことがある。そのように感じたときは、「その話は大切なのでまた後でゆっくりとお伺いしましょう」というような形で、噴出をとめるべきである。絵画療法、箱庭療法などの表現活動に対しても、同様の注意が必要である。一般に信じられているように、ただ心のなかのことを出しさえすればいいのではない。

治療の部屋においては、次章に述べることとの関連で言えば、意識の次元が少し変化した状態での体験をすることがあるので、時間の終り頃には話題を現実的なことに戻し、クライエントが通常の意識にかえって、帰宅するように配慮しなくてはならない。面接が深くなったときに、このような配慮を忘れると、非常に危険である。

少しこまごまとしたことを書きすぎた感があるが、これも先にモデル式に単純化して示したことから、心理療法の仕事を単純に受けとめてもらうと困ると思ったからである。何といっても、治療者がそこに存在することが、一番大切なことで、治癒のプロセスが自然にはたらいているときは、外的には治療者は何もしていないように見える。しかし、これは極めて大量の心的エネルギーを必要とする仕事である。

一例をあげる。ある治療者に対して、クライエントが自殺をしたいと思うが、その勇気がない。しかし、ここからの帰途、駅までは自動車の交通が激しいので、交通事故に見せかけて死んでしまおうと思うと言う。あげくの果ては、「先生、すみませんがせめて駅まで送って下さい」ということになり、この治療者は安易にそれに従って、以後はクライエントの依存心を強化してしまって、非常に困難な状況になっていった。

このとき、以上のことを予想して、もし送らないとするとどうだろうか。もちろん、そのときは自殺はしないという判断にたってのことだが、もし、それでもクライエントが死ねば大失敗ということになる。こんなときに、いつも通じる「正しい答」などというものはない。治療者はともかく判断を下して行動しなくてはならないが、このとき、送ってゆくのと送ってゆかないのとを比較すると、後者の方がはるかに心的エネルギーを必要とすることは明らかであろう。

心理療法家はできる限り、心的エネルギーを使う方に賭けるように心がけるのである。それを間違って、クライエントのために、あちこち走りまわったりするのを「熱心」と思ったりする人がある。もちろん、自分の能力の限界に従って、われわれは行動しなくてはならぬこともある。しかし、それは熱心だからではなく、自分の能力が低いためであることを自覚していなくてはならない。

注

(1) Jung, C. G., Mysterium Coniunctionis, The Collected Works of C. G. Jung, vol. 14, Pantheon Books.
(2) 河合隼雄『宗教と科学の接点』岩波書店、一九八六年。
(3) 福永光司「中国の自然観」、『新岩波講座　哲学5　自然とコスモス』岩波書店、一九八五年。
(4) 柳宗悦「棟方の仕事」、大原美術館編『棟方志功板業』。
(5) C・A・マイヤー、秋山さと子訳『夢の治癒力』筑摩書房、一九八六年。

第二章　心理療法と現実

心理療法は極めて実際的な仕事であると述べた。それは常に、就職するのかしないのかとか、離婚するかどうかとか、実際の生活と密接に関連してくることが多い。そのような意味で「現実的」な仕事というべきであるが、実際に心理療法に従事していると、そもそもその「現実」とは何か、というような根本問題についても考えざるを得なくなってくるのである。哲学の領域において、認識論、存在論などと名づけて論じられていることが、大いにかかわってくるのである。

さりとて、ここで筆者は「哲学」論議にはいり込んでゆくのは避けたいと思う。それは自分が哲学を理解する力がないからだと言われればそれまでであるが、やはり、心理療法家としては、あくまで自分の心理療法の実際の仕事との関連で考えるべきだと思っている。さもなければ、努力して哲学者に近づけば近づくほど——といっても本職の人には及ぶべくもないが——心理療法家としての能力は低下するように思われるからである。さりとて、哲学のことを忘れ去ってしまうと、心理療法の底が浅くなるとも思われる。

本書においても時に引用するような、わが国の哲学者の方々の説に依存して、筆者は考えてきているが、本章においては、特に、井筒俊彦『意識と本質』(岩波書店、一九八三年)の考えによるところ大である。このことは、筆者が井筒の哲学に従って心理療法を組立ててきた、というのではなく、心理療法を行いつつ筆者なりに考え、問題としてきた諸点について、前掲の井筒の書物が、またとない方向性や答を与えてくれた、ということである。以下、井筒の考えを参考にしつつ、筆者の考えを述べてゆきたい。

1　現実とは何か

クライエントは何らかの訴えをもって来談する。たとえば、ある大学生は、自分の目と目の間のくぼみがひどく陥没しているので、非常に変な顔である。そのことが気になって外出できない。整形外科に行って治してもらおうと思ったが、こちらにくるべきだと言われて心理療法家のところに一応やってきた。しかし、自分は心の問題なのではなく、顔の形が問題なのだ、と言う。

このようなとき、この人の顔を見るとごく普通の顔である。しかし、本人は変な顔であることを主張し外出できないと言う。顔の訴え以外に特に奇異なこともないことがわかってくると、この人を「醜貌恐怖」と言われている神経症の一種であると判断を下すことができる。

それはそれとして、治療のためにわれわれは何をするのか。この人に「醜貌恐怖」などという病名を告げても、また、「あなたの顔は普通で問題ありません」と告げても、おそらくこの人はそれきり再びやってこないだけで、事態は何も変らないだろう。心理療法家は、この人が自分の顔を変な顔とする、その現実を受けいれるように努める。といっても治療者自身は彼の顔を「普通の顔」という認識をしてしまっている。このことはどうなるのか。このときは、治療者は彼の顔が普通かどうかなどの判断を一切しない、という人もあるが、筆者はそんなことは不可能だと思っている。「そんな判断をしてはいけない」と意識した途端に、「普通の顔」と意識してしまうのが人間というものではなかろうか。

治療者は自らは「普通の顔」と判断しつつ、なぜクライエントの「変な顔」という判断を受けいれようとするのか。それは「現実」ということと、人間の「意識」の在り方とが関連していると考えるからである。

人間は外界を「意識」によって認識する。そして、たとえば「彼の顔は……」と言ったりするが、そもそも「顔」という意識はどうして成立するのか。人間が生まれてきて母親の顔を見たとき、「その顔は」などと赤ちゃんは思うだろうか。赤ちゃんはそもそも「顔」という名を知らないのである。彼はもし目が見えるなら、「……」という名づけ難い何ものかの存在を意識するだろう。そのうち、彼はその「……」を他の存在と区別するだけでなく「顔」という言葉で表現することを学ぶ。

顔と顔以外のものを区別すること、このような「分離」の機能が意識化のはじまりである。多くの創造神話に、天と地、光と闇などの分離が語られるのも、このことを反映していると思われる。分離して名づけることが意識のはじまりである。このようなことが繰り返され、しかも、それはシステム化されて、人間の通常の意識体系がつくられる。

日常的生活においては、われわれはこの通常の意識によって現実を認識し、自分を主体、他を客体とし、客体はたとえば、部屋のなかにある机と椅子とか、それぞれが意味分節されて存在している、と考えている。このことをほとんど自明のこととしてわれわれは生きており、ここに椅子があると思う、そのときに既に「椅子」という言語をもって認識しているわけだから、赤ん坊のときに、「……」として見た体験など忘れてしまっているわけだし、ほんとうにその存在そのものを見ているかどうかも疑わしいわけである。「そこに椅子が」というように「椅子」という言葉を用いるその瞬間に、それによってわれわれの認識は制約を受けているのである。

われわれはそのような通常の意識によって現実を認識しているが、それが「現実そのもの」なのかどうかは知るよしもない。ただ、自分の周囲の多くの人とそれを共有していることは確かめられる。時に癌の宣告を受けて、自分の死期が近いことを知った人のなかに、外界の植物などが凄く美しく、みずみずしく見えることを報告されることがある。ところが、それが誤診であることがわかると、ほっとするものの、景色はもとのように普通のものになってしまう。このような体験は、井上靖『化石』に描写されていたが、いったいそのような景色のどちらがほんとうの「現実」なのだろうか。

あるいは、筆者がお会いした精神分裂病の方が寛解状態になったときに、自分の発病時の様子について、そのときに、自分の目の前の「机そのもの」が見えてきて、その体験に圧倒され、それを他人に伝えようにも言葉が見つからなかった、と言われた。既に述べたように、われわれが、「そこに机がある」と言うときは、「机というもの」を見ているのだ。これに対して、筆者が先に「……」という表現をしたような状態として、その方には「机そのもの」が見えたのであろう。「言葉が見つからない」のも当然である。これらのことから考えても、通常の意識が把握しているのは、「ひとつの現実」であるとしても、これこそほんとうの現実だなどとは言えないと思われるのである。

意識の状態について、次に考えるべきことは、既に述べている「分離」とは逆に「融合」ということも生じる事実である。友人が事故で傷ついたりすると、自分も「痛み」を感じる。これは動物に対しても生じることである。つまり、自分と他の存在が一種の融合状態となり、意識がそれを把握する。

ここで、はじめにあげた例に戻ろう。クライエントが自分の目と目の間が陥没していると言うとき、彼はそのような「現実」について語っている、と考えられるのである。ただ、そのような「現実」が通常の生活のなかに露呈してきているところに問題がある。そして、当人もその「現実」の正しいことについては他に譲らないにしても、全体としての自分の在り方に何らかの問題のあることを半意識的に感じているので、心理療法家のところに続けて通ってくるのである。彼の現実は、いわばふたつの現実が焦点が合わないままに、二重うつしのように見えているわけで、心理療法家もそのような二重の現実のなかに、できる限り身をおこうとするのである。

以上考察してきたように、心理療法家は、「唯一の正しい現実」が存在すると考えるよりは、現実を人間がどう認知するか、そして、そのような認知の仕方は、その人にとってどのような意味をもち、周囲の人々とどのように関係するか、ということに関心を払うということになる。そこで、そのような「現実」を認知する人間の意識ということを考えると、人間の意識は層構造をもつと考える方が、その現実認識の在り方を考える上で好都合である。これは現実が層構造をなすから意識も層構造をなしている、あるいは、その逆に意識が層構造をもつから現実も……というように因果的に理解するのではなく、ともかく、両者の対応の存在を認めた上で、心理療法家としては、心の在り方の方に注目するのだというのが妥当であろう。そこで、次に人間の意識の層構造について、井筒の説を参考にして述べる。

2　意識の層構造

意識の層構造を考える上で、井筒は次のように述べている。(1)

ここでは意識の層を簡単に表層意識と深層意識とに区別するが、勿論、それは記述の便宜上の比喩的表現にすぎない。もともと意識というものがあるわけではなく、意識に表面や深部があるわけではないが、いわゆる正常な感覚、知覚、思念など、ごくあたりまえの心の動きを場所的に意識の表層とするならば、以下に述べるような或る種の意識現象は日常的条件の下ではほとんど見られないものであって、その意味で、比喩的には、意識の深み、意識の深層として定位されるのである。

この言葉によって、意識の層構造という考え方の意義が明白に示されていると思う。ここに述べられている「或る種の意識現象」の例として、井筒も取りあげているサルトルの『嘔吐』における有名なシーンを引用してみよう。

> マロニエの根はちょうどベンチの下のところで深く大地につき刺さっていた。それが根というものだということは、もはや私の意識には全然なかった。あらゆる語《ことば》は消え失せていた。そしてそれと同時に、事物の意義も、その使い方も、またそれらの事物の表面に人間が引いた弱い符牒《めじるし》の線も。背を丸め気味に、頭を垂れ、たった独りで私は、全く生《なま》のままのその黒々と節くれ立った、恐ろしい塊りに面と向って坐っていた。

前節で人間の意識はものごとを区別することによって生じると言ったが、それは通常の(表層の)意識であり、それとはまったく異なり、サルトルが見事に描写しているような、絶対無分節とでもいうべき「存在」そのものの意識というのがあることを、われわれは知らねばならない。これは、先に示した精神分裂病者の「机そのものが見えてきた」という体験と類似のものであると思われる。

「生《なま》の存在」に触れて、サルトルは「嘔吐」をもよおすが、井筒によれば東洋の精神的伝統においては、「絶対無分節の「存在」に直面しても狼狽しないだけの準備が始めから方法的、組織的になされているから」、「嘔吐」したりはしないという。たとえば、井筒は次のような老子の言葉をあげる。

常に無欲、以て其の妙を観
常に有欲、以て其の徼《きょう》を観る

常に無欲とは絶対執着するところのない、深層の意識であり、そこでは「机」とか「木の根」などという名が消え失せ、絶対無分節の「妙」の世界になる。これに対して「欲」が有る、つまりものに執着する心の在り方では、「徼《きょう》」が見える。徼とは「明確な輪廓線で区切られた、はっきり目に見える形に分節された「存在」のあり方を意味する」。

「老子」は言うなれば、このようなふたつの現実を共に「観」ているのである。このバランスが凄いのである。ここで少し横道になるが、人間の生き方を見ていると、どうもこのバランスを保つのが下手な人が多いように思う。「自分はまったく無欲、立身出世などは問題にしていない」と大きい声で言いながら、実際は強欲であったり、また、有欲すぎて、ガツガツ生きているうちに、自分が何のために生きているのか、足場がぐらついてきて不安になったり、とかいう例が多い。あるいは、無欲の人は、場ちがいの真実を語って、周囲の人々を傷つけたり、唖然とさせたり、「妙を観る」どころか、妙なことになってしまったりする。老子の境地に達することは不可能にしても、この言葉は心理療法家としてもつべき態度を端的に示してくれているように思う。無欲と有欲が共存しているところが大切なのである。

意識の層構造についての考え方は、東洋においていろいろな考えが発展したのであり、それらについて井筒は詳述しているが、それらのなかで、筆者にとって自分の心理療法を考える上で、もっとも適切と考えられる考え方を次に紹介する。これが唯一のものでも、「正しい」というものでもなく、筆者にとって適切と感じられるものなのである。

人間の意識は「イメージ生産的」にできているが、表層意識のイメージは経験的な日常生活での具体的事物と密着しているのに対して、深層意識でのイメージはそれとは独立にはたらくところが特徴的である。それは自律的で、時に「妄想」とか「幻覚」と言われて「異常」扱いをされるが、それは表層意識から見ればそうであるが、深層意識において見れば、それはそれ自身の意味をもっているのである。ただ、ここで意識の表層と深層の混同が生じてくると、日常生活が困難になり、「異常」と言われるのだが、深層意識そのものは異常でも何でもなく、ひとつの現実を見ているのである。このような体験のない人にとっては、このことは非常にわかりにくいのであるが、眠っているときに見る「夢」を考えてみると、ある程度わかるであろう。それは自分の意志でコントロールできず、思いがけないイメージを見せてくれるのである。

深層意識にうごめいているイメージは、しかし、まったく無秩序というのではない。それはそれなりの型をもつと、ユングは主張している。それは、そのようなイメージについて古来から語られてきている神話・昔話、それに宗教的絵画などを研究し、精神病者の幻覚や妄想、それに通常の人間の深い夢の内容などを比較検討すると、それらのなかに共通した「元型《アーキタイプ》」が認められることを、ユングは指摘したのである。

ユングの言う元型は、難解な考えであるが井筒は次のように述べている。

「元型」(または「範型」)archetypeとは、言うまでもなく、一種の普遍者である。だが、それは普通に「普遍者」の名で理解されるような概念的、あるいは抽象的、普遍者とは違って、人間の実存に深く喰いこんだ、生々しい普遍者である。「抽象的普遍者」(abstract universals)から区別して、フィリップ・ウィールライト(Philip Wheelright: "The Burning Fountain")はこれを「具象的普遍者」(concrete universals)と呼び、ゲーテの「根源現象」(Urphänomen)に結び付ける。彼によれば、真の詩的直観のみが、世界内の事物をそれらの「元型」において把握する。

元型それ自身は何らの具体的形をもたないのであるが、元型的イメージとして自己を深層意識内に顕わしてくるのである。このような元型は、表層意識内における分類とかかわりのないところが特徴で、たとえば、壺、蜘蛛、熊などと、表層意識においてはまったく異なる分類に属するものが、「母なるもの」というひとつの元型の顕現としての元型的イメージとしての意味をもつことがある。抽象的概念的思考を唯一の正しいものとして固執する人にとって、このことはなかなか理解困難なことである。

これまで表層、深層という二分法で、意識について語ってきたが、実際の意識構造ははるかに複雑である。そこで、深層意識をもう少し分けた構造モデルを、井筒俊彦によって示すことにする。

図1に示した構造モデルにおいて、Aは表層意識を、そしてその下部はすべて深層意識を表わす。図の最下の一点は、井筒が「意識のゼロ・ポイント」と呼ぶもので、「文字どおり心のあらゆる動きの終極するところ、絶対的不動寂莫の境位である」。そして、それはまた「逆にあらゆる心の動きがそこに淵源しそこから発出する活

潑な意識の原点として自覚しなおされなければならない」点でもある。

　この意識のゼロ・ポイントに続くCは無意識の領域である。それはB領域に近づくにつれて次第に意識化への胎動を見せる。Cの上にあるB領域を井筒は唯識哲学の考えを借りて「言語アラヤ識」の領域と呼んでいる。唯識のことまで説明する余裕はないが、唯識学は仏教における深層心理学と言ってもよいくらいで、アラヤ識は唯識論の説く八識中の第八番目にあたる。それは宇宙万有の展開の根源で、万有発生の種子を蔵すると考えられている。井筒はB領域を言語アラヤ識と呼び、「意味的「種子《ビージャ》」が「種子」特有の潜勢性において隠在する場所として表象する。大体において、ユングのいわゆる集団的無意識あるいは文化的無意識の領域に該当し、「元型」成立の場所である」と述べている。

　ところで、これまで深層意識という言葉を用いてきたが、ここで、B領域がユングの集団的無意識に該当するなどというのを不思議に思われるかもしれない。これは、西洋においては、これまで論じてきた表層意識を「意識」として強く同定してしまうので、それより深層の意識を無意識と呼ばざるを得なかったのである。あるいは、この図で言えば、A領域があまりに確固としていて他と断絶しているので、A領域以外のことについて述べるのに非常に苦労をしたのだとも言うことができる。東洋においては多くの宗教的修行によって、深層の意識に到達することをよく行なってきていたので、それらは深層意識として把握されるのである。

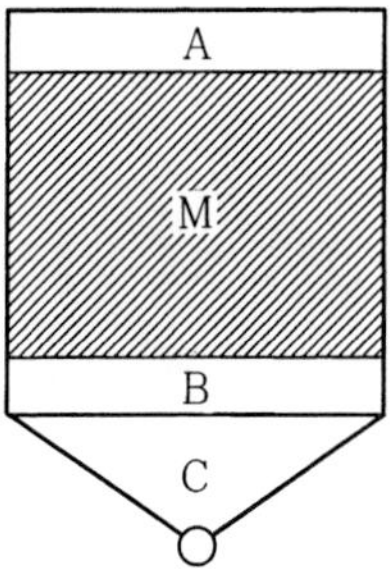

図1
（井筒俊彦『意識と本質』222頁より）

　BとAとの間にひろがる中間(M)地帯が、これまでに述べてきたイメージの場所である。これは「意識構造論的には表層意識と無意識との中間にひろがる深層意識であるとともに、存在論的には物質的・物理的リアリティーと純粋精神的リアリティーとの中間に位置する第三のリアリティーでもある。」この世界を、フランスの著名なイスラーム学者アンリ・コルバンは、イメージの世界(mundus imaginalis)と呼んだ。

このように意識を層構造として捉えるとき、心理療法家にとって、この「イメージの世界」が極めて重要なものとなってくるのである。

3 ファンタジーの重要性

これまで述べてきたような、M領域に存在するイメージの特性として、井筒は、「㈠説話的自己展開性、あるいは「神話形成的」(mythopoeic)発展性と、㈡多くの、あるいはすべての、「元型」イマージュが一定の法則性をもって結合し、整然たる秩序体をなすという、構造化への傾向と」をあげている。これは実に重要なことである。M領域を理解するためによく心得ておくべきことである。

イメージは「機会さえあればすぐ説話的に展開しようとする」とは井筒の言葉であるが、昔話、伝説、神話などを人間がもち、一見荒唐無稽と感じられる話を語り伝えてきている事実をうまく言い当てていると感じられる。筆者は時に、われわれが見る夢も、ひょっとして、それはひとつあるいはいくつかの「イメージ」であり、覚醒する瞬間に「説話的に展開する」のではないかとさえ思うことがある。確証することは難しいが。

イメージは実は図1のA領域でもM領域でも生じると述べた。人間が自分の心の方に比重をおいて考えるならば、外界のことを認知するとき、心のなかから生じてきたイメージをそれに当てはめて認知していると考えると考えやすい。ここで、外的現実が先か心が先かなどと議論するのではなく、ともかく心の問題を考えるとき、

――特に自分で自分の心のことを考えるとき――、このように考えるとわかりやすい。たとえば、一本の糸杉を認知するときも、心のなかの糸杉のイメージを適合させて、「糸杉がある」と言うわけである。そして、表層の意識内で動くイメージは外界の事物に即しているところが大きいと考えるのである。

クライエントが、「私の母は恐ろしい人で、私の自由というものをまったく許さないのです」と言われるとき、「子どもの自由をまったく許さない母親」というイメージがそこにはたらいている。それもひとつの「現実」である。しかし、心理療法家はそれを唯一の正しい現実であるとは考えていない。何が正しいかを問題にするのではなく、ともかく、その人がその「現実」に悩んでいるのであれば、それに対してどうすればよいのかを共に考えてゆこう。そして、そのためには、その人が自分の内界のイメージの在り方、心の構造について探求してゆくことも、その解決のためのひとつの緒となろうと考えるのである。従って、その人の話を聞きながら、また、その人の見る夢に注目したりもするのである。

不登校の子どもの多くは、学校へ行きたいと自分は思っているのだが、朝になるとどうしても目が覚めなかったり、足がすくんだりして行けない。そして、自分でもなぜ行けないのかわからなくて困っている。そのような子で、ロケットに興味をもっていろいろと調べたり、写真を壁に張ったりしている子があった。そんなときに、心理療法家は子どもにロケットについて話をしてもらう。彼は自分の興味のあることなので一所懸命になって話をする。それを聞きながら、心理療法家は、ロケットが大地を離れてゆくイメージを心のなかに描いている。イメージはイメージを呼び起こし、「母から離れてゆく子ども」のイメージがそれに重なる。そんなときに、「君は母親から自立しなくてはならない」などというのはナンセンスである。心理療法家は、クライエントの心のなかのロケットのイメージがどのように「説話的自己展開」をするかに関心をもち、その線に沿ってゆこうとするのである。

中・高校生などでは、このように自分の「好きなこと」や趣味などについて熱中して語っているだけで、問題が解決される場合がある。本人はそれと気づいていなくても、治療者としては、そのなかにおけるイメージの展開のなかに、治療の過程を読みとることができる場合もある。

M領域のイメージを知る方法として、夢に頼ることは非常に効果的である。夢はまさに自律的で表層の意識のコントロールを受けない。ユングは夢が「劇的構造」をもつことを指摘しているが、それはM領域のイメージが「説話的自己展開」をなしたためと考えられる。忘れてならないことは、それもひとつの「現実」なのである。夢をどう解釈するか、というとき、ともすれば表層意識の側に立って、夢の内容を表層意識にどうとりこむかというような姿勢になる立場もあるが、筆者としては、できる限り、夢を深層意識による現実把握として、その次元においてその現実をそのままに見ようと努める。

夢を聞くときは、それが「現実」であることを忘れてはならないし、いわゆる現実の話を聞くときは、それがイメージであることを忘れてはならない、と言ってよいのではなかろうか。そのような態度でクライエントの語るところに耳を傾けることによって、クライエントの心の深層が活性化されるのである。

次に、井筒がイメージの特性の㈡としてあげた、「イメージの構造化への傾向」について述べておく。これについて井筒は「真言密教の両界マンダラやカッバーラーの「セフィーロート」構造体などのことを私は考えているのだ」と述べている。説話的展開が時間の流れと共に動くのに対して、これは「無時間的な動き、いわゆる「全体同時」(totum simul)的動き」を示す。マンダラにおいては、すべてがひとつのイメージ、マンダラ図によって示される。ここには「元型」の相互連関的な様相がひとつの構造をもって提示されるのである。

夢や幻覚、幻像《ヴィジョン》などによって、このようなマンダラが見られることもあるし、絵画、箱庭などの表現に示されることもある。従って、心理療法において、絵画や箱庭などが用いられる。しかし、だからといって、マンダラ類似のものを描いたり、箱庭に置いたら「治る」などという馬鹿げたものではないことは、以上の議論からも明らかであろう。そのような表現が心の深層から自己顕現的に浮かびあがってくるときにのみ意味をもつのであり、表層意識によって記憶しているマンダラ的なものを描いてみても無意味なのである。治療者は、クライエントの表現が意識のどのような層から生まれてきたものであるかを感得するべきである。このことはそれほど困難ではなく、表現が深い層に関係してくるほど、その表現をした者も、そこに立ち会う者も感動が深くなるのである。

絵画や箱庭は、マンダラ表現のみを重視しているのではない。それは「物語」表現でもあり得る。特にその作品をシリーズとして見るとき、そこに「物語」を読みとれることは多い。考えてみると、一枚の絵から物語が生まれることはあるし、物語を一枚の絵によって表現することも可能である。継時的な理解と共時的な理解と、この両者が可能であることが治療者としては必要である。このために、われわれは、クライエントにその箱庭作品を素材として物語をつくることをすすめたり、夢を絵や箱庭によって表現することをすすめたりするのである。このことによって、クライエントの「現実」把握の力が促進されるし、同時に、その「現実」が様相を変化させてくるのである。

このようなことを行うためには、治療者は芸術や文学作品に触れて、イメージの世界についての知見を豊かにする必要がある。妙に「芸術的」、「文学的」になるのは困るのであるが、あくまで、人間の深層意識による現実把握の表現としてそれを見てゆくことが大切である。ファンタジーという語は誤解されて、表層意識でつくりだされた「つくり話」のことと思う人があるが、そのようなものはあまり意味をもたないのである。それに接したときの自分の感動の質について、鋭敏に判断できるように訓練するべきである。

4　現実の認識《リアライゼーション》

ユングはかつて、「ファンタジーが現実を創《つく》る」(Fantasy creates reality)と言ったという。これはこの章で述べてきたことを端的に表現している。「現実」は各人のファンタジーによって創造されているのである。いうなれば、各個人が一瞬一瞬、現実を創造しているのだ。創造は大げさであって、人間は現実を「認知」しているのだと言う人もあろう。その際、認知という言語の英語に、リアライゼーション(realization)という語をあててみると、ユングの言っている感じに近くなるであろう。それは「実現」であると共に「認知」である。現実を認知することは何らかの実現が伴うのである。つまり、糸杉を糸杉として認知することは、人間にとってひとつの実現なのである。

このような言い方をナンセンスと思う人でも、ひとつの糸杉を、「そびえたつ糸杉」と認知するか、「孤立する糸杉」と認知するか、「燃えあがる糸杉」と認知するか、となってくると、そこに個人の「実現」がかかっていることが了解されるだろう。認知には賭が伴っているのである。

本章のはじめに例としてあげた醜貌恐怖について考えてみよう。彼は自分の「目と目との間が陥没している」という「現実」を認知している。ただ、彼はその現実によって悩まされており、何とかしたいと思っている。そのとき治療者は、彼の認知が間違っている、と考えるのではなく、彼がそのような「現実」によってどのようなことを実現しようとしているのか、あるいは、このような苦悩を通じて、どのような現実を実現しようとしているのか、共に考えようという態度で接するのである。

この際、彼の認知が間違っているので、「正しい」ことを教えようとしても、それは無駄である。彼はただ次から治療を受けにこないだけである。しかし、だからといって、治療者が彼の現実認知が間違っていることを指摘すると駄目と思い、それが「正しい」ようなふりをしていても、それは早晩うそがばれて駄目になってしまうだろう。そのようなことが生じないためには、表層意識においては、彼の認知は通常と異なるにしろ、深層意識においては、彼の目と目との間が陥没している事実を、治療者自身が実現《リアライズ》できていなくてはならないのである。これは実に難しいことであるが、このことができていないと知ったとき、治療者は自分自身が相当な努力を払わねばならぬことがわかるであろう。

もちろん、この際も抜け道はある。治療者が目と目との間の陥没ということ自体は認知できないにしても、表層意識と深層意識との認知のずれに苦しみ、その折り合いをつけるような生き方をまさぐる体験をしていたならば、そのような実現《リアライゼーション》をすることに伴う苦悩についてはよく知っているので、そこに焦点を当ててクライエントの発言を聴く、ということもできる。これは相当に成功する。

しかし、数回通ってきたクライエントが、「先生のところにきても意味がありません。要は身体の問題なので、よい整形外科医を紹介して下さい」と言ったとき、どのように答えればいいのか。心理療法は一瞬一瞬が勝負といってよいようなところがある。相手によって、その時期によって、そして自分自身の特性によって、出てくる答は一様ではなく、きまりきった答はない。しかし、それをある程度一般化して考えてみると、以上のようなことになり、「現実」とか「認識」とかが問題となってきて、そこでは哲学的な思索も必要になる。あるいは、既に述べたように、芸術に触れることも必要である。

ここで大切になってくることは、われわれは心理療法家であって、哲学者でも芸術家でもないということである。自分の前に坐っているクライエントに対して、意味のあることを具体的にできなかったら、その後で、哲学的解説や、文学的叙述を行なってもあまり意味がない、と筆者は思っている。哲学や文学に関心のある人は、哲学者や文学者になればいいのであって、心理療法家のまねごとをしたりする必要はないし、心理療法家が心理療法の実際を忘れて、哲学的になったり文学的になっても意味がないのである。

話は横道にそれるが、小林秀雄の友人だった青山二郎について、白洲正子が述べていることは非常に示唆的である。(2) 彼は美術品の鑑定にかけては超一流の人であったが、「人間でも、陶器でも、たしかに魂は見えないところにかくれているが、もしほんとうに存在するものならば、それは外側の形の上に現われずにはおかない」と考えていた。彼は「精神は尊重したが、「精神的」なものは認めなかった」のである。精神的なものが精神そのものを覆い隠してしまうのである。「メタフィジックな物言いは、ごまかすのにはまことに都合のいい言葉で」あると白洲は言う。

心理療法家はこのことをよくよく心得る必要がある。心理的なもの言いが、心そのものを隠してしまう。精神的、哲学的、文学的、と「的」のつくもの言いによって、自分が毎日毎日、毎回毎回、勝負しなくてはならぬ具体的なことがらをごまかしてしまうことがないように心がけるべきである。青山二郎は、「魂がほんとうに存在するものならば、それは外側の形の上に現われずにはおかない」と言う。心理療法家も、毎日接するクライエントとの間での関係という「かたち」に実現されてくることを、何といっても一番大切にしなくてはならない。それを抜きにして、有難い言葉を言っていても話にならないのである。

第一章で「自然モデル」などという表現をしたとき、治療者は何もしないでも自然に治る、と安易に受けとめられたとすれば、残念なことである。いうなれば、このモデルに従うときは、心理療法家は内的には一番多くの仕事をしなくてはならないし、心的エネルギーの消費量は一番高いと言っていいだろう。「雨降らし男」が、「道」の乱れている村を避けて小屋を立て、自分を「道」の状態にするためには、どれほどの集中力を要したかを考えてみるとよい。われわれは「道」の状態に身をおくことなどできるはずはないが、会うクライエントごとに、何らかの実現《リアライゼーション》を要請されているわけで、その仕事を怠っていては心理療法家としての成長はない。われわれ治療者は常にクライエントによって鍛えられているのである。

クライエントに会ってゆく上で、治療者側のM領域のはたらきが極めて重要となってくることは論をまたない。そのような意味で、治療者は自分自身の夢に対しても常に注意を怠らないようにしている。クライエントが夢に現われたときは、特に自分とクライエントの関係、自分のクライエント像の認知などについて示唆を受けることが多く、それについて考えてみるものである。次に示す例は、「夢のなかのクライエント像」として既に他に発表したものであるが、ここに再録する。(3) 夢を見たのは京都大学に赴任して数か月後、約二十年ほど前である。夢の記録の後に当時に自分で付したコメントも共に示す。当時は学生諸君のいわゆる「団交」がよくあり、そのことについての言及もある。このような例によって、治療者が自分自身のM領域をはたらかせることによって、どのような仕事をしているかを了解していただくと有難いことである。

夢　Aさんが今までの治療体験について、心理療法の専門家に話をすることになった。なかなかしっかりした態度である。初期の頃の体験を語り、「私がいろいろ話をしている間、治療者はただ何もせずに聞いているだけだった」と言って、僕の方をチラと見る。聴衆はわっと笑うが、これは悪い感じではなく、皆わけが解っているという感じ。Aさんも自由にいたずらっぽいコメントができるという感じだった。「ただ残念だったのは私の絵が、自分の許可なく、あちらの部屋にかけてあったことだ」と言う。このとき、その絵のかけてあるところが見えるが、その絵はドーミエの「クリスパンとスカパン」のような絵(ここでBさんの描いた絵とこんがらがってくる)だった。Aさんは、しかし、ある程度了解してくれていて、それほど強く追及するようでなかった。このとき聴衆のなかのひとり(クライエントのようだった)が、Aさんに何か皮肉なコメントをする。ところがAさんはうまい冗談でこれに受け応える。僕は嬉しくなって拍手すると、他の人々も拍手をする。このあと、場所を他に移して何かするというあたりで記憶はうすれてしまう。

コメント　Aさんの夢を見ることは非常に珍しい。ともかく今までと違った元気さが出て来たことをポジティブに思う。それにしても、Aさんが長時間にわたって自分の体験をながながと語ったという印象があり、これは実際Aさんが今やりつつあることではないかと思う。最後に場所を他に移すという点にもみられるとおり、相当新しい転回があることと思う。絵を許可なく公開したという点は、昨晩の団交で学生たちがK先生に、「患者を研究対象としているのではないか」と質問したときに、自ら反省したことと関連している。クライエントに対して、もっとも人間的な接近をしながら、それを研究対象としているという二律背反性は心理療法の大きい問題である。特に学生たちのように、それを出世の道具であるという発想でみるとき、問題はますます難しくなる。しかし、これはすべての、人格をかけた「よき仕事」につきまとうことかも知れない。ただ、このことを解き得ない矛盾として常に意識し続けることが大切と思うが。それにしても昨晩の団交のことが、すぐ夢に結びついて出てくるので、学生たちの言っていることを自分が思いのほかに正面から受け取っているのだなと思う。学生たちの追及に対しては、僕は僕なりに正面から受けとめてゆくべきだと思う。Aさんが適切なジョークを言ったこと、ドーミエの「スカパン」が出てきたことなどは、Aさんの治療に道化的要素が必要になることを、意味しているのかも知れない。

当時の夢とそれに対する自分のコメントを省略せずにそのまま示した。Aさんとはそれまで長期にわたって治療を続けてきた。このときまでは冗談どころか笑いにはまったく縁のない人であった。Aさんの「絵」が問題になっているが、これは事実とまったく反対で、Aさんのことをそれまでに公開の場で報告したことはない。これは学生たちが、いわゆる「団交」の場で、臨床心理学者は患者を出世の道具に使っているなどと主張したのに対して、あまりに一面的で単純な発想に呆れながらも、筆者の無意識はそれを取りあげて問題にしている。

この例によって、クライエントと会うことによって、治療者のM領域も活性化され、それについて考えることは、外的事象とも関連してきて、内的にも外的にも治療者自身の実現《リアライゼーション》が必要とされることがわかるであろう。それを通じてこそ、クライエントの理解ができるし、治療も進展するのである。

注
(1) 井筒俊彦『意識と本質』岩波書店、一九八三年。以下の井筒の引用は同書による。
(2) 白洲正子『いまなぜ青山二郎なのか』新潮社、一九九一年。
(3) 河合隼雄「夢のなかのクライエント像(I)」、山中康裕・斎藤久美子編『臨床的知の探究』上、創元社、一九八八年。〔本巻所収〕

第三章　心理療法の科学性

「心理療法は科学であるか」という問いは、筆者にとって常に重くのしかかっていたものである。心理療法を非難する人が、心理療法のような「非科学的」なものは駄目だと言うことは多い。時には「あんな宗教的なものは駄目」と言われたりもする。つまり、宗教的イコール非科学的イコール駄目、ということになるのであろう。

筆者も若い頃は「科学万能」のような考えをしていたので、心理療法の科学性を追究することが大切だと一途に考えていた。しかし、今では後述するような考えに変ってきている。ここで特に問題にしたいのは、「科学的でないから駄目」というときの「科学的」とはどういうことかを詳しく問い返すこと、それと、「科学的でないものは駄目」という発想そのものについても考え直してみることが必要だということである。「科学的社会主義」がどのような結末を迎えたか、その「実験」の結果をわれわれは目のあたりに見ているのである。「科学的」なものは絶対正しいという単純な発想の危険性を、それは如実に示していると思われる。

1　科学の知

近代になって自然科学は急激に発展し、その効力の偉大さは、日毎にわれわれの前に示されている。筆者が子どもであった頃は、まったく「夢」に近いと思われていたことが、現在は実現されていて、人間にとって不可能なことなどないとさえ感じられるほどである。科学の知があまりにも有効であるので、現代人のなかには、「科学の知」こそ唯一絶対の知である、と思い込んでいる人もあるくらいである。特にアカデミックな分野では、社会科学、人文科学などの用語が示すように、「科学」であることを主張することによって、その存在理由を獲得するような傾向さえある。

近代科学の知の本質について、哲学者の中村雄二郎は次のように的確に把握している。「それは物事をすべて対象化して、自然的事物としてとらえる捉え方であり、その特色は物事からそれがもつ感覚的でイメージ的な性格をとり去って、一般に対象を経験的で分析的にとらえることにある。(1)」そして「物事や自然をそれ自体で完結したものとみなすとき、それらは私たちとの生きた有機的なつながりを失う。象徴的、イメージ的、多義的なものではなくなり、一義的で明白なものになっていく。またそこでは、当然、自然についてのことばも表現的ではなくなって、記述的、分析的になる」のである。

科学の知においては、世界や実在を「対象化して明確にとらえようとする」。これは、対象と自分との間に明確な切断があることを示す。このことのために、そこで観察された事象は観察した人間の属性と無関係な普遍性をもつことができる。ひとつのコップを見て、「感じがいい」とか「これは花をいけるといいだろう」とか言うときは、コップとその発言者との「関係」が存在し、その人自身の感情や判断がはいりこんでいる。つまり、コップとその人との間の切断が完全ではない。このため、そのようなコメントは誰にも通用する普遍性をもち難い。これに対して、コップの重量を測定したりするとき、それは誰にも通じる普遍性をもつ。

この「普遍性」が実に強力なのである。それがあまりにも強力なので、客観的観察ということが圧倒的な価値をもつようになり、「主観的」というのは、科学の世界のなかで一挙に価値を失ってしまう。そこで、他の科学に遅れて出てきた「心理学」も「科学的」であろうとして、近代科学の方法論をそのまま踏襲し、実験心理学をつくりあげる。実験心理学は従って、人間の「主観」をできる限り排除することに努め、人間の意識という厄介なものは対象外にしめ出して、もっぱら人間の行動について研究しようとした。かくて「意識なき心理学」などと言われるような心理学が、心理学の主流となって発展する。実験心理学が自ら標榜するような「科学性」を有しているかについて、厳しく反省してみることも必要と思うが、ここではそれには触れない。ともかく、実験心理学が近代科学の方法論を用いて、人間の行動を研究していることは認めることにしよう。

ここでひとつの例をあげる。印象的だったので他にも述べたことがあるが、学校へ行かない子どもを連れて相談にきた親が、「現在は科学が進歩して、ボタンひとつ操作するだけで人間が月まで行けるのです。うちの子どもを学校へ行かせるようなボタンはないのですか」と言われたことがある。これだけ科学が発達しているのに、ひとりの子どもを学校へ行かせるだけの「科学的方法」はないのか、というわけである。

この言葉は非常に大切なことを示している。つまり、ここで「科学的」方法に頼るとするならば、父親と息子との間に完全な「切断」がなくてはならない。既に述べたように、近代科学の根本には対象に対する「切断」がある。しかし、この親の場合はあまりにも極端としても、われわれは他人を何らかの方法によって「操作」しようと考えることが多いのではなかろうか。つまり、自然科学による「操作」があまりに強力なので、人間に対してもそれを適用しようとするのである。しかし、もしそのように考えるならば、その人は他からまったく切断されれ、完全な孤立の状態になる。

現代は孤独に悩む人が多いが、そのひとつの原因として、自分の思うままに他人を動かそうという考えに知らぬ間にのめり込んで、結局のところは人と人との「関係」を失ってしまっていることが考えられないだろうか。相談室に訪れる多くの人に対して、「関係性の回復」ということが課題になっている、と感じさせられるのである。

「関係性の回復」はどうしてなされるのか。これに対して中村雄二郎は、われわれは科学の知のみではなく「神話の知」を必要とする、というのである。中村は「神話の知の基礎にあるのは、私たちをとりまく物事とそれから構成されている世界とを宇宙論的に濃密な意味をもったものとしてとらえたいという根源的な欲求」であろうと述べている。

例をあげて考えてみよう。古代ギリシャにおいて、太陽を四輪馬車に乗った英雄のイメージとして人々が捉えていたとき、彼らは太陽が球体であることを知らなかったのではない。彼らは太陽が球体であることを知っていた。それではなぜそのようなイメージをもつのか。その方がはるかに彼らと太陽との「関係性」が深く濃くなるのだ。つまり、彼らが「仰ぎみる」太陽や、それが朝に上昇してくるときに受ける「感動」などをもっとも適切に表現しようとするとき、太陽を英雄像としてみるという「神話の知」が意味をもってくるのである。

ユングはアフリカに旅行したとき、朝日を拝む部族の人々に対して、昼間に太陽を指さして、あれが神かと訊くが誰も肯定しない。そのような問答を繰り返した後に、ユングは彼らにとって、朝日が昇ってくる「光の来る瞬間が神である。その瞬間が救いを、解放をもたらす。それは瞬間の原体験であって、太陽は神だといってしまうと、その原体験は失われ、忘れられてしまう[2]」と気づくのである。太陽を自分から切り離した対象として、それが神であるか、神でないのか、という問いを発しても、アフリカの人々には問いそのものが理解されないのである。朝日が昇ること、そのときの自分の内的体験、それらは分かち難く結びついていて、全体としての体験が

「神」と名づけられるのである。そのような人が「孤独」に悩むことはあり得ないのである。

人間は長い間、神話の知を科学の知と、とりまちがうという誤りを犯してきた。それが多くのいわゆる「迷信」というものである。啓蒙主義はそれらの多くの迷信を壊してくれたが、それと共に「神話の知」まで破壊しようとした。その結果、われわれ現代人は、科学の知を神話の知ととりちがえる誤りを犯していないだろうか。そのような点について、次に考えてみたい。

2 深層心理学の本質

第二章に醜貌恐怖の例を示したが、その際、何といっても大切なことはその本人が現実をそのように認識しているということである。本人の主観を問題にせずに、解決を見出してゆくことは難しい。治療者はクライエントの主観を大切にし、当人の報告に頼るしか仕方がないのである。そのことが科学であるかないかを問題にするより先に、ともかくどうすればその人に役立つことができるかを考えねばならない。

このとき本人の報告に従ってゆくが、報告する本人が語っているのは自分自身の主観の世界であり、ここでは観察者と被観察者が同一人物になっている。つまり、近代科学において重要とされる、両者間の「切断」はあいまいになってくる。しかし、何といっても、クライエント自身が自分の症状について、あるいは、自分の生き方についてどう考えるかが重要であるので、他者がそこに簡単には介入できないものがある。

深層心理学を創始したフロイトにしろユングにしろ、その理論構築の背景に、彼ら自身の自己分析の経験があることを見逃してはならない。後にエレンベルガーが「創造の病い」と呼んだ、心の病いをフロイトもユングも自ら体験し、それを克服してゆく過程において、彼らの理論をつくりあげたのである。フロイトがフロイトの心を対象とし、ユングがユングの心を対象として分析をする。そのとき、両者共に心を層構造に分けて考えるのが自分たちにとって好都合と考え、その深い層に対して「無意識」と名づけたのである。自分の通常の意識の状態は把握されている。しかし、自分の把握していない心的過程が存在すると考えると、自分の症状や生き方などを検討する際に好都合なのである。彼らにとって、自分自身のなかに「無意識」を発見したことが重要な意味をもつことになったのである。

以上のことを踏まえて、筆者は深層心理学の本質は「私の心理学」であると言っている。つまり、私が他人のことではなく私について研究する心理学なのである。ここで、「主観の心理学」という言い方をしないのは、一般に主観と言われていることよりも、ここで言う「私」は広いという認識があるからである。

深層心理学は従って、ある人が自分自身について探索を試みるときに有効であるが、他人に「適用」すると変なことが生じてくる。たとえば、誰かに対して、「あなたは攻撃性が強い」と言い、その人が肯定すればもちろんそれでよい。もしその人が否定した場合、「あなたは抑圧が強いので、攻撃性について無意識なのだ」と言えばどうなるだろう。このとき、その人物は抗弁ができなくなる。自分が攻撃的でないことを立証する手段がないのである。このような検証可能性のないことは、科学とは言えない。

深層心理学は自然科学ではない。だから、それはまやかしであるとか、フロイトやユングは自分勝手なことだけを述べている、と言うのは結論の急ぎすぎである。彼らの言っていることは、ある程度の普遍性をもち、また有効なものである。ただ、それがなぜ、どのようにしてか、という点について明確にしておくことが必要なのである。

深層心理学は「私の心理学」であると述べた。しかし、それが単なる内省の心理学でないことにまず注意すべきである。通常の意識で考えたり感じたりする範囲をそれはこえている。フロイトはそのために夢や自由連想を用いたし、ユングは夢や、後に開発した能動的想像(active imagination)の方法を用いた。いずれにしろ通常の意識状態とは異なるのである。このような試みをすると、特にユングの強調したことであるが、その対象とする夢や能動的想像、あるいは患者の妄想内容に、個人的要因を超えた普遍的な様相が見えてくるのである。彼はそのために、客観的心的領域(objective psyche)という考えを導入した。つまり、心の深層は個人的なものが消えて、万人共通の性質を帯びると考える。あるいは、もう一歩踏みこんで、心の深層は集団によって共有されており、深くなるほど普遍性が高くなると考えるのである。それは三九頁にあげた井筒の図式によると、B領域ということになるだろう。

この場合の普遍性と、自然科学の場合の普遍性とは異なることに注意しなくてはならない。自然科学の場合は、いわば「私」抜きの普遍性なので、それはその対象に対していつでも適用できるのである。しかし、深層心理学の場合は「私」から出発している。対象が深くなることと、それをできる限り客観的に見ようとする「目」の存在とによって、それは「私が私の心について考えるときに役立つ普遍性」をもつのであって、単純には他に「適用」できるものではない。それに、その報告はあくまで個人の意識を通じてなされるので、その個人の在り方に影響されざるを得ないのである。

観察する個人の意識の在り方による差が生じてくるので、天才的な人ができる限りの客観性と普遍性とを狙って深層心理学の体系を築こうとしても、そこに、唯一の正しいものができるはずがなく、いろいろな学派が生じてくる。厳密に言えば深層心理学は一人一人が各人の深層心理学を築くべきだと言っていいのかもしれない。事実、ユングの深層心理学はそれほど体系化されているものではない。通常の意識以外に心のはたらきが存在し、それらは夢その他の通常以外の意識状態の在り方を通じて探索できること、そこに生じる現象は通常の意識にとって不可解であっても、すべてをそのまま受けいれてみると意味が生じてくること、深い心の層の現象は相当な普遍性をもっていることなどを前提にして、ユングという天才の行なった研究の結果を極めて重視するにしても、彼の言うことをすべて真実と考えるわけではない。特に彼とは文化圏の異なるところに育った筆者としては、そのように思っている。記述する言葉も異なるし、観察する意識の在り方も異なっている。しかし、それらの相違をできる限り意識化することによって理解を深めることはできるのである。

フロイトもユングも自己分析を試みたとき、それぞれそれを聴いてくれる人物がいたことが大きい助けとなっている。フロイトにはフリースが、ユングにはトニー・ウォルフという聴き手がいたのである。ある程度の客観性を保持しつつ自己分析を行なってゆくためには、それを支え、理解してくれる人が要る。分析家はそのような役割をもっているのである。つまり、クライエントが自己分析を行うのを援助するために傍にいるのが分析家なのであって、既成の理論を「適用」するためにいるのではないのである。

この際、分析家と被分析者との関係は、自然科学における観察者と対象との関係と異なり、「切断」を行うのではなく、むしろ、主観的なかかわりを大切にするのである。このとき、分析家が相手と同一化してしまっては、混乱してしまう。さりとて、まったく相手から切断された客観性をもつと、分析は進展しないのである。

たとえば、次のような例がある。幼稚園に入園してきたが他の子と遊ばず、ほとんど発言もしない子どもがいた。心理学の好きな保母さんが知能テストをすると、ＩＱ65であった。知能が低いし、これだと皆とまじわってゆくのは困難と判断した。それ以後、一年間の経過を見ていると、まったくそのとおりであった。この場合、

「自然科学」的方法論で考えると、何の誤りもない。客観的測定、測定結果による予測、予測の的中、ということになって、まさに科学的に現象が把握されていることになる。

このような考えの大きい問題点は、まず、「客観的測定」という態度が測定結果に影響を与えていることに気づいていない。人間を固定した存在として、測定値を不変のものと考えて、そのように対処している。そのような態度が一年間のその子どもの行動に影響を与えていることに気づいていない、ということである。

心理療法的接近の場合は、むしろ、冷たい客観的態度ではなく、可能性に対して開かれた態度を取る。しかし、このことはテストのときにそれとなくヒントを与えたり、点を甘くするのとは異なるのである。そのような「甘さ」を期待してくる人は、時に心理療法家の態度を「冷たい」とさえ感じる人もあるようだ。心は可能性に対して開かれ、相手に共感する態度をもちつつ、なお、それらを全体として客観視する目をもっていないと駄目なのである。

少し話がそれたが、以上のような態度で接すると、IQの点は少し変ったかもしれない。あるいは点は同じでも、それは子どもの緊張の強さによるもので、可能性としてはどのくらいあるかが推察されたであろう。そして、何よりもそれ以後、子どもを固定した存在として捉えずに、期待をもって接してゆくと行動は改変されていくはずである。われわれはしばしば、遊戯療法の過程のなかでそのようなことを体験している。

深層心理学は「私の心理学」である。私が私を対象として研究するのだが、そのときにその傍に他者が存在する方がはるかに効果的であり、その他者は「客観的観察者」ではなく、あくまでその道を共にし、共感しつつ、自らも自分の心の深層に開かれた態度で接してゆくと、効果的であることが明らかになった。これは確かに近代科学の方法論とは異なっている。しかし、だからといってこれを「科学」ではないというのは早計ではなかろうか。

自然科学はもともと自然の現象を解明しようとして生まれてきた。それが、近代になって既に述べたような方法論が確立されたのは、それがテクノロジーに結びついて、「もの」を人間が操作してゆく上でもっとも効果的な方法であるので、われわれはそれを採用してきたのである。しかし、相手が「生きた人間」であるとき、既に例をあげて示したようにその方法論はむしろマイナスにさえなってくる。このことをわれわれは重大なこととして取りあげねばならない。本章の最後に考察するように、近代科学の見直しが迫られているのである。

以上のような深層心理学への考えを抜きにして、それを単純に近代科学の一部と考え、その理論を安易に「適用」しようとする人がいる。もっとも「適用」された側の人が、それをすぐ、わがこととして受けとめ、それをヒントとして自己探求の道に歩むときは、それは有効となる。たとえば、子どもの問題で来談したときに、母親の「無意識的な権力への意志の抑圧」がその原因だと言うと、母親が、はっとしてそれを受けとめて変ってゆく努力を続け、問題が解決したとする。そのときに、ほめるべきは相手の一言を契機として自己改変の努力を続けた母親ではなかろうか。それを不問にして、「私の一言によって、問題が解決した」と喜ぶのは、専門家ではない。

多くの場合は、それほどの素晴らしいクライエントはこないので、こちらが一言いおうが二言いおうが何の変化もないであろう。そのような人と共に自己探求の苦しく長い道程を共にしてゆくのが専門家なのである。深層心理学の知識をふりまわして、それに悪いことには権力が加わって、親、教師、医者、そして時に治療者を自任する者までもが、相手を裁断することにのみ用いているとしたら、非常に残念なことである。それらは心理療法の「専門家」ではないことはよく知っておかねばならない。

3　因果律の効用と害

近代科学の強力なところは、現象を因果律によって把握する点にある。しかも、それが普遍性をもつので、「――すれば――となる」という法則が成立して、それがテクノロジーと結びつくと、現在われわれが自分の周囲に見るような便利で能率的な機器をたくさん所有することができる。つまり、人間が自然を支配できるのである。現象の因果的理解というものは、人間にとって非常に便利なものである。従って、われわれは何につけても因果的にものごとを理解しようとする傾向が強く、何か不思議なことや不可解なことがあると、「原因は？」とか「理由は？」とか訊いて、答を得ようとする。

第一章において、心理療法の理想像とも言えるものとして「自然《じねん》モデル」ということをあげた。そこでは事象の因果的把握の態度が放棄されている。雨降らし男は、旱魃の原因は何かと考えたわけでもなく、雨を降らすには、「――すると雨が降る」という考えによって何かをしようとしたわけではない。彼はひたすら自分を「道」の状態にもってゆこうとしただけである。そして、その後も、「自分が「道」の状態になったから雨が降った」とは言っていない。彼は自分が「道」の状態になることと、雨が降ることとが共時的に生じたと考えているのである。

「雨降らし男」の話はあんまりだ、と思われる人に対しては、前節に述べた深層心理学のことについて考えてみることにしよう。既に述べたように、治療者はクライエントに対して理論を適用するのではなく、クライエント自身が自分の心の深層を探索するのを援助するのだと述べた。その際、治療者はクライエントの問題を因果的に把握することを放棄し、クライエントに対して心を開いて会うことになる。そうすると、クライエントが自ら「治る」力を発揮しはじめ、自ら考えて、そこではその人なりの現象の因果的把握が行われるかもしれない。しかし、そのような動きが発動してゆく以前の、根本的なところに、治療者の因果律にとらわれない態度があることを見逃してはならない。

あるいは、次のような例をあげるともっとわかりやすいことであろう。子どもが窃盗を重ねる。そこで担任教師は家庭訪問をして、父親がアルコール依存症ではたらかず、母親はパートタイムの仕事をしているが、家計は苦しい。子どもは小遣い欲しさに窃盗を重ねている。ここで、教師は「原因は父親のアルコール依存症である」と考える。ところが、父親は医者にも治療者にも会いたくないと言う。従って、教師としては「仕方がない」とあきらめることになる。

われわれはこのような例にしばしば接している。筆者はこのようなことを端的に表現して、因果律的思考はしばしば「悪者探し」に終る、と述べている。そして、このような悪者探しは単に「担任の責任ではない」という責任逃れとして用いられていることも多い。多くの人たちがいろいろ悪者探しや、時には悪者のなすりつけ合いの競争をして、結局は「悪いのは文部省」などということに落ちつくことがある。筆者が強調したいのは、そのような考えが、正しいかどうかということではなく、窃盗をせざるを得ない状況に陥っている子どもに、今われわれが何ができるのかという点でまったく無力である、ということである。そんなことを考えるよりも、その子どもの傍に、期待を失わず可能性を信じていることが、遅いようでももっとも早い解決策である、と筆者は考えている。

それでは因果律的思考は、害を及ぼすだけであるのか。そうではないところに、「人間」という存在の難しさがある。たとえば、先のような例で、「父親が原因だ」と考えた担任教師が、「お父さんは、自分の子どもを泥棒にしてよいのか！」とばかりに、目の前にあった酒びんを投げてこわし、取っ組み合いの後で、父親がまったく変化し、酒をやめてはたらくし、子どもはもちろんよくなるし、といった美談があるのも事実である。筆者は幸いにも、これまでずっと現場の教師の人たちとの接触を続けてきているので、このような感動的な話をよく聞かしてもらっている。

ここで少し頭を冷やして考えてみよう。「父親がアルコール依存症になると、子どもは窃盗をする」、もう少し一般化して、「父親がはたらかずにいると、子どもは非行化する」という法則は、物理学の法則と大いに異なるものである。物理学の法則は既に述べたように普遍性をもち、他に適用できる。しかし、前記の「法則」はそれほどの普遍性をもたない。父親がアルコール依存症であったり、はたらかないでいたりしても、立派に育っている子どもは存在している。そうすると、このような理解はまったくナンセンスであるのか、先の例で、このような理解に基づいて父親に迫り成功した場合をどう考えるのか、ということになる。

これに対して、筆者は次のように考える。この例が成功したのは、担任教師の全存在がそこに賭けられたこと、それを受けとめられるだけの潜在性を父親がもっていたこと、が非常に大きいと思うのである。変化が生じるためには、誰か一人の人間の強力なエネルギーがそこに流れることが必要である。そのとき、人間というものは因果律的思考が好きなので、「父親が原因」という考えが、その人の心的エネルギーを流しこむ「水路」としての役割を果たしたと思うのである。しかし、ここで父親の方にそれを受けて立つ潜在力のない場合は、せっかくのエネルギーの流れもからまわりとなり、結果としては何の変化もなく、父親が担任を無茶なことを言う人として恨むというだけに終ることにもなる。

これでは駄目だというので、子どもを呼びだして心理療法をすることになり、子どもの傍に黙って坐っていることにする。子どもは退屈して次からこないというだけの結果になるときがある。それは、そこに治療者が存在を賭けられないからである。非因果的事象の理解、というのは単純な手段も目的ももたない、というのに等しい。そこに全力をつくすのは非常に困難である。そのことを思うと、「正しい」あるいは普遍的法則ではないにしても、ある因果法則に頼って自分を賭けている方が、はるかに効果が生じてくるのである。ただ、それはいつでも成功するとは限らず、危険性も伴ってくることを覚悟していなくてはならない。あるいは、結果的には自分以外の誰かを「悪者」にすることによって終るだけにもなってしまう。

事象の非因果的連関を読みとる能力をもつことは、心理療法家として非常に大切なことである、と筆者は考えている。そして、偽の原因—結果という思考に支えられるのではなく、因果律的思考を放棄してなおかつ自分の存在をそこに賭けることができるようにしたいと願っている。願っているというのは、そのことが簡単に意志によって遂行できるとは思っていないからである。しかし不断の修練によって少しずつそれは可能になってゆくと思っている。そのような意味では努力の積み重ねではあるが、その努力が常に無意識にも開かれた態度によって支えられていなければならない。心理療法家の訓練のひとつとして、これは大切なことである。

ところで、先の例において、父親と話し合っていると、父親自身が「自分のはたらかないことが原因で子どもが窃盗するのだと思う」と言った場合はどうすればいいだろう。そのときは他人が因果的法則を勝手に適用したのではなく、本人がそのような現実把握に従って、自分のことを考えようとされているのだから、治療者はその線に沿って従ってゆけばよい。しかし、その際もあくまで、本人の自主性を尊重し、その動きについてゆくのであり、相手が「自分が原因です」と言ったことに対して、単純に「同意」して喜んだりすると肩すかしを食うことになるだろう。

4　人間の「科学」

人間を対象としても、人間存在を心と体とに明確に分け、人体を対象としてその現象を研究するときは、近代科学の方法を用いて相当に研究成果をあげることができる。あるいは、人間の心の研究においても、そこに条件を設定して行えば、近代科学の方法が用いられる。しかし、人間を一個の全体的存在として見てその現象を研究しようとするとき、観察者と被観察者との「関係」を不問にすることはできないし、既に述べてきたように、その関係の在り方を利用してこそ研究が進むと考えられるのである。ここで、その研究方法が近代科学のそれと異なるので「科学ではない」、従って「駄目」であるときめつけるのは、あまりにも早急であると思われる。既に何度も繰り返しているように、近代科学の方法はこの際、無力なのである。

ここで心理療法が行なっていることを、何と表現するかという問題が生じてくる。中村雄二郎は近代科学の方法論による知を「科学の知」と呼んでいるので、それと区別するために「臨床の知」という用語を用い、その意義を強調しようとしている。他方、生命科学の研究者である中村桂子は、「生命誌」という言葉を用い、生命科学の研究はむしろ、「生命誌」の研究へと発展してゆくべきだと述べている。以下、中村桂子の言葉を引用する。(3)

徹底的に分析していった結果、その向うに見えて来たのは、すべてを一つの要素に還元するという世界ではなく、とうとうと流れる時間が描き出す物語りだったと言えます。これは、生命科学だけでなく、物理がまさにそうです。フラクタルなどの現象、そして前にも述べた宇宙論への関心。自然の解析がかなり進んで断片的な知識ではなく、生きものについて、地球について、宇宙について語れるようになったという状況と、自然は分析的に見ても決してその本質を見せてくれるものではなく、そこにある物語を読みとらねばならないのだ、という認識とが重なり合ってきたと言えないでしょうか。

生命科学の最先端に位置する科学者がこのように述べていることは、まさに注目すべきことである。生命について「科学」するよりは「物語る」ことが価値がある、と述べているのである。「物語」とは、それを語る語り手の主体的関与があって、はじめて成立するものである。

中村桂子の主張は明らかに科学の今後の在り方についての提言であり、このようなことを踏まえて言うと、これをむしろ「新しい科学」として考える方がいいように思われる。というのも、心理学の領域ではまだまだ「科学」絶対の感じが強く、心理療法は科学ではない他のものであるという主張をすると、それだけで無価値と受けとられかねないので、心理療法の目指しているものは、人間を対象とする「科学」の一分野であり、それは近代科学と方法を異にしていると言う方が、受けいれられやすいと思うからである。名前などどうでもいいようなことであるが、このように考える方が他領域のことを考える上でも便利だと思われる。

人間を対象とする、と述べたが、その際、人間を生命あるものとして全体的に見るのであり、そのことによって、対象を「客体」として冷たく突き放すのではなく、中村雄二郎の言うように「相互主体的かつ相互作用的にみずからコミットする」態度によって、現象にかかわるのである。このことから、中村は「普遍主義の名のもとに自己の責任を解除しない」という特色を指摘している。これは極めて重要なことであり、心理療法の個々の場面において、たとえば、自殺するという人をとめるのかとめないのかというとき、「自殺は必ずとめる」という「普遍主義」の名のもとにそのことを行なっても、効果がないときや、後に悪影響を及ぼすことになったりする。あるいは、時にあるように、「自殺するという人間に限って、ほんとうに死ぬ奴はいない」などという誤った「普遍主義」の名によって行動して失敗してしまった人もある。このようなとき、心理療法家としてはある程度の一般原則に通じていなくてはならないが、何よりも「自己の責任を解除しない」態度をとることが必要なのである。

生命あるものとしての人間を扱う科学としては、医学をはじめ看護学、家政学、保育学などがあるが、医学においては、近代科学の方法による西洋医学が目覚ましい発展をしたために、「生命あるものとしての人間」が対象であることが、時に忘れられそうになる。医学と言うのに抵抗があるならば、「医療学」は、これまで述べてきた心理療法の世界に近くなってくるであろう。それはともかく、ここにあげた、看護学、家政学、保育学などが、これまで「女性」のものと何となく考えられてきたことは興味深い。心理療法を筆者が学びはじめようとしたとき、他の心理学領域の人が「そんなのは、男一匹のすることではない」と言ったことがあるが、これも同様の発想であろう。

ところが、看護学、家政学、保育学などが大学内のアカデミズムに「学」として認められるとき、あまりにも近代科学の方法論に従おうとしたため、確かにそこにある種の「学」は成立したものの、「看護」、「家政」、「保育」などの実態と離れたものになりがちとなって、「学者」と「現場」とが遊離していないだろうか。これは、生きた人間を対象とする科学にあっては、男性原理も女性原理も必要とするはずなのだが、近代科学（それを行使する近代自我）が、あまりに男性原理優位であるために、生じてきたことであると思われる。これは、今後

「人間の科学」を発展させてゆく上において、心理療法がここにあげたような他領域と共に協力し合って進んでゆく際に、心得ておくべきことと思われる。

人間の「科学」として主張するためには、事象を記載し、そこに何らかの「法則」を見出すことが望ましい。ただ、その際に、その事象に観察者の主観が組みこまれている、という困難な事情がある。このような主体の関与を前提とするとき、「物語る」ということが、もっとも適切な表現手段になると思われる。「はなす」に対して「かたる」を考えてみると、後者の場合の方が何らかの「筋」をもっている。その「筋」はそれを「かたる」人が構成したものであり、いうなれば何らかの「理論」をそこに潜在させているのである。このように言うと、いかにも恣意的な感じを与えるかもしれないが、そのような「物語」がどれほどの人々にどのように受けいれられるか、ということによって評価されてゆくのである。

そんなのは科学ではない、と言いたい人に対して、「生命誌」を主張する中村桂子が引用している、ノーベル化学賞受賞者ピーター・ミッチェルの「科学は客観的真理と誤解されている。しかし、科学は実在の世界(第一世界)を個人の心の世界(第二世界)が描いた社会的な表象(第三世界)にすぎない」という文章を紹介しておこう。もちろん、ここで心理療法の場合は、心の世界を心の世界が描こうとしているという二重性がある故に問題は難しくなり、それ故にこそ「物語」がますます重要になってゆくのである。

以上述べてきたことは、わが国で「ニューサイエンス」と呼ばれる、ニューエイジ科学運動の主張とも重なり合うところがあるのは事実である。筆者はそのような動きと、時には同調しつつ、それでもある程度の距離を保つようにしてきている。それはいかなる「運動」や「イズム」も、教条的になってしまうのでその点を警戒しているためである。「科学」である限り、自分の立っている根本的前提を意識し、それを疑い続ける姿勢を保持するべきだと思うからである。ただ、中村雄二郎の言葉にもあったように、人間の科学においては、研究者が「みずからコミットする」ことが必要であり、疑いつつコミットする、あるいは、コミットしつつ疑う、という姿勢を保つことが必要なのであろう。

注

（1） 中村雄二郎『哲学の現在』岩波書店、一九七七年。以下中村雄二郎の引用は特に断らない限り同書による。
（2） ヤッフェ編、河合隼雄／藤縄昭／出井淑子訳『ユング自伝』2、みすず書房、一九七三年。
（3） 中村桂子『生命誌の扉をひらく』哲学書房、一九九〇年。

第四章　心理療法と教育

心理療法は教育とも深い関係にある。現在の教育の現場では実に多くの心理的問題に悩む子どもたち——そして教師たち——をかかえている。最近では特に不登校の問題がジャーナリスティックに取りあげられ、一般の注目を浴びている。子どもが学校に行かない、ということは親にとってたまらないことなので、どうしても解決を焦ることになるが、後にも述べるように、文化・社会的要因に加えて、そこの家庭の要因も重なっている問題なのだから、それほど簡単に片づくはずがないのである。単に、一人の学校へ行かない子を行かせる、ということをこえた大きい課題がそこに存在し、それは教育の根本問題にまでつながってくるのである。

教育のことは、もちろんその制度や行政や、哲学的原理やいろいろの角度から考えねばならぬことであるが、本章ではあくまで、心理療法との関連において考えることにする。あるいは、心理療法家として教育をどのように考えるのか、現在のわが国における学校現場の教育とどうかかわるのかなどについて考えたいと思う。

筆者は大学卒業後、僅か三年間ではあったが中・高校併設の私立校の数学教師を務めた。この経験が教育現場のことを考える上で役に立っているし、大学奉職後も、常に幼、小、中、高、の教師の人たちとの接触を絶やすことなく現在に至っているので、教育のことを考えるのに有利な立場にあると思っている。最近、一九八八年には、京都大学教育学部に大学院の独立専攻として、「臨床教育学」講座を創設したので、教育現場との交流はますます密になってきている。これらの経験を踏まえて、教育について考えてみたい。

1　教育をどう考えるか

教育という文字は、教と育に分解することができる。それに、「育」という文字は、自動詞にも他動詞にも用いられる。

教える
育てる
育つ

と並べてみると、教育ということのもつ深さが端的に示されているように感じられる。学校ではいろいろなことを「教え」ねばならない。しかし、それを可能とするためには、子どもがある水準にまで「育って」いることが必要である。教えることに焦りすぎても、子どもがそれを受けいれられないときは無意味になってしまう。

特に「教える」内容が知的なことではなく、生き方全体にかかわること、学校内で生徒指導と呼ばれていることになると、「育てる」、「育つ」の意味の重要さが感じられる。煙草を吸っている高校生は、未成年者は煙草を吸ってはならないことを「知らない」ので、そのことを「教え」てやれば問題が解決する、というのではない。まったく勉強せずに怠けて学校にこない子どもも、子どもは学校に行くべきだ、と「教える」ことによって、その問題が解決したりするわけではない。つまり、そのような子どもをどのように「育てる」のかが大切なこととなってくる。

このように考えてくると、これまで心理療法の根本として述べてきた、その本人の潜在的可能性が育ってくるのを待つ、という態度が、教育現場においても極めて重要になることが了解されるであろう。事実、学校において、いわゆる「問題児」と呼ばれている子どもに筆者も数多く会ってきたし、多くの心理療法家が面接し、効果をあげてきている。極端な場合は、来談した子の話を黙って聴いているだけでよくなってゆく。あるいは遊戯療法の場合であれば、文字どおり遊ぶだけである。ただ、話を聴いたり、遊んだりするときの心理療法家の根本的態度によって状態が変化するのであり、それは通常の雑談や、遊びとは次元を異にするのである。

心理療法によって、子どもの行動が改善されたとき、「どのような指導をされたのですか」と教師や親から質問されることがよくある。大人は一般に「指導」するのが好きである。「指導」によって人間が簡単によくなるのなら、自分自身を指導することからはじめるとよい、と思うが、それをせずに、子どもの指導をしたがるのだから、ナンセンスである。しかし、指導をしたがる気持は非常によくわかる。そうすると、「指導する者」と「指導される者」という区別が明確になり、その上、指導の効果があがると指導者がよかったことになるし、指導される者がなかなか指導に従わないときは、「せっかく熱心に指導してやっているのに」、悪いのは生徒の方だということになって、教師の立場は安泰になるからである。これは外見的には「教育的」に見えるのだが、真の意味での教育と言えないのではなかろうか。

教育というときに、動物を訓練し、しつけるというイメージと、植物を育てるというイメージと両方がある。どちらも大切なのだが、一般に植物イメージで考えることの方は忘れられがちのように思われる。土壌と太陽の光とがあれば、植物は自分の力で育ってくる。このときに、人間は植物の芽をひっぱったり、つぼみを無理に開いてみたりしてはならない。ここで、土壌や太陽に相当するのが、教師あるいは親などの、その周囲に存在する人々の暖かい、待つ心である。これは迂路のように見えて、結局は一番の近道なのである。熱心に教育しようとする人によって、芽をつみとられたり、つぼみを台なしにされてしまったような子どもの例を、われわれは数多く見てきたのである。

もちろん、教育において「教える」ことが重要であることは論を待たない。しかし、ただそれのみで、全体の状況を見ることを忘れると、かえって害を及ぼすことにもなるのである。それに、教師は既に述べたような理由で「教え」たがる傾向が強いので、心に植物のイメージを描いたりして、ゆっくりと育つのを待つことを練習しなくてはならない。植物にも肥料をやることは必要であるが、あまりに多く与えすぎたり、根もとに与えすぎたりすると、根が腐って駄目になってしまう。このことも教育者としてはよく心得ておくべきことである。

教師がいわゆるカウンセリングかぶれになると、教育の場において、まったくの自由を生徒に与えるべきだと考えたり、絶対教えないことをモットーにしたりして、生徒の「自主性」を尊重する教育であると言ったりするが、それも好ましくない。心理療法の場面は、時間や場所などというはっきりとした枠をもち、その枠内での自由が許されているところに意味がある。人間は自由の恩恵にあずかろうとするときは、そこに何らかの枠がないと駄目なのである。枠のない自由は人間を深い不安に陥れたり、無意識に自分を縛る枠をつくったりして、意味のある結果は得られないのである。また、学校でいろいろ教えることがあるのは当然で、実のところ、心理療法場面においても「教える」ことが必要なときもあるのだ。心理療法は根本的には「育つ」ことに焦点を当てているが、ある程度の段階に達すると、治療者は「教える」ことが必要となることもある。

特に最近では家庭教育があまり行われなくなったり、地域社会のもつ教育的機能も弱くなっているので、「常識」を知らない若者が多い。大学ではそれらの「教育」はクラブの先輩によって行われることが多く、時にそれは相当に歪んだものとなっている。このようなことのため、心理療法家が「常識」の教育をしなくてはならないのである。このことは、すべてを常識によって判断すべきだと言っているのではなく、一応の常識を知っていてこそ、個人の独自の判断というものが生かされてくることが多いと思うからである。心理療法家だからといって常識的な生き方をするべきだなどということもないが、やはり、常識というものをよく知っている必要はあるだろう。

2 教育現場の問題

心理療法の考えがわが国の教育現場に取り入れられていったのは、ロージャズが初期に主張した非指示的《ノンディレクティブ》カウンセリングの主張によるところが大きい。前節にも記したが、「教え」たり「指導」したりするのが好きな人が多い教師に対して、「非指示」の有効性を説く考えがもたらされたので、実に衝撃的でもあった。それは従って、それなりの意味をもったが、やはり初期の浅い理解と関連して、教育界において、「補導かカウンセリングか」というような対立的な捉えられ方になってしまったのは残念なことであった。補導派は生徒を「厳しく取り締る」ことが必要であり、カウンセリングは「甘い」と攻撃するし、カウンセリング派は補導を「生徒の自主性を奪い」、「形式だけを整えようとする」と攻撃する。これはあまり建設的な論争にならなかったようである。

このような単純な二者択一の論理で、教育の問題が解決するはずがない。教育というのはあくまで「人間」が対象であり、既に何度も繰り返したように、生きた人間を相手にすると、単純で整合的な論理によっては、ことが運ばないのである。人間のことがかかわってくると、多くの場合、「あれかこれか」ということではなく「あれもこれも」という考えの方に軍配があがり、後者は何といっても実際に行うのが困難なことなのである。補導かカウンセリングか、などという問題の立て方ではなく、一人の生徒に対して教師はいかにして「厳しく優しく」接しられるか、規則を守りつつ自由を確保するように接しられるか、を考えるべきである。

不可能な理想論を述べているように思われるので、実際に即して言えば、人間というものはその人のもつ傾向、好みがあるので、「補導」を好きになる人と「カウンセリング」を好きになる人がある。その好きな方を選んでやりはじめ、そこで、自分の接する生徒を中心に据えて会っていると、カウンセリングをしていても、時に生徒に対して制限を加えたり叱責せざるを得ない場面にぶつかるであろうし、「補導」をしていても、生徒の気持を理解することの必要性を痛感させられるだろう。事実、筆者は多くの現場の教師の方々に接してきたが、補導からきた人も、カウンセリングからきた人も、単純な教条主義に陥らず、あくまで生きた存在としての生徒を中心に据えて考え続けようとした人は、その後も成長を続けている。

一般論で言えば、カウンセリングに関心をもつ人は、母性原理の方が強いタイプであることが多い。しかし、カウンセラーとして成長してゆくためには、父性原理も身につけてゆかねばならない。カウンセラーとか教師とかは、両性具有的な傾向をもつ必要がある。このように考えていると、その両方を鍛えてくれるのにふさわしい、クライエントや生徒が登場するもので、その人を相手に悪戦苦闘しているうちに、こちらも少しは成長するということになる。

心理療法的な考えを教育現場に導入してくる際に、特に考慮しなくてはならぬのは、その過程に生じてくる破壊性についてである。人間が変るというのはなかなかのことで、古いものが破壊され、新しいものが建設されるのであるが、その破壊力が他に及ぶことがある。あるいは、破壊を建設に至らしめるためには、それを包みこむ

「容器」が必要なのである。その破壊力が内に向かうと自殺ということになるし、外に向かうときは、他人に危害を与えたり、多くの規則破りなどの形をとって現われてくる。このことは、学校という組織を維持してゆく上において困難な事態を引き起こしかねないのである。

カウンセリングをしていると、高校生が飲酒や喫煙をしたと話をすることがある。そんなことをいちいち職員会議に報告していたらカウンセリングはできないだろう。ところが、随分以前にあった例だが、中学生がピストルを隠してもっているなどという場合、その秘密をカウンセラーは守るかどうか、などになってくると判断は難しくなる。この場合は、カウンセラーが「秘密厳守」を絶対と考えて黙っていたら、警察によって見つけられ、しかも本人が「カウンセラーの先生には以前に言っておいた」と言ったため、カウンセラーは大変な窮地に立たされてしまった。

この場合、「秘密厳守」を絶対的なことと考えてそれに従おうとしたカウンセラーの態度が問題になる。前章の「臨床の知」についての中村雄二郎の言葉に、「普遍主義の名のもとに自己の責任を解除しない」とあったことを思い出す。何かのルールを普遍的と思い、それに従っていると考えることによって、自己の責任を解除しようとするのは、カウンセラーにとってもっとも危険なことである。心理療法にはいろいろと原則がある。しかし、それらの原則のよってきたるところをよく弁えた上で、個々の場合に応じて判断を「自らの責任」において下すことが必要なのである。

このようなとき、ピストルの話を聞いて、そのときは黙っていて、クライエントと別れてから陰で警察に通報したりするのは最低のことである。そのような裏切りをしてカウンセリングができるはずはない。それでは、中学生がピストルをもっていると知って、警察に言うのか、言わないのか、あるいはそのどちらも駄目とするとどうすればいいのか。このように二者択一的考えに陥り、どうにもならないと思うのは、事態が見えなくなっている証拠なのである。そのように結論をすぐ焦る態度ではなく、この少年はどうしてピストルなどもつことになったのか、その事実はなぜ、他ならぬ今、この自分に告げることになったのか、などについて、少年および自分自身をとりまく状況全体の流れのなかで見ていると、解決法が浮かびあがってくるのである。そしてそれは一般的常識を踏まえつつ、一回限りの個別の真理として通用するものとなるのである。

考えてみると、せっかちな二者択一の状態に追いこまれ、どちらを選んでも駄目と感じてしまうのは、多くのクライエントが経験することである。そのときに、もう一度その状況全体をゆっくりと考え直し新しい道を考え出そうとすることは、われわれ心理療法家の狙いとしていることである。そのとき、クライエントが無意識のうちに心理療法家を同様の状態に追いこんできて、果たしてそれをどうするのかを見ている、というと言い過ぎになろうが、心理療法の過程でクライエントが経験する困難さと危険とを、そのまま心理療法家にも体験することを迫ってきていると考えると、このような状況がよく理解できるのである。

筆者は幸いにも現場の教師の方々の生《なま》の声を聞く機会に恵まれているので、前述したような困難な状況に追いこまれたときの個々の教師の己を賭けた行動を多く聞いてきた。なかには、子どもと体を張っての取っ組み合いをした教師もあるし、「君の今の話を聞いて、僕は「秘密厳守」などできない。だから、今ここで君のカウンセラーであることを辞めさせてほしい」と中学生に対して言った教師もある。そのようなときに、望ましい結果が生み出されてくるときは、いつも教師対生徒という上下関係が消えて、人間と人間が水平の軸上で向き合っている状態が出現してきているのである。

人間と人間が水平軸上で会うというと、聞こえがいいので、時に教師のなかには、自分は生徒と常に対等であるなどと主張したり、同じ仲間だと言う人もある。そのような方には、「それではあなたも授業料を払って下さい」と言うことにしている。片方が授業料を払い、他方が月給をもらっているのに、まったく同じなどということはない。自分の担当している教科については、その知識においてもそれを効果的に教える点においても、教師は生徒をはるかに上まわっている必要があるし、既に述べたように人生における常識も生徒より豊かにもっていなくてはならない。にもかかわらず、両者がまったく対等と感じたり、時には、生徒の方が上とさえ感じたりする「とき」が出現してくること、そしてそれを教師の方も自覚的に生きること、が生じてくるところに教育の意義が存在している。このあたりのことをよく自覚していないと、教師が常に生徒の上にいようとして失敗したり、常に生徒と同等であると見せかけようとして失敗したりしてしまうのである。教師と生徒が水平軸上で向かい合うような機会は、そんなに多くあるものではない。教師の不断の努力の積み重ねのなかで、ふと与えられるものであり、そのようなチャンスを生かせるように、常に心がけていてこそそれが意味あるものとなるのである。

心理療法的な過程では、破壊を経て建設に至るので、その途中で集団や組織に脅威を与えるものであることを、よく心得ていなくてはならない。簡単な例をとってみても、もし学校に相談室があり、そこで学校カウンセリングが行われているとすると、その相談室内における「秘密」ということが、周囲にある程度の脅威を与えているということを、学校カウンセラーは自覚していなくてはならない。校長先生にしても、相談室内において、「自分の知らないこと」が起こっている、と思うだけで不安になる人もある。自分の学級の子どものことは「すべて」知っていなくてはならない、と思っている担任は、自分のクラスの子どもがカウンセリングを受けにいっているというだけで、腹が立ってくるだろう。

秘密ということは両刃の剣であり、ある個人のアイデンティティの確立のために深くかかわるものである反面、極めて破壊的であり、秘密をもっている当人やその周囲の人を深く傷つけるものである。このことは他に詳しく論じたので繰り返さないが[1]、学校カウンセラーは、「秘密」を扱うことによって、周囲に相当な危険な感情を味わわしていることをよく自覚している必要がある。そして、校長をはじめ教職員のなかで、誰がそれに対する耐性が強いのか弱いのかなどをよく知って行動しなくてはならない。

一人の子どものカウンセリングをすると、その子の変化を通じて、あるいはそれと共にその子の家族、友人、学級、あるいは時に学校全体にまで変化の波が及んでくる。それがうまくゆくと素晴らしいが、どれほどよい改変であれ、改変には苦痛が伴うものであり、それに対する抵抗があちこち生じてくるのも当然である。そのような周囲の苦痛や抵抗に対する共感がなくては、心理療法家はやってゆけない。学校でカウンセリングをはじめたが「周囲が無理解なので、何もできない」などと嘆いているのは、まったく馬鹿げている。それは当然のことなのである。無理解を嘆くのではなく、そのような状況をよく理解することによって、学校カウンセリングがはじまるのである。

教師でカウンセリングをはじめる人のなかには、「よいことをしている」と手放しで感じている人がいるが、それは長続きしない。それは、よいことかもしれないが、相当に近所迷惑のことを敢えてしているのだという自覚が必要なのである。

3 臨床教育学の必要性

これまで述べてきたように、心理療法と教育とはその本質的なところにおいて大いに重なるものである。ところが歴史的に見ると、両者は相当に異なるものとして、お互いに相手を敬遠してきたような感がある。心理療法の側からは教育というとどうしても理念を大切にしすぎたり、制度を大切にしたりして、個人の内的な面にあまり注目を払わないものときめつけたり、他方、教育の側からすれば、心理療法というと「病的」な人間をどう扱うかということで、健全な人間の成長などとはかかわりのないことと考えたり、要は、両者の誤解によって敬遠しあっているようなところがあった。

しかし、教育の現場で不登校の生徒をはじめ、心理的問題をもつ子どもが増えてくると共に、教育の場において心理的な考え方を無視したり、現場の実際的な問題を不問にして「教育学」を考えたりすることは、だんだんと意味を失ってきはじめた。また、心理療法を行なっている者も、単に生徒の行動を改変するということのみではなく、クライエントからの鋭い問いに答える意味もあって、そもそも学校とは何かとか、学校における規則はどういう意味をもつのかとか、入学や退学などの制度をどう考えるべきかとか、教育的な問題について考えざるを得なくなってきたのである。心理療法の場合、できる限り生徒の自主性を尊重し、本人の考えを大切にするが、そのことは心理療法家が無定見である方がいいことを意味しない。自分は自分なりに考え、自分自身の考えをしっかりともってこそ、相手の考えを尊重できるものなのである。このようなことがあって、臨床心理学と教育学は、実際的な教育の場を介して、以前よりははるかに結びつくことになってきた。

以上のような点から考えて、京都大学教育学部に、全国にさきがけて一九八八年に「臨床教育学」の講座が設立され、筆者は教授を担当することになった。この講座には大学院への社会人の入学を制度化し、現職教員が大学院生として入学してきている。これは京都大学の歴史においても画期的なことであろう。これまでも現場の教師の方々が研修員としてこられたことはあったが、大学院生として学び、単位を取得して研究に従事するようになったのである。このようにして、教育の現場と教育の研究の場がつながるようになったことを非常に嬉しく思っている。このことは、教育ということの本質を考えると、もっと早く実現させるべきことであったと思う。

心理療法とかカウンセリングと言えば、学校における生徒指導の問題と関係が深い。しかし、それが時間と場所を決めて会うという形式にとらわれると学校現場ではなかなか実行し難いところがある。そのために敬遠されがちになるが、これまで述べてきたような心理療法の本質を生かし、形にとらわれる必要がないと考えると、有効性が高まってくる。ここで重要なことのひとつは、現場において「問題児」として取り扱われる生徒に対して、その「問題」から何らかの可能性の発展のいとぐちが見出せるだろうと考える態度をもつことである。それと、それが必要である、あるいは、そのような状況が醸成されているときに、生徒と水平の軸上に向かい合うことができることであろう。「問題児」というのは、教師や親に対して、解くべき問題を提出しているのだ、と述べたことがあったが、このような態度で生徒に接することによって、新しい展開が生じるのである。

このような姿勢は、問題を何とか押し込めてなくしてしまおうという考えとまったく異なるものである。取り締りを強化することによって問題をなくしようとしても、根本的解決にはならず、形を変えて出現するだけのことである。それよりもむしろ、マイナスの形で生じてくるもののなかに、プラスへの転換のいとぐちを見る方が教育的であることは、論を待たないであろう。ただ、後者の方法の方が教師の心的エネルギーの消費は相当に高いものであることを覚悟すべきである。しかし、教師となったからにはそれは期待されるところであり、いかにエネルギーを多く消費しても報われるところがある限り、意義があると言うべきである。

臨床教育学講座の大学院生には現職の教員もいるので、その実践記録を発表してもらう機会も多く、また、それに対して、臨床心理学、教育人間学などの立場からの討論を加えて共に考えてきている。これらの成果はまた別に発表するつもりであるので、ここには例をあげることはしない。ただ、僅かの期間ではあるが、既に相当な結果を得ていることは報告しておきたい。

臨床教育学的な視点をもって研究するべきことに、授業の研究がある。これまで、教科を教えるときは、あくまでその教科が中心に考えられてきたが、考えてみると、授業においては、教師と生徒および生徒相互間の人間関係がいろいろな形で生じるのであり、このことは、単に教科の「知識」がどれほど伝達されたかという問題をこえて、ひろく深く考えるべきことと思われる。そのような点で、授業研究は、臨床教育学においても重要な課題であり、心理療法によって鍛えられた接近法が役立つと思われるのである。

一例をあげる。「ばら」という詩についての国語の授業で、教師は、バラの美しさについて生徒の鑑賞力を高めようと、バラについて生徒に思いつくことを何でも言ってみなさい、という。美しい花だとか、誕生日に貰って嬉しかったなどという発言のなかで、ある生徒が「トゲがある」と言った。バラの美しさについて焦点を当てている教師は、一瞬不愉快な顔になった。すると、クラスの生徒たちはそれを感じとってしまって、「トゲ」の発言をした生徒に冷やかな視線を向ける、ということがあった。

このようなとき、教師の応答は非常に難しい。自分は「バラの美しさ」に焦点を当てようとしている。生徒の連想からそれを引き出し——それもだいたい何分間くらいと時間も割りふってある——次の段階に進もうとしている。そこで、「バラにトゲがある」という連想にかかわっていると、授業の筋道が壊れてしまう。しかし、だからといって、せっかくの子どもの連想を無視してしまうのもよくない。この際、教師は特にそれが駄目とは言わなかったが、不愉快に感じたことは一瞬にクラスの生徒たちに伝わってしまっている。ここが難しいところである。

しかし、ここで教師が「トゲ」の連想を、それは面白いねと取りあげたとしよう。生徒たちは一瞬驚くが、何か変ったことを言う方が先生が喜ぶと思って、まったく途方もないことを言いはじめるかもしれない。そして、その収拾をつけるのが大変になってくるだろう。生徒は思い思いにしゃべるので活気を呈するかもしれないが、授業の目的はどこかにかすんでしまうかもしれない。

後者のようなことを恐れるので、教師はだいたいそのようなことが生じないように、意識的・無意識的に気を配っている。ところが、わが国においては、子どもたちは先生の気持を察する能力が高いので、一見、生徒たちが活躍している授業に見えながら、先生の意図した流れにそのまま乗っかっているような授業になることが多くないか、を反省する必要がある。子どもたちは自分のなかから湧き出てくるものによるのではなく、先生の意図をできるだけうまく、早くキャッチして反応しようとするだろう。これで「個性を磨く」教育ができるだろうか。いわゆる「優等生」は創造性が著しく少ない、などということになってしまうのである。

その上、もし「トゲがある」と言った子が、平素は全然発言しない子である場合はどうなるだろう。その子がともかく思い切って発言したということは大変なことである。この際は、授業の流れのことは一応心に納めておいて、「面白いね」と評価する方がよいのではなかろうか。もちろん、このことにしても普遍的な「正しい」答などない。教師の「責任」がはっきりと問われているのである。このように考えると、心理療法の場面で、クライエントが「自殺します」と言ったとき、どのように対応するかに迷うのと、まったく同じことが授業場面においても生じていることが了解されるだろう。

授業の研究に関しては、京都大学においても、授業の見学にいったり、授業をビデオで撮影したものを見て討論を重ねたりしている。また、筆者は東京大学の稲垣忠彦教授らの授業研究に参加し、その結果は既に発表しつつあるところである[2]。

臨床教育学の対象として考えるべきことに、学校の行事、制度などのこともある。学校の行事に参加するのを拒否したり、嫌に感じたりする生徒がいる。逆に平素は登校しないが学校行事としての遠足や、球技大会などにだけ参加する生徒がいる。学校の制度に対して反撥したり、それを破る生徒もいる。これらの生徒に対して個々にかかわってゆくとき、心理療法的な接近が役立つのは当然であるが、そのようなことをしつつ、心理療法をする者や教師が、いったい学校行事は何のためにあるのか、それに参加する(参加しない)ことの意義は何か、などについて考えてみることが必要になってくる。それは学校のいろいろな制度についても同様である。校門圧死事件のような衝撃的な事件があったが、いったい「校則」というものはどのような意味があるのか、それをなぜ、いかにして、生徒に守らせるのか。これらのことは、教育原理の大切な課題である。しかし、それを抽象的な理論として考えるのではなく、実際に現場に生じている現象とつき合わせて考えるとなるとどうなるのか。このようなことが重要な課題として浮かびあがってくるのである。

現場の教師としても、やみくもにともかく規則を守らせようとし、生徒は何とかしてそれを崩そうとするし、余裕のない「戦い」を繰り返しているなかで、少し身を引いて、そもそも「規則とは何か」などということを考え直してみることは、非常に意味があるのではなかろうか。また、心理療法の場面において個々の生徒が自分の生き方に照らしてみて述べる学校に対する意見や、時には感情的な反応などをプライバシーを守ることに留意しつつ、一般の教師に紹介することによって、生徒一般に対してもどのように対してゆくかを考える上で参考になることもあるだろう。

教育の問題をこのように現場と直結しつつ、多角的に考え直してみることは有意義なことであり、心理療法もそれに加わることによって、互いの発展のために役立つものと思われる。

注

（1）河合隼雄「子どもと秘密」、『子どもの宇宙』岩波書店、一九八七年。〔本著作集第六巻所収〕

（2）稲垣忠彦他『シリーズ　授業』1～10、岩波書店、一九九一―九三年。

第五章　心理療法と宗教

広義の心理療法は古来から宗教家によってなされてきた、と言うべきであろう。キリスト教の告解にその姿を見ることができるし、古代ギリシャで行われていたインキュベーション、あるいは、非近代社会におけるシャーマニズムなどは、すべて広義の心理療法と考えられるだろう。ここに広義の、とわざわざ断っているのは、近代以後の心理療法においては、いかなる「絶対者」をも立てないので、その点は明らかに異なっているわけである。近代に起こってきた心理療法は、フロイトの精神分析をはじめ、「自然科学」としてその存在理由を主張しようとしてきた。しかし、よくよく吟味してみると、近代以後の心理療法も宗教との関係が実に深いことがわかってきた。まさにそれは宗教と科学の接点に存在するとさえ、言いたくなるようなところがある。

既に述べたように、自然科学こそ唯一の真理を語るものと考える(信じる)人にとって、心理療法と宗教の親近性を論ずることは、むしろタブーに近いことである。できる限り、心理療法が宗教とは異なることを強調することによって、その確実性を主張したいと考えるのである。事実、心理療法を「あんな宗教のようなもの」と言うことによって全否定しようとする人もいるくらいだから、これも当然のことである。時にわが国は、他国に比して知識人の宗教嫌いが強いので、余計にこのような傾向が強いと思われる。

しかしながら、以後に明らかにしてゆくように、心理療法と宗教との関連は実に深いものと筆者は考えている。

ここで言う宗教とは特定の宗教教団を指しているのではなく、もっと一般的な宗教性とでも呼びたいようなことを指しているのではあるが。

1 神話の知

「科学の知」に対して、「神話の知」も人間にとって必要であることは、第三章において既に論じたところである。「神話の知」によって、人間は自分自身と世界との深いかかわりについて知ることができるのである。たとえば、恋人に会うべく待っていたのに、恋人が交通事故で死亡し、そのため抑うつ症になった人が来談したとしよう。その人は、「なぜあの人は死んだのですか」と問いかけてくるであろう。それに対して「出血多量」とかで「科学の知」がいかに精密に答えようともこの人は満足しないであろう。この人が知りたいのは、自分とのかかわりにおいて、なぜ他ならぬ私の恋人が、私と会う寸前に事故死しなければならなかったのか、ということである。

中村雄二郎は、「神話の知の基礎にあるのは、私たちをとりまく物事とそれから構成されている世界とを宇宙論的に濃密な意味をもったものとしてとらえたいという根源的な欲求(1)であろうと言っている。

「私の恋人の死」の「意味」は何か、それを納得のいく「宇宙的秩序」のなかで理解したいのである。それができない限り、この人の抑うつ症は続くのである。

ある男性が自分の二人の子どもを失ってしまって、抑うつ状態になった。ところが、その人はある僧に会い、その僧が祈禱をした結果、それはまったく前世の因縁である、ということを説き明かしてくれた。本人の前世の悪業の結果であり、今は前世の悪業を悔いることと、死んだ二人の子の菩提を弔うことをすべきだと言われ、それに従って僧と共にお経をあげた。その後も、その僧に従って経をあげて祈ることを続けたが、子どもが生まれて、今度は健康に育ち順調に暮らしてゆけるようになった。

この際、「前世の因縁」ということが、この人にとって神話の知としての役割を十分に果たすことになったのである。問題はそのような「神話の知」がどの程度の普遍性をもつかということになる。おそらく、ある人にとってはそれはまったく無意味なことになるだろう。ところが、これと似たようなことは、たとえば「水子供養」などという形で、思いの外に現在、全国にひろがっている。つまり、多くの人が自分の運命を納得のゆく形で受けいれる「神話の知」をもつことができないままに、不安につけこまれるような形で、「水子供養」のために金を出したりしているのである。この際、言う方も言われる方もほんとうに納得し、信じているときは何も言う必要はないし、それは効果を発することも十分に考えられる。しかし、そうでないときは、あまり感心できない。

現代人は「科学の知」によって武装している。従って馬鹿げた「迷信」にだまされたりはしないと思われるだろうが、実際はそうではない。合理的に人生を生きている人も、いざとなると偽科学、偽宗教の類にひっかかってしまうのである。これは、「科学の知」によってすべての事象が説明しつくせるものと思っているのに、その説明が役に立たなかったり、説明が見出せなかったりして不安に陥っているとき、他人の提供する「神話の知」を、自らの力によってよく検討しないままに、それに乗せられてしまうからである。このような人は、「神話の知」に対する訓練がなさすぎるのである。

心理療法においては、クライエントが自分に適した「神話の知」を見出してゆくのを援助すると言っていいだろう。このとき、心理療法家は特定の絶対者に頼るわけでもなく、また教義《ドグマ》をもっているわけでもないので、自らがそのようなことを提供するのではなく、ひたすらクライエントが自分の力で見出すのを助けようとして、相手の自主性を尊重するところが特徴的である。

「神話の知」はそれに対する全人的なコミットメントをもってはじめて意味をもつものである。知的な理解だけでは駄目である。あるいは、半信半疑の態度でもあまり効果を発揮しない。絶対者に対して全人的にかかわるための方策として「儀式」というものが創出されてきた。各宗教はそれぞれの様式の儀式をもっている。たとえば、単に心のなかで祈っているのと、白装束に身を固めて、集団で太鼓などをならして行列をつくって歩く場合とでは、大分異なってくるであろう。これもその個人の在り方が深く関連してきて、前者の方が深くコミットできるという人と、後者の方がいいと言う人があろう。

そもそもここに「コミット」などという語を使用したが、これも実は問題であり、すべてが絶対者(神)の思召しのとおり動いていると考えるなら、人間がコミットするなどというのは神に対する冒瀆であろう。英語を考えてみると、コミットという動詞が用いられるのは、犯罪、自殺、愚行、などのときだけである。従って、古くは「コミット」は悪と結びついた語であった。近代になって近代自我の価値が重視されるようになって、コミットすることが「自我の積極的参加」を意味するようになり、ポジティブな意味をもつようになってきたのである。従って、宗教的に深く考えるとき、全人的関与というときは「コミット」と言わない方がいいのかもしれない。自我などということの問題以前なのである。

儀式のなかに全人的にかかわるときは、人間は深い体験をすることができる。しかし、それは考えてみると危険なことでもある。ユングは従って、儀式に両面的意義があると考え、儀式によってこそ神に接近してゆける、という意味と、儀式によって人間は神との直接的な接触を避けようとしている、という意味とがあると言う。つまり、神との直接接触は危険極まりないのでそれを避けるために儀式がある、と言うのである。そこで、後者の点が強調されすぎると、儀式によってかえって神から遠ざかることになる。後者のような点は、他人と深くかかわるのを避けたいときに、「儀式的」な態度によって距離をとるところなどに見受けられる。しかし、儀式のもうひとつの機能は、それとは逆に深いかかわりを促進するためにあるのである。

心理療法の場面においても、儀式類似のことはよく生じる。心理療法においては、何度も繰り返すように絶対者の存在を前提としないが、人間の心の深層に降りてゆくことは相当な覚悟と危険に対する防衛とが必要なので、儀式に類する行為が生じてくるのである。心理療法家、クライエントのいずれも、心理療法の場でいろいろな「癖」が生じがちなのもそのためである。癖というのは個人的でマイナーな儀式とも考えられる。そのようなことを通じて非日常の世界に接近できるのである。あるいは、後にも述べることになるが、心理療法の開始、終結時や、過程のなかの重要なポイントなどに、儀式類似のことが生じたり、あるいは、それを治療者が「演出」することに意味があったりする。

以上のようなことを考えると、心理療法において、個々のクライエントがその人なりに「神話の知」を見出したり、儀式を創出したりするのを治療者が助けることになるが、そのためには、治療者がそれらについてある程度の知識をもっていることが必要である。クライエントが個人として見出したことが、どのように普遍的なものと関連しているのかを知ることは大切なことである。このため、心理療法家になろうとする者は、世界の代表的な神話についての知識をある程度もつことが必要であるし、宗教的儀式についても知るべきである。このためには、文化人類学者による最近の研究は大いに参考になる。筆者もそれらの研究によって、自分の心理療法に役立つ多くの知見を得た。それらについては、後に少し触れることになろう。

ただ心理療法家としては、特定の神話の知をすべての人にすすめようとしたり、特定の儀式を強制したりすることがない点において、宗教家とは異なるのである。

2 宗教性

心理療法家は宗教家ではない。しかし、「宗教」と無縁でないことはこれまで述べてきたことによってもわかるであろう。われわれは特定の宗教集団の教義や儀式に縛られてはいないが、古来から宗教と呼ばれてきたことに大いにかかわるのである。それを特定の宗教集団と区別するために、心理療法家は「宗教性」と深くかかわると言えばよいだろう。ここに宗教性ということは、ユングが言ったように「ルドルフ・オットーがヌミノーゼと呼んだものを慎重かつ良心的に観察すること」と考えてみよう。

ルドルフ・オットーがその著書『聖なるもの』(2)に述べているところによれば、彼は「聖なるもの」と一般に考えられているものから道徳的要素と合理的要素とを差し引いたものをヌミノーゼ(das Numinöse)と呼んだ。そしてそれについて、「あらゆる根源的な基本事実と同じく、厳密な意味で定義を下すことができず、ただ論議し得るのみである。相手にそれを理解させる方法は、ただ一つあるだけである。すなわち論議によって、相手を自分の心情との一致点にまで導いてくる。するとその範疇が相手方の心の中で動き出し、活躍しはじめ、相手方を自覚させるに違いない」という注目すべき発言をしている。このことは、心理療法において生じていることを、他に伝えるのがどれほど難しいかをよく表わしているように思う。そこに生じたことを定義し、概念化した途端に大切なことが抜け落ちてしまったように感じるのである。

オットーは、ヌミノーゼ体験の要素のひとつとして、戦慄すべき秘儀(Mysterium tremendum)をあげている。それについて再び引用すると、「この感情は、音もない汐のようにやって来て心情を満たし、静かで深い冥想的気分をただよわせることがある」。しかし「また時としては、この感情は激変して急激に心を破り出ることがある」。そして、「それは荒々しい悪霊的《デモーニッシュ》な形態を持っている。それはほとんど、妖怪のような恐怖と戦慄とに引き沈めることがある」と述べている。

ところで、オットーはこのような事柄は定義できないと述べた上で、次のように言っている。

> 秘儀は実のところ、概念的にはただ隠されたもの、すなわち知られないもの、把握され、理解され難いもの、普通でないもの、精通されないものの名にほかならない。しかし、このように言っても、その有様は明かに示されない。ただそれによって、ある全く実在している者が意味されていることだけは、確かである。その実在者はただ単に感情において体験されうるのみである。そしてこの感情を、私たちは論じつつ、また同時に心に響かせつつ、多分、解明することができるだろう。

長い引用をしたが、実はこのような表現が、ほとんどそのまま深層心理学に用いられる「無意識」ということに当てはまるのではないかと思ったからである。この文の主語に「無意識」という語をいれてもほとんど通用する。しかし、フロイトはそのような捉えどころのない無意識を何とか「精神分析」の技法によって意識化し理解しつくそうと考えたのである。このときは、自我の方に中心が置かれ、あくまでも「合理的」に解明可能と考える。すると、そこには「畏怖」の感情などは消えてゆき、科学的に解明する態度が前面に出てくることになる。

確かに、深層心理学においては、神という絶対者をたてて説明しようとはしない。しかし、人間の心が解明しつくされると考えるのもどうかと思う。このように思い込みすぎると、自分は科学的・合理的に考えていると思っていても、その人の態度は、自分のよって立つ理論の創設者を「教祖」のように感じたり、その理論を教義《ドグマ》のように受けとめているようになりがちである。これが心理療法の恐ろしいところである。そこで、われわれはそのようなことを避けるためには、「慎重かつ良心的に観察する」態度をとることが必要になってくるのである。そして、解明し得る限りは解明を行うにしろ、そこには常に解明し切れぬものがあり、あくまで「戦慄すべき秘儀」の存在することを忘れずにいることが必要となる。

ここで、ユングが「教義《ドグマ》」について述べていることは傾聴に値する。彼はドグマというものが変更不能な正しさを主張する点において、特に合理的な考えの強い知識人からは敬遠されがちであるが、実はそれ故にこそ、人間はそれに従うときに「全人的」にそれに関与できるのではないか、と言うのである。

ここで、話を少し変えて、心理療法家であればほとんどすべての人が重要視していると思われる「アイデンティティ」ということについて考えてみよう。「アイデンティティの探索」ということが、このクライエントの課題だ、などとわれわれは言うことがよくある、このアイデンティティについて、文化人類学者の谷泰は次のように述べている(3)。

> 自己のアイデンティティを失う危機感におそわれている人にとって、一般的真理といったたちの、普遍的な命題は、なんの慰めにもならない。なんらかの社会的なスティグマ(傷痕)をもっているため悩んでいる者にとって、自己の悩みの原因についての学問的見地からの説明はもちろんのこと、おまえは他の人びとと同

じく社会的に等しい基本的人権をあたえられているのだといった憲章のうたい文句のような一般的説明は、空念仏にすぎない。

それではどうすればいいのか。「われわれは自己の固有性そのものを、まるごと支える論理こそを必要とするのだ。アイデンティティというものは、自己自身によって、見出されねばならない。」しかし、その「自己の固有性」は他者との関係のなかで確かめられねばならない。そこで、「自分の与えた自分に対するレッテル、他人の与える自分に対するレッテル、それが一致する幸いな瞬間を求めて、わたしたちは、自分に固有と思う標徴の旗をかかげて生きている」。しかし、それは特殊個別的であろうとするために、外から与えられる普遍性からどこかはみ出ていなくてはならない。そこで、「アイデンティティの標徴が、しばしば一般にとりこまれることのない、秘儀性、背理性をもつのはまさにこのためである」ということになる。

アイデンティティということを単純な科学的概念として受けとめることは、心理療法の場面にはそぐわないのではなかろうか。個々の人が自分のアイデンティティの標徴を見出そうとするとき、谷泰の考えに従ってゆくと、それはドグマチックにならざるを得なくなってくる。とすると、そのようなことに直面してゆく心理療法家も、ドグマチックである方が効果的ではないか、ということになってくる。このことは、自分は科学的に治療を行なっていると思っている人でも、既に述べたようにドグマチックになりがちだという事実を説明してくれるものである。

このように考えてくると、極めて「宗教的」なことが問題となってくるのだから、心理療法などと言わず、宗教家に頼る方がはるかに効果的、実際的ではないか、ということになる。既に前節に例をあげたように、子どもを二人失った人が、心理療法によって「洞察」を得たなどというのではなく、宗教家によって救われているではないか、ということである。この点については次節に論じるとして、ここで考えてみたいのは次のようなことである。まず、第一に現代人はそれほど簡単に宗教を信じ難いということである。

自然科学の知識が急激に増え、しかも、その「正しさ」が実証されてくると、それに反するものを容認することが難しくなってくる。筆者はかつて、母親を亡くした小学生の少女に、いろいろと宇宙の話をさせられたあげく、最後に「私のお母さんはどこにいるの？」と訊かれて絶句したことがある。彼女は多くの大人たちが「あなたのお母さんは天国にいる」と言って慰めてくれるのを、何だかウソクサイと感じていたのだろう。そこで筆者に対しては、まず科学的な知識を確認して、その上で自分の母がどこにいるかを知ろうとしたのである。天国にしろ極楽にしろ、この外的世界に定位することは不可能である。

子どもでさえこのようなのだから、多くの大人が簡単に既成の宗教のドグマを信じることは非常に難しくなっている。もちろん、信仰に生きて、それによって救われている人たちは、心理療法家のところなどへくる必要がないであろう。そうすると、先ほどの少女のような場合はどうするのか、心理療法家は「答」をもっていない。しかし、彼女が「私のお母さんはどこにいるのか」という問いを、問い続けようとする限り、われわれはそれと歩みを共にしようとするし、彼女自らが答を見出すことを確信しているのである。その課題はまさに宗教的である。その間にあって彼女の体験するヌミノーゼを、慎重かつ良心的に観察してゆこうとするのである。

ここで「観察」という言葉に誤解のないように一言つけ加えておく。これまでに述べてきたことで明らかと思うが、それは局外者としての「観察」ではなく、あくまで参与的観察者でなければならない。全人的なかかわりなくして、そのような困難な過程が生じてくることはないのである。

考えてみると、心理療法家というのは、ドグマをもたずに全人的かかわりを強いられるという非常に困難な状態におかれている。それは言うなれば「宙ぶらりん」の状態である。しかし、何か特定のものにしがみつくことなく、宙ぶらりんの状態を永続させる強さをもつことは、心理療法家として実に必要なことであろう。それに耐えているとき、クライエント自身が解決を見出してゆくのである。

3　宗教教団との関係

心理療法において「宗教性」ということが深くかかわってくるので、宗教教団との関係がいろいろな形で生じてくる。それは時に極めてトリッキィな状況にもなる。そこで、実際的な問題とも関係させながら、この問題を考えてみたい。

ある宗教における教義、儀礼などを共有することによって、ひとつの集団ができる。それはただの一人で信仰しているよりも仲間ができたことによって強力となるし、相互の錬磨を通じて、その信仰は洗練され深められるであろう。宗教が教団をもつことのプラスの面は大きい。しかし、教団が大きくなってくると、教団の組織の維持や防衛などという「俗事」が、そこに大いにかかわってくる。また教団が大きくなって力をもつと、その力が政治の世界などとも関連してきて、ますます宗教の本来の姿からは遠いものになる可能性をもっている。

ともかく人間のすることで絶対によいなどということは、まずないと言っていいだろう。宗教教団がマイナスの面をもつからといって、潰すのがよいと考えるのも速断であろう。筆者の尊敬する鎌倉時代の名僧、明恵は、ある人に対しては、ただ一人で山に籠ることがどれほど大切であるかを説き、他の人に対しては、一人で山に籠ることがどれほど危険かを指摘して、集団で修行することのよさを説いている。これを矛盾していると考える人があるかもしれないが、筆者としては、ものごとの両面をよく把握して、その場合場合によって考えることが大切である、と思う。従って、宗教教団との関係においては、前述したような両面性をよく考えておくべきである。

心理療法を続けているうちに、特定の教団に関心をもったり、入信したりするクライエントも出てくる。心理療法家としては、そのような行為が、クライエントの人生、および、そのときの状態に照らし合わせて、心理的にどのような意味をもっているかを考え、必要に応じて自分の考えたことをクライエントに伝えねばならない。まず、考えなければならないのは治療者とクライエントの関係である。クライエントが宗教家に会いに行ったとか、会いに行きたいというときは、端的に言えば治療者が「頼りない」、「物足らない」ことを表明したがっていることもある。そのようなことがあまりに明白なときは、「私が頼りないと感じておられませんか」と言って話し合うのがいいだろう。ともかく心理療法の道はクライエントにとって苦しいことだから、ある程度、他に頼ろうとするのも当然と考えて、クライエントには告げないこともある。いずれにしても、治療者自身はそれらのクライエントの心の動きに敏感でなければならない。

時には、父親や母親に対する反抗から、そのようなことが生じるときもある。父親の信じている宗教と異なる教団(時には敵対的な)を選んだり、母親が「宗教嫌い」なのを知っていて、無理でも宗教集団にはいろうとしたり、このようなことは稀ではない。しかし、先の治療者との関係の場合もそうであるが、だからといって、その宗教への関心や入信を「まちがっている」と言うのはおかしい。動機はどのようであれ、結果的にはそれが意味ある選択であることは、ないとは言えないのだ。心理療法家としては、以上のような点をできるだけ把握し、必要に応じてクライエントと話し合って、その後で、クライエントの判断にまかせてゆくのがいいであろう。

クライエントの選択してくる宗教が、いかがわしいと感じられるときは、どうするのか、ということがある。特にそのようなときは、多額の寄付を押しつけられたり、身体的な危険が感じられたり、という実際的問題も生じてくる。このようなときでも、なぜクライエントがそのような宗教を選択したのかについて、心理的に考えることが必要である。クライエントのかかえている問題が深く、烈しく熱しているとき、その上それに対面してゆくためのクライエントの自我の強さが十分でないときは、心理療法の場面だけではうまく過程がすすんでゆかない。これには、もちろん、治療者の「容量」も大いに関係してくる。このようなとき、クライエントとしては、荒々しい行や、信じ難いことを信じることなどを通じてしか、自分の内界を表現する方策が見つからないときもあろう。

クライエントがみすみす損をするような、あるいは、危険性の高い、宗教や宗教まがいのものにとびこんでゆこうとするとき、心理療法家は自分の能力の限界に直面させられる。この際、それを止めるのには相当の覚悟が必要である。それによって治療者がコミットしていることがクライエントに通じ、うまくゆくときもある。しかし、後になって、クライエントが「先生はあのときに止めておきながら、その後何もしてくれないではないか。もしあのときに宗教にはいっていたら、今頃はよくなっているはずだ」と非難するようなこともある。治療者がクライエントに「やめておけ」というとき、潜在的には心理療法によってそれ以上のことができると宣言しているようなものだから、クライエントの依存が強くなってしまって、治療過程がすすまなくなるのである。

困難な治療ほど一筋縄でゆくものではない。治療者とクライエントがぶつかり合いながら、相互の理解を深め進んでゆくものである。クライエントが治療者としては容認し難い「宗教」に頼ろうとし、治療をやめると言い出したとき、自分の能力の限界をこえると思うときは、自分としては賛成しかねることを告げるか告げないかは場合によるとして、また来談する気になればきてほしいことを言っておくとよい。あるいは、あまりにも自分の限界をこえると思うときは黙っているより仕方ないであろう。いずれにしろ心理療法家としては、自分のことを含めて全体の状況をできる限り知ることが大切である。

クライエントが烈しい「宗教的」体験をした後で、そこを離れて再来されることはよくあることである。そこで、あんな馬鹿なことをよくもやってきたものだ、というのではなく、その体験のクライエントにとっての意味をできるだけ考えるように努めるべきである。深い意味を認められることも多いし、それが長期間を経てから明らかになることもある。

クライエントにとって自分の「家」からしばらく出て暮らすということが、よい意味をもつことがある。「家」の圧力から少し逃れて考えを深める、という意味をもつときもあるし、「家」を外から見ることによって今まで気がつかなかった「家」のよさに気づく、というときもある。家から離れて二、三日あるいは一週間でも安全に過ごせるところがあれば、このクライエントにとってはいいのだが、と思うときに、時には、ある宗教集団の修養に参加したり、宗教団体に「あずかって」もらうことが効果を発揮することがある。

ただ、この方法の欠点は、後で寄付を勧誘されたり、滞在中に「説教」や「規律」によって責めたてられて、ゆっくりとしていられない、などということがある。何の見返りもなく人のために尽くすことは不可能に近い。ある人に「入信」や「寄付」や「感謝」などを期待せず、それがその人にとってほんとうに必要なら、ただいていただく、というような高い宗教性をそなえた宗教教団は、今のところ筆者は知らない。あればほんとうに有難いことなのだが[4]。

これに類することで、宗教と心理療法との関係を考える上で、示唆的に思われる次のような例を(少しあいまいな形で)紹介しておきたい。ある宗教家のところに、知人の紹介で、心を病む人が送られてきた。症状は相当にひどく医者も見離しているそうだ、とのことであった。宗教家は一人暮らしだったが、彼と寝食を共にし、一切何も干渉せず自由にさせた。すると、彼はブラブラしたり、時には庭の草引きを手伝ったりしていたが、そのうち、お勤めに参加するようになった。そのような生活を何か月か続けているうちに、彼はすっかりよくなり、礼を言って帰っていった。何年か後に、彼から便りがあり、結婚して幸福に暮らしているので、ぜひおいでいただきたい、お礼の気持も兼ねて歓待したいとのことであった。

宗教家は喜んで出かけてゆき、共に語り合った。ところが、その話が夜おそくなっても続いてとまらないのである。何とか切りあげたものの、二日、三日になると彼の異常性は明らかになり、手がつけられなくなる。後の経過は省略するが、破壊的な結末になってしまった。

この例は、宗教家が最初に行なったことは、まったく理想的な宗教性、とでも言うべきことである。つまり、絶対者(神、仏)の守りのなかで共にすごし、相手の自由を許すことをしたのである。それは奇跡的とも言える効果を発揮した。しかし、次に彼の「招待」を受けたとき、おそらく宗教家としてではなく、普通の人として出かけていったのだろう。というよりもっと悪いことに、絶対者の保護からはずれた宗教家として出かけていったのだ、と言うべきであろう。絶対者の守りのなかで、草引きをしていたから、治るということが生じたので、宗教家が治したのではない。しかし、相手から感謝の手紙をもらい、出かけてゆくとき、そのあたりのことが極めてあいまいになってしまったのであろう。それは大きい混乱と破壊につながってしまう。

これは宗教家にとっても心理療法家にとっても教えられるところの大きい例である。そう思ったので敢えてここに述べたのである。心理療法家としては、われわれが時間と場所と料金の設定を守るということが、いかに馬鹿げて見えるときでも、実に大切であることを教えてくれているものと思われる。そして、ほんの少しの気のゆるみ、「姿勢」の崩れがいかに破壊的な結果をきたすものであるか、ということを思い知らされるのである。

ある宗教集団からは、その集団に属する宗教家の「ノイローゼの治療」を依頼されることがある。これは時に、医者に「病気」を治してもらうようなつもりでなされることがあるが、既に述べてきたことによってもわかるとおり、ノイローゼが治るということは、その人および周囲の人の実存にかかわってくることが多い。従って、その人の治療過程のなかで、その人だけではなく集団まで、その存在基盤をゆるがすようなことも生じ得るのである。

治療を続けてゆくうちに、その人はそれまでの信仰を棄てようとするかもしれない。あるいは、過程中に生じるその人の破壊的な行動に集団が耐えられなくなって、その人を追い出そうとするかもしれない。心理療法家としては、クライエント、及びそれを依頼してきた集団および集団の長、治療者自身の力量などを考えて、引き受けるかどうかを決定し、引き受ける際には、予想し得る問題点について依頼者とよく話し合っておく必要がある。安易に引き受けてしまって、後で問題が生じて困惑してしまうことのないように注意しておかねばならない。

宗教教団との関係については、未だ言い残したこともあるし、示唆的な例も多くあるが、このあたりで一応切りにしておく。

4　通過儀礼

通過儀礼のことが心理療法において重要になること、ひいては、人間の生涯を考える上において忘れてはならないことであることなどを、筆者は早くから主張し、そのことは心理療法家のみならず、一般の人々にもひろく理解されてきたと感じられる。そこで、ここでは通過儀礼についての詳しい説明は略して、話をすすめてゆくことにする。

それでも一応、エリアーデの言葉で説明すると、「イニシエーションという語のいちばんひろい意味は、一個の儀礼と口頭教育群をあらわすが、その目的は、加入させる人間の宗教的・社会的地位を決定的に変更することである。哲学的に言うなら、イニシエーションは実存条件の根本的変革にひとしい(5)」ということである。イニシエーションの体験によって、子どもが大人に、あるいは、俗人が聖職者に、とまったくの「別人」になるところが特徴的であり、そこには、常に象徴的な「死と再生」のプロセスが存在している。

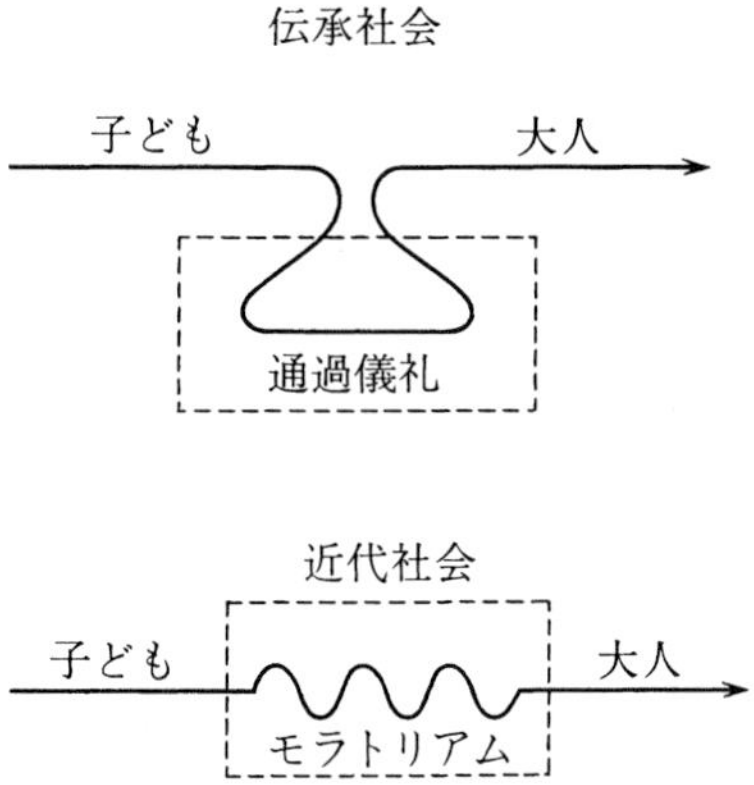

図2　大人になることの図式

ところで、近代社会はそのような通過儀礼の消失をその特徴としている。再びエリアーデによると「伝承社会と対比して近代人の持つ斬新さとは、まさしく、みずからを純粋歴史的存在と認めようとする決意と、根本的に非聖化された宇宙に生きようとする意志にかかっている」のだ。端的に言えば、「進歩」という考えを承認する限り、通過儀礼は消失するのである。

部族として、あるいは、ひとつの社会として、全員が承認する通過儀礼は消失してしまっても、ある個人が「大人になる」、「結婚する」、「聖職者となる」といったような節目を迎えるとき、そこには内的には「通過儀礼」の体験を必要とする。さもなければ、そこに

「変化」の体験がなく、暦年齢的には、「大人」になっているとしても、いつまでも、子どもっぽい人間ということになってしまうし、責任のある人格としての自覚に欠けたりすることになる。

伝承社会では一挙に行うことのできた「大人になること」が近代社会では随分と難しいことになる。伝承社会においては、日常空間から離れた聖なる空間において、通過儀礼を体験して成人となることができる。しかし、このとき、その部族全員の信じる絶対者の存在を前提とする、絶対的な聖なる空間があってこそ、それが可能であることを忘れてはならない。それに対して、近代社会では、個人というものが大切にされ、エリアーデの言うとおり、「根本的に非聖化された宇宙に生き」、進歩してゆこうとするのだから、この「地点」より大人になるなどという通過儀礼は行い難い。そのため、近代社会では、子どもから大人になる中間の「モラトリアム」を人々は承認し、青年が少しくらいの「愚行」をしたり、「怠け」ていたりしても、容認しようとする。その間にあって、各人は各人なりの通過儀礼を体験する。

この際の特徴は、それが一挙に成立するとは限らないことである。通過儀礼的な体験を重ねて徐々に大人になってゆく、と考えてゆく方がいいであろう。そして、言うなれば、絶対者の名において、大人と子どもとが明確に分けられてしまう世界は、便利であると言えば便利ではあるが、面白味に欠けるとも考えられる。一個の人間が必要に応じて、大人であったり、子どもであったりしつつ、大人とは何か、子どもとは何かと考え続ける方が豊かな人生をおくれるのではなかろうか。しかし、後者の場合、その人がそれらのことをどこまで明確に意識し得るかが大切であり、そのためには、自分がどの程度の通過儀礼的体験をもったかの自覚が必要となるのである。

心理療法の場面は、そのような通過儀礼的体験をしたり、確認したりする場として適するように工夫されている。それは、日常の空間より少し隔絶された「密室」であり、その限定された時間と空間は、他から守られている。ただ、それが伝承社会の場合と根本的に異なるところは、絶対者が存在していないし、一定の儀礼があるわけではない。そこで、われわれは、各個人の実現傾向に頼るより仕方がないのである。各人がそれぞれにふさわしい通過儀礼的体験をするのを待つのである。

この際大切なことは、伝承社会の通過儀礼のように、制度として集団で行い、それが部族全体の守りのなかで行われるのではなく、心理療法は一時間で終り、すぐに日常の世界に帰ってゆかねばならないことである。そこで、いかに「死と再生」を伴う深い夢を見て、そのことの意味について話し合うとしても、やはり日常生活はちゃんとやってゆかねばならぬので、そのような点に留意し、面接の終りには日常生活に帰ってゆくのにふさわしい意識状態にもどるように、会話内容なども注意しなくてはならない。さもなければ、現実生活で不注意のために危険な事故に遭ったりすることもある。

夢の体験を通じて、あくまで内面的に過程が生じる場合はいいが、それは何らかの外的行動と重なってくるものである。病気や事故や、思いがけない突発的な事件に、それがつながってゆくこともある。そのようなときに、危険防止のみを考えるのではなく、その意味について考えることが大切である。意味をよく理解しつつ、できるだけ行動化を避けてゆくことになろう。

そもそも、来談の動機が、事故や自殺未遂や、いわゆる非行などで、本人よりもむしろ親や教師によって連れてこられるようなとき、通過儀礼の一部が既にはじまっている、とさえ感じるときがある。ただ、本人も周囲の人もその意味がわからないので、困ったことだ、と思っているのである。そんなときに、通過儀礼などと言っても、まず通じることはないし、大切なことは本人が体験を通じて知ることなので、ともかく面接を続けることになるが、心理療法家が通過儀礼のことをよく知っているほど、クライエントの話を聴くときに、身がはいることであろう。通過儀礼にはいろいろの方法があり、それらを知っていることによって、クライエントを理解することが容易になることもあるだろう。ユング派の分析家で、通過儀礼の心理的研究を行なったヘンダーソンは、「年長の患者の場合と異なり、青年の患者はその問題を主としてさまざまの行動様式という形で現わすことが多く、内的なイメージの形で示すことはめったにない」[6]とさえ述べている。「めったにない」はやや言い過ぎと思うが、ともかく大事な指摘である。

本来の通過儀礼の場合は、絶対者の存在を背後にして、司祭者としての長老と新参者の区別が歴然としている。ところが、心理療法においては、治療者自身も変化し成長してゆく存在であるのに、一般には、治療者が司祭的役割を、クライエントが新参者的役割を担うことが多いが、時にそれは逆転するものであることを認識していなくてはならない。通過儀礼につきものの、「試練」をクライエントが与えてくれるときもあるし、「口頭教育」つまり心理療法家として心得ておくべきことを、クライエントが授けてくれるときもある。このようなことに心が開いていてこそ、心理療法場面において生じる通過儀礼的な事象の意味を悟り、それを促進させることができるのである。実際、自分はこのクライエントによって心理療法家としてイニシエートされたと感じるときが、あるのではなかろうか。筆者も多くのクライエントによって鍛えられてきたと思っている。

通過儀礼における、リミナリティ(境界)という考えは、最近増加してきて心理療法家を悩ませている境界例の理解に役立つものと筆者は考えているが、この点について他にまとめて発表したので、ここでは繰り返さない[7]。ともかく、通過儀礼は心理療法の本質と深くかかわることとして、今後も研究すべきことであると思っている。

注

(1) 中村雄二郎『哲学の現在』岩波書店、一九七七年。

(2) R・オットー、山谷省吾訳『聖なるもの』岩波書店、一九六八年。以下、オットーの引用は同書による。
(3) 谷泰『「聖書」世界の構成論理』岩波書店、一九八四年。
(4) ほんとうのところは、宗教教団に期待するのではなく、われわれ臨床家がそのような場をつくるべきであろう。精神科医の小倉清も、「私の理想とする病棟というのは、治療なんてなんにもないところです。……精神療法とか薬物療法とかいうことをやらなくて、そこでただ飯食って、もそもそしているだけでよくなるというのが理想的な病棟だと思っている」と述べている(石川憲彦他著『子どもの心身症』岩崎学術出版社、一九八八年)。
(5) M・エリアーデ、堀一郎訳『生と再生』東京大学出版会、一九七一年。以下エリアーデの引用は同書による。
(6) J・ヘンダーソン、河合隼雄/浪花博訳『夢と神話の世界——通過儀礼の深層心理学的解明——』新泉社、一九七四年。
(7) 河合隼雄「境界例とリミナリティ」、『生と死の接点』岩波書店、一九八九年。〔本著作集第十三巻所収〕

第六章　心理療法における文化・社会的要因

心理療法では原則的に個人を中心として考えている。しかし、いかなる個人も一人だけで生きているのではなく、家族、社会、文化との関係のなかに生きているので、そのことを抜きにして個人のことを考えることはできない。

筆者は心理療法の基本的訓練を外国で受けてきた。アメリカ合衆国よりスイスに移り、ユング派の分析家としての訓練を受けたのである。その間に、日常生活も含めて、日本と欧米との文化差について考えさせられることが多く、それは根本的には、日本人が西洋の心理療法をほんとうにマスターできるのか、もしできたとしてもそれはどのような意味があるのか、という問題に直面することになり、ずっと考え続けねばならないこととなった。なお、日本人がユング心理学をほんとうにマスターできるはずがない、と考えているユング派の分析家が現在もいるわけだが、それはあながち無茶を言っているとは思えないのである。心理療法は知的にのみ学ぶことは不可能であり、その人の生き方全体がかかわってくるので、このような問題が生じてくるのである。

西洋で発展した考えや技法をそのまま日本人に用いることができるのか、という点も大きい問題であった。一九六五年にスイスから帰国して以来常にこの問題を考え続けてきた。最初の頃は、日本人と欧米人の考えの差について述べても一般の人々に理解されないことが多かった。多くの留学した人たちも、お互いに人間なのでそれほど差がない、という点を強調するようであった。ところが、最近になって国際交流の度合いが激しく深くなるにつれて、たとえば日米の貿易摩擦や、帰国子女の問題などによって、相当一般に彼我の差が認識されるようになった。このために筆者のかつての発言も認められるようになってきた。ここでは心理療法との関連に焦点を当てて、文化・社会の問題を考えてみたい。

1　個人と社会・文化

一九五九年にアメリカに留学し、臨床心理学の事例研究に出席し、「クライエントが十七年間も同じ会社に勤めているのは、何か問題がある」というのを聞いて、「日本では一般に終身雇用だ」と筆者が言ったので、全員がびっくりし、互いに文化差について驚きながら話し合ったことがある。今なら常識だが、当時は、筆者としても、社会や文化が変ると考え方や生き方も変化することを実感したのをよく記憶している。

個人はその生きてゆく環境によって強い影響を受けている。日本人であれば、日本語で考え、その感情を表現しているというだけで、日本語のもつ性格によってその思考や感情を規定されている。これはどこの文化についても同様である。また、育ってくるときに家族の影響を受けることも当然である。従って、心理療法家としては、クライエントの家族関係を非常に重要視している。そのため、時には家族と面接したり、家族関係を調整したりということさえ生じてくる。このような点については後に述べるとして、本章では、それよりも広い、文化・社会との関係について述べてゆきたい。

個人を取り巻いて、家族、社会、文化などがある。しかし、心理療法をしていると、個人のなかの家族、社会、文化などということを考えざるを得なくなってくる。一人の個人のなかに世界がある、とでも言いたくなるのである。従って、心理療法家は、クライエントという個人を通して、そのなかに存在する、家族、社会、文化などと相対しているように感じられてくる。

たとえば、不登校の子どもと会っていると、その母親が子どもを抱きしめて自立の力を奪ってしまっている、という感じを強く受ける。ところが、そこで自立してゆく男性のモデルとなるべき父親のイメージがひどく弱い。このようなことを体験することは多い。このとき、その子の不登校という症状は、家族全体の問題であるし、ひいては、そのような家族のパターンを多く生み出している日本文化の問題ということになってくる。実際、ある個人の悩みや病いが、家族の悩み、家族の病い、ひいては文化の病いへとつながってゆくと感じられることは多いのである。

心理療法というのは、時に誤解されて、環境にただ順応するような人間をつくるもの、というように考えられていることがある。そのようなことを目指したところで、それほど簡単にできるはずもないが、われわれの目指しているところは、与えられた環境のなかでクライエント自身がいかに自分の生きる道を自主的に見出してゆくか、それを援助しようとしているのである。もちろん、われわれ人間は自分の欲求や実現傾向と周囲の状態との間に何らかの折り合いを見出してゆかねばならないが、その過程には「戦い」も必要になってくるであろう。ただ、心理療法家としては、何らかの形を押しつけるのではなく、できる限り本人の実現傾向を援助する姿勢で会っているのである。

このような考えでクライエントに会っていると、一人の人の「重み」ということを痛感する。一人の人間が少しでも変ろうとすることは実に大変なことである。自分だけが変るなどということは極めて難しい。自分が変るためには周囲を変えねばならない。心理療法家は、一人の人を引き受けるとき、ひとつの家族を引き受けている、という覚悟がいるし、学校全体を相手にしているように感じるときさえある。それが、日本文化、などということになると、自分自身の問題でもある。クライエントと話し合っているうちに、自分自身がどのようにして日本文化というものと折り合いをつけて生きているのか、ということを真剣に考えざるを得なくなってくる。そのときに、心理療法家はその問題に直面し、考えることを怠ってはならないのである。

しかしまた、一人のクライエントに会いつつ、それが家族の病い、文化の病いであると思うからこそやり甲斐がある、と言えるのである。時に、ただ一人の人に対してよくそれだけの時間とエネルギーをかけられますね、と言われることがあるが、前述のようなことを実感してくると、一人の人にかかわる意義は十分に感じられるのである。時には、クライエントに対して、本人の悩みが家族の悩み、文化の悩みに通じることを明らかにするとよい場合もある。さもなければ、クライエントは家族のなかで、自分だけが悪いとか、弱いとか思って、罪悪感とか劣等感をもっていることがあるからである。このような劣等感は優越感と隣合わせているので、前述のようなことを言った途端、クライエントは自分が「家族のため」、「お国のため」にこんなになっているのだ、というので周囲と軋轢を起こすことがある。そのことによって、家族が「あんな治療者はなっていない」と攻撃を治療者に向けてくる。いずれにしろ、ある程度の「戦い」や対決が生じてこそ、人間は変ってゆくのだから、これも避け難いこともある。

このような「戦い」は下手をすると、クライエントが治療を受けることを家族がやめさせるとか、学校の校長とカウンセラーが戦ってカウンセラー室がなくなってしまうとか、相当な破局になることもある。しかし、このような争いを通じてこそ、日本の社会や文化も少しずつ変化してゆくのだと思うと、その意義もわかってくる。

家族が悪いから駄目だとか、校長が無理解だとか怒ったり嘆いたりするよりも、前述したような意義と困難さが理解されていると、治療者の方に少し余裕が生じ、そのために争いを破局に至らしめず、建設的な方向に転じることができるのである。

個人のなかの社会・文化という考えに立つと、ひたすら個人を相手とし、その人のみに長年かかわることによって、個人をこえた社会や文化の問題が見えてくるのである。それは、いわゆる社会調査をしたり、文化的な事物や作品を研究したりするのとは異なるのであるが、あくまで個人のことを追究しつつ、普遍的なものにゆき当るのである。そこで見出されたことを、一般の人々に対して発表してゆくことは、心理療法家としてのひとつの仕事である、と筆者は考えている。それによって、社会に貢献できるわけで、たった一人の人にエネルギーをかけ過ぎるとか、「好きでやっているのだ」というような批判に対しても答えることになっている、と考えている。

この際の問題点は、そのような論議において事例の詳細を語ることは相当に説得力をもつとは思われるが、いかにプライバシーを守る配慮をするとしても、ある個人の内面をそこまで公的な目に晒すことに耐え難い感じをもつことである。このことは難しい問題でにわかによし悪しの判断はできないが、筆者としては現在のところそれは避けることにしている。そして、無意識的な心のはたらきをよく示すと思われる、神話、昔話などの分析に託して、心理療法の経験から得たことを社会に対して公表する、という方法をとってきている。これは相当に成功しているのではないかと考えているし、今後もこのようなことは続けてゆきたいと思っている。

2　日本人の特性

心理療法を行う上で考慮すべき日本人の特性について述べる。このこともこれまでに随分と発表してきたので、詳細に述べることはしないが、一応これまでの考えのまとめとして示しておきたい。

一九六五年にスイスより帰国して最初に会った不登校の男子中学生が、「肉の渦に巻きこまれて死にそうになる」夢を報告し、そのイメージの強烈さに圧倒されると共に、太母《グレートマザー》元型が強く作用している国に帰ってきたのだという想いを抱いたが、そのことは現在までの臨床活動のなかで常に問題となってきた。

文化理解のためのひとつの軸として、父性原理と母性原理との対立を考え、前者は「切る」機能を特徴とし、後者は「包む」機能を特徴としていると考える。この両者は共に存在してバランスをとることが必要であるが、いかなる文化もどちらかが優勢であり、欧米と日本の比較においては、前者は父性原理、後者は母性原理が優勢であると考えると、わかりやすい。

母性原理はその「包む」はたらきによって、子どもを守り育てるポジティブな面と、呑み込んで殺してしまうネガティブな面とをもっている。日本文化においては、母性のポジティブな面が強調され、「母」というイメージはほとんど絶対的な価値をもつほどであったが、西洋との接触により、西洋近代の自我確立の考えに影響されてくると、急にそのネガティブな面が意識されるようになった。それが特に強くなってきたのが昨今の状況である。スイスより帰国後間もなく会った、対人恐怖症(そのための不登校もあった)の二十歳代の女性の夢を次に示す。

夢　自分の家のようだが、居心地は大分異なって気味の悪いところにいる。そこから逃げだしたいと思う(他にも女の人たちがとらわれていて、仕事をさせられているようだった)。逃げだすために、カトリックのシスターの服装に変装して逃げる。しばらくすると、魔法使いのおばあさんのようなのが追いかけてくる。術を使って呪文をとなえると、茶色の小鳥がいっぱい目の前にひろがってしまい、自分は歩けなくなる。そして、再びつかまえられてしまう。……

同じ場所に、今度はいとこと一緒にとらわれている。自分はシスターに、いとこは尼さんに変装して逃げようとする。変装して家族のものに見せにいく(このあたりで、夢はぼやけてわからなくなる)。

この夢は当時の日本の若者の置かれている状況を実によく表わしている。太母のもとにとらわれて自立してゆけぬ女性は、ついに「天なる父」をいただく宗教のたすけを借りて、シスターに「変装」してでも脱走しようとするが、魔女の呪文によってたちまちにつかまえられて連れ戻される。ここで、太母のネガティブなイメージが西洋の魔女に近づいているのは興味深いが、その力は相当なものである。当時は、青年期に自我の確立ということに努力しようとする人たちは、何らかの意味でキリスト教に関心をもったものである。実際に入信する人は少ないにしろ、教会に顔を出したり、聖書を読んだりした。しかし、それくらいのことでは、なかなか太母から逃れるのは難しいのである。

夢の後の方で、いとこが出てくるが、このいとこもクライエント同様、不登校になったのだが登校するようになり、その後結婚もしているとのことであった。彼女は仏教の尼に変装するところからみると、おそらく日本の伝統的な生き方に合わすことによって問題を解消したのではなかろうか。そのような彼女の援助を受けながらも、クライエントはまだ新しい考えの方に固執している。そして、次にどうなるのか、夢は結末をあいまいにしたままで終ってしまう。

夢についてはこれ以上の点は省略するとして、このような例に数多く接して、わが国における母性原理の強さを思い知ると共に、それに抗して何とか自我をつくりあげてゆこうとする動きが生じてきていることも認識されたのである。ただ、そのようなときに、日本人も西洋人と同じ「近代自我」をつくりあげるべきであると考えるのか、という問題が起こってきた。これは筆者自身の生き方にもかかわってくることである。

ところで、フィリピンにしばらく調査研究に行ったため、フィリピンは日本に比べるとはるかに母性原理が強いことを経験した。フィリピンに比べると日本は父性原理を相当に上手に取り入れていることになる。このようなことと、それに西洋の近代自我に対して、日本人の自我の在り方について考えてきたこととが関連して、日本人の心の在り方のモデルとして、日本神話からヒントを得て、「中空構造」ということを考えるようになった。

神話の分析については他に譲るが、要するに、日本神話の構造の特徴は、中心が無為の神によって占められ、その周囲にいろいろな神がうまく配置されて、均衡を取り合いながら存在しているのである。中心に全体を統合する原理や力をもった神が存在するのではなく、中心は「無」なのである。この特徴を明確にするため、キリスト教の唯一の至高至善の神をもつ考えと比較し、それを「中心統合型」と呼ぶのに対して、日本のを「中空均衡型」と呼ぶことにした。

「中心統合型」と「中空均衡型」はまさに一長一短であり、簡単に優劣を判定することはできない。このようなものの言い方をするところが既に中空均衡的だと言われそうであるが、いずれにしろ、どちらかの観点に立って他方を批判することは容易である。中空均衡型も大別すると母性原理優位の方に属するが、それなりに父性と母性のバランスをとろうとしたり、全体の構造をある程度もっているところが、母性原理中心とは少しニュアンスが異なっていると考えられる。

中空均衡型の特徴を——わかり切っているだろうが——一応少しあげておく。中心が空であるため、それは善悪、正邪の判断を相対化する。そのため対立するものでも、全体的平衡を保つ限り共存できるのが特徴的である。中心統合型では、中心が絶対化され、それと相容れぬものは周辺部に追いやられるか、排除されてしまう。中空型は対立するものが共存できる妙味があるものの、時にそれはどうしようもない悪をかかえこんだり、すべてのことがあいまいになってしまう欠点をもつ。このようなことは日本人の生き方を見ているとよく感じられることである。

中心が空であるために、一時的にせよそのなかに何かを取り込むことが行われやすい。日本人が仏教、儒教などを取り入れてきたことにそれが示されているが、ただ、それは中心に定着せず徐々に全体のなかに取り込まれて「日本化」し、中心は再び空になる、という傾向をもつ。あるいは、中心への他からの侵入を避けるために、中心に「無為」の人を長としていれて象徴的に「かついでおく」という形をとるときもある。このような形を好むときは、有能な人は長にはなれない、というような西洋的に見ると不可解なことが生じたりする。このようなときでも、全体の平衡のためには中心を「空」にして保持することが大切なので、無能な長を守るために多くの人が努力をするときもある。

中空構造について述べると切りがないので、このあたりで切りあげるが、各自は日本の政治、宗教、社会構造などいろいろな点に、この考えがあてはまることを、自ら確かめていただきたい。心理療法家としては、このような日本人の特性をよく心に留めておき——という自分も日本人なのだから——クライエントの人生、治療者とクライエントの関係などを常に考えている必要がある。西洋で習ったことを無批判に適用するのも誤りであるし、何でも日本人は日本人らしくなどと考えていたのでは、変化も進歩もないのである。ただ、心理療法家の場合は、あくまで個人を大切にしてゆくわけだから、個人の問題として、次に考えてみたい。

3　自我と自己

日本と西洋の問題をとくひとつの鍵として、ユングの提唱する自己(self, Selbst)という考えがある。これはユング特有の考えであるが、東洋(日本)のことを考える上で、便利なものなので、よく語られるのであるが、そこにはまた危険性もある、と思われる。そこで、日本人の特性ということも考えつつ、この点について論じてみたい。

西洋の近代においては「自我」の確立が大きいテーマになった。他と区別された自我が屹立し、自立する。このような自立的な自我が自分の責任において決定し行為するのをよしとする。このような考えの背後には、人間が合理的に考えて行動してゆくとき、すべてのことを律し得るという確信があった。そして、自我の使用する武器として自然科学を手に入れたとき、その確信はますます強くなった。そのようなときに、ユングは早くから、自我を人間の心の中心とすることに反対していた。自我は無意識によって動かされる。しかし、二重人格の特性などによく表わされるように、無意識は自我の在り方を補償し、常に全体性を保持しようとするようなはたらきを示している。従って、人間の意識のみならず無意識をも含めての全体性ということを考える必要がある、とユングは主張する。

ユングはこのような事実を踏まえて、自我(ego)が意識の中心であるのに対して、自己(self)は人間の心の意識も無意識も全体を含んだものの中心である、と考えた。彼はこれを「自己は心の全体性であり、また同時にその中心である。これは自我と一致するものでなく、大きい円が小さい円を含むように、自我を包含する」[1]と述べている。このように、自己は無意識内に存在するものだから、あくまでそれを直接に認識できないのであるが、そのはたらきを人間は意識することができる。それが象徴として把握されるときは、最近は一般にもよく知られるようになったマンダラ図形などによって、その統合性や全体性が認められるわけである。

自我から自己への中心の移動ということは、実にドラスティックなことであり、ユングは、自我の確立を人生の前半になして後に、人生の後半において自己の認識が行われる、と考えていた。自己より発してくる心的内容は、自我の在り方を補償するような傾向があり、それはむしろ自我によっては簡単に受けいれ難いものであることが多い。そこで、自我と自己との対決や協同作業を通じて自己実現の過程がすすむことになるが、ユングはそれの危険性と、自我から見たときは無価値あるいは有害とさえ見えるものであることなども忘れずに指摘している。昨今、一般に言われている「自己実現」というのは、自我の確立に近いようなものであったり、極めて底の浅いものになっている感じがする。

ところで、ユングによる「自己」の強調は、東洋の人々にとってその考えを受けいれやすくした。確かに、東洋人は西洋人と同様の近代自我を確立することは難しいし、そのようなときに、ユングによる自己の考えは、一種の救いのような役割さえもってくる。しかし、心理療法を実際に行いながら考えていると、そこに問題も感じてくるのである。

まず、自己について西洋のユング派分析家で疑問を呈した人がいる。ジェームス・ヒルマンがその人で、彼の考えの要点をのべると、「自己」という考えは一神教的な背景が強く、その元型が他のすべての元型に優越し、自我から自己へという「一直線の進歩の段階」のようなことが考えられてくる危険性が高い、ということがまず第一点である。このことは非常に重要なことなので後に論じる(第八章)として、ヒルマンがもう一点問題としていることについて述べる。それは「自己」はしばしば「老賢者」のイメージとして顕現するが、それが実際の「長老」と結びついてくるときに問題が生じるというのである。つまり「長老」のもつネガティブな面、「神学的一神論の、かたくなな固執、宗教的寛容性のなさ、そして優越性に対する確信(2)」が強く出てきたとしても、他の者はそれに反抗できないのである。

これに反対するために、ヒルマンは多神教的考え方のよさを強調する。つまり、そこには「唯一の正しい」答がなく、人々はそれぞれが個性化の道を歩むのであり、その道を照らす神は一人ではなく、多数いるのである。何も長老の言うとおりに従う必要はないのだ。

ヒルマンの多神教説を知り、日本は多神教だから、そんなのは当り前のこと、と思うのは早計に過ぎる。ここで前節に述べた「中空構造」のことを思い出していただきたい。日本には八百万の神々がいるとしても、それが「中空」のまわりに全体として配置されているとき、神々はそれぞれのパーソナリティをもたず、全体のなかの部分としての意味をもってくる。とすると、その中心の「空」あるいは「無」は、一神教の神と似たはたらきをすることもあるのである。つまり、日本においても「長老」には絶対に従わねばならなくなってくる。そして、もっと問題を難しくすることは、その長老は別に明確な原理や原則をもっているわけではないのである。従って、何を争点にして戦えばよいかもわからないまま、ともかく服従しなくてはならない、というようなことさえ生じてくる。

このような長老《セネックス》のイメージが心理療法家に対して投影されることがある。そのことをわれわれはよく意識しておく必要がある。たとえば、治療者が「解釈」を告げたり、忠告を与えたりすると、クライエントがそれに無批判に従ってしまうことがある。自分の考えや生き方と照らし合わせて考えるのではなく、ただ、それに従ってしまうので、後で問題が生じてくるのであるが、治療者はそれに気づかずに、凄くわかりのいいクライエントだと思ったりする。

クライエントの場合は、それでも自分の生きることに直接関係してくることなので、それに対する反撥がどこかで生じてくるだろうが、むしろ、恐ろしいのは訓練の場である。どうしても、指導者がヒルマンの言うような意味での長老になってくる。このような傾向は日本で非常に強いので、指導者になった者は常に心していなくてはならない。筆者もこのようなことを考えつつ、何とも動かし難いと感じるときさえある。みすみす「長老」にならされるのである。その傾向と戦うのは、相当な工夫と努力がいる。

もっとも、治療者としては前述のような「老賢者」の投影を相当に引き受けねばならないときもある。「投影を引き受ける」はやや一方的表現で、どのような場合も転移・逆転移は相互的なものではあるが、ただ、それがなぜいかに生じているかを治療者はできる限り意識化しなくてはならない。たとえば、非常に困難な問題や病理に直面しているクライエントや家族にとって、「自己」のはたらきを自分の内に感じることは難しく、治療者を「老賢者」に見たてることによってのみ、立ち直ってゆけるようなときがある。そんなときに、「私はそんな大それた人間ではない」などと謙遜してみても何の意味もない。その場に要請される真実を生きながら、半歩退いて自分の姿を見ていることが必要なのである。少しまちがうと、治療者に自我肥大《エゴ・インフレーション》が生じて危険なことになる。こんなときは、奇跡的と思えるような治癒が生じたりするが、そこで治療者がそれを「自分の功績」などと考えはじめると、始末に負えない状態になる。

治療者が意識していると、何かのこと（偶然によることが多い）で、治療者が「賢者」でないことがクライエントにとって明らかになるときを、はっきりと把握できる。そのときが、次のステップにすすむときなのである。治療者が少しいい気になっていると、その「とき」が見えずに、クライエントとの間にギャップをつくってしまう。

少し実際的な方向に話がゆきすぎたが、日本人は、自我と自己という対決と相互作用という以前の、あいまいな形で「自己」を受けとめてしまう傾向があるので、その点にはくれぐれも注意を要するであろう。おそらく、「自己」元型をやたら重視することから、東洋も西洋ももっと自由になり、ヒルマンが言うような「多神教的心理学」を志すのがいい、と筆者は思っている。しかし、そのことを達成してゆくためには、「一神教」というものを、日本的擬似一神教(日本的「自己」との関連における)の理解ではなく、本来のそれに沿って一神教をもっと理解しようとする努力が必要である。そうでないと、多神教のこともわからないのだ。多神論的神学を展開した、デイヴィッド・ミラーは筆者と話し合っていたとき、日本人にとっては、西洋の「一神教を命がけで理解しようとする努力が必要だ」と言った。多神論を唱える彼がこのように言ったことは非常に示唆的であると思った。

4　実際的問題

日本の現代人は相当に西洋化されているものの、まだまだ日本的なものを保持している。表層は極めて西洋的でも、一皮むくと日本的という人もあるし、西洋化の程度が深く及んでいる人もある。クリスチャンであっても夢分析をはじめると仏教的なテーマがつぎつぎと出てくる人もある。それらのどれが別にいいとか悪いとかいうことはなく、ただ、その人の本来の実現傾向はどちらに向かい、それを外界との間にどのような形で折り合いをつけてゆくかを探ってゆくのが、われわれの仕事である。

このために、まずクライエントがどの程度西洋化されているか、今後の方向はどうかなどについて、ある程度の見当をつけておくことが必要である。言語表現としては、西洋流の論理を見事に駆使して、一見「西洋的自我」ができあがっているように見えるが、実はそれは本人がもともと弱いので、西洋的自我に乗っとられているから起こっているときもある。このような点によく注意しなくてはならない。何かにつけて、ホンモノとニセモノを見分ける能力を心理療法家は身につけるように努力しなくてはならない。何によらず、ニセモノはギラギラし過ぎる傾向がある、と知っておくのもいいだろう。

近代自我を基礎とする人間関係は「契約」ということを重視する。それに対して、母性原理に基づく一体感的関係(関係以前とさえ言えようが)では、契約ということを理解することは難しい。それは「水くさい」ということになるだろう。従って、クライエントによっては治療契約を結ぶことが困難なときがある。筆者がスイスより帰国した一九六五年当時では、契約など考えられない人も多く、人に応じて、無料にしたり、いろいろと便法を講じてきた。しかし、最近では相当に一般に理解がすすみ、場所や時間をきめることや、料金をとることに対する抵抗は少なくなっている。しかし、それは「そうなっている」から従っているわけで、契約精神ということにまでなると、まだまだ徹底していない、と思うべきである(3)。

このために、クライエントが場所、時間、料金の限定を不満として、「先生はほんとうに私のことを思ってくれているのですか」と詰め寄ったり怒ったりすることもある。母性原理で考えると、何らの限定もなしにひたすら相手につくすのが愛情だという考えがあるので、クライエントが不満を述べるのも無理はない。しかし、このようにして正面から不満を述べたり怒ったりすることにも大きい意味があるのだ。クライエントの多くは、自分の運命に対して、周囲の人々に対して怒りや不満をもちつつ一度も表現できなかった人たちである。それが、こうして正当な(と思える)ことによって、治療者を非難できることは意義あることなのである。

しかし、人生は母性原理だけではなく、父性原理も必要である。クライエントの怒りに対して、さして弁明もせずそのまま受けとめつつ、しかも姿勢を崩さない治療者の態度を見て、クライエントはおさえられてきた感情を出しながら、父性原理の重要さをも体験的に知ってゆくのである。

父性と母性のバランスという点で言えば、治療者は男性であれ女性であれ、この両者をある程度共存させていなければならない。そのような点もあって、西洋の心理療法の書物には「受容」ということが強調されているが、これは自我の確立を前提として述べられているわけで、ある程度の父性を身につけた者が「受容」に努力するところに意味がある。そのことを忘れて、日本人が最初から「受容」を心がけると、途方もなく受動的になってしまって、建設的なはたらきが生じないことがある。このような点についても気をつけていなくてはならない。

クライエントのなかには、西洋的な自我確立の傾向の強い人がある。そのために周囲との関係がうまくゆかずに来談する人もある。そのときも、すぐにその傾向をよしとして助長するのではなく、しばらくは様子を見ている方がよい。ともかく、父母やその他の権威に対する反抗をそのような形で表明する人が多く、その後に実際にその人の心がどのように動くかは簡単に言い難いのである。自我確立の傾向の強い人は、それに従ってゆきながら、どこかで日本社会のなかで自我を確立してゆくことの難しさとか、どのような折り合いが必要かなどについても話し合ってゆかねばならない。そのような配慮がないと、不適応を起こしてしまうかもしれないのである。

日本では家族成員間の無意識的な同一化が強いので、ある個人を引き受けることは、家族全体を引き受けることと覚悟しなくてはならないときがある。ここに言う「同一化」とは、家族間の仲が良いとか、連絡が密とかいうこととは、次元の異なることに注意しなくてはならない。人間と人間としての感情のレベルではほとんど関係がなく、その意味では「冷たい」関係であるが、無意識の深みでつながっている。従って、ある個人が変化しようとしても、家族の全員が無意識に「足を引っぱる」ような関係になっている。

このようなときに何とかしようと焦って、父親にも会い母親にも会ってということをしても、もつれた糸をあちこち引っぱるのと同じようなことになる。時に応じて家族に会うことも必要だが、やはり、あくまである個人を通じて家族全体の動きを見てゆく方がいいように思われる。

家族全体をひとつのシステムとして行う家族療法は、先に述べた考えとは異なる、またひとつの方法である。筆者はあまりそのようなアプローチを取らない。既に述べてきているように、筆者は操作的な方法をほとんどとらず、可能性がはたらき出すのを待つ方なので、家族全体のことは常に考慮しているが、それを操作しようという気はあまりないのである。

前述したような日本の家族関係の在り方のために、家族のなかのある一人が代表になって、「家族の病い」を引き受けているようなことが多い。その人をスケープゴートにして家族の他の成員が「幸福」に暮らしているようなときもある。そこで、その人の治療を開始すると、他の人は自分の「幸福」を脅かされるようなことがでてくるので抵抗するのも当然と言える。もちろん、治療がすすむにつれて、破壊と建設を繰り返しながら、次元の異なる「幸福」を得ることにもなるのだが、このような家族の苦しみについても、治療者はよく理解しているべきである。さもなければ、クライエントと同一化して、「家族の無理解」を嘆いてばかりいなくてはならない。

注

（1） Jung, C. G., Concerning Rebirth, in The Collected Works of C. G. Jung, vol. 9, I, Pantheon Books.

（2） J・ヒルマン「心理学――一神論か多神論か」、D・ミラー、桑原知子／高石恭子訳『甦る神々――新しい多神論――』春秋社、一九九一年、所収。

（3） 精神科医の中井久夫は「治療契約でなく、治療への合意」が問題という表現をして、わが国における治療関係の特殊性を説明している(中井久夫『精神科治療の覚書』日本評論社、一九八二年)。

第七章　心理療法における技法

心理療法にはいろいろな技法が用いられる。絵画療法、箱庭療法、自由連想法、などなど、それに言語的に行うカウンセリングにおいても、クライエントの発言にどう答えるかを「技法」として考えると、実に細かい技法の問題が関連してくる。これに対して、人間に対するのに「技法」など考えるのはおかしい、愛情をもって接するのこそ大切であるとか、人と人との「出会い」が大切だと主張する人がある。ここにも心理療法における二律背反が存在するようで、どちらか一方に傾くと問題が生じるように思われる。

心理療法を行なってゆく上において、愛とか出会いとかについて考えを深めることが必要なことは当然である。ただ実際的な事実から言えることは、宗教、哲学、教育に関する偉い学者でも、実際は目の前に妄想を語る人や自殺未遂の人が現われると、どうしていいかわからないことが多いようで、それよりは臨床心理学の訓練を受けた大学院生が会う方が、意味のあることができる、ということである。そこにはやはり訓練された技法の存在、ということを肯定せざるを得ないと感じさせるものがある。かといって、技法にとらわれてしまうと本末転倒になってしまうし、技法を磨くためには、その意味についての考えを深める努力を必要とする。そのような点を勘案しつつ、技法の問題について考えてみたい。

1　技法の意義

心理療法の技法の中核は、人間と人間との関係ということである。このことは決して忘れてはならない。箱庭療法などというので、箱庭をつくれば治る、と言うのではない。最近、箱庭療法の道具一式を購入し、家で登校拒否の子どもに箱庭をつくらせている母親の話を聞いて唖然とした。このような誤解が生じるのは、「科学的方法」によって「治す」というイメージがどれほど一般に強くなっているかを示すものであろう。

このような誤解を支えているのは、最近における科学技術の急激な進歩である。その「技術」によって、人間は今まで不可能と思っていたたくさんのことを可能にした。「技術」の特徴は、そのマニュアルに従う限り、必ず思いどおりの結果が得られることである。こんな便利なことはない。現代人はこのことに慣れすぎて、何かを「操作する」ことによって望みどおりの結果を得るという「技術」を人間に適用しようとする。心理療法家を訪れる多くの人が「先生、何かよい方法はないでしょうか」と訊くのは、そのためである。

人間が、よくなったり偉くなったり賢くなったりする「よい方法」があれば、まず自分自身に適用したいと筆者は思っているが、どうもないようである。蛇足であるが、だからと言って、「よい方法はない」と断言するのがいいとは限らない。そんなことを言えば次からこなくなる人もあるだろう。無駄と知りつつクライエントと共に、「よい方法」を求めて右往左往することが、「人間関係」の成立にもっとも有効ということもある。そんなときは筆者も、あれをやってみたらとかこんな方法もあるなどと言っているし、言っているうちにひょっとしてうまくゆくかも、などと思うくらいになる。そのようにして、関係を深めることに意義があるのだ。

話が横道にいったが、「技術」というのは、人間が自分とは切断された対象を操作するときに有効にはたらくのである。これを割り切って言うと、人と物との関係と言えるだろう。もちろん、人を対象とするときでも、何人の人間をどこからどこまで移送するなどというときは「操作的」に考えられるが、それは人を物体的に扱えるときである。

技術の場合、非常に大切なことは、それをする人がどんな人かは問題にならず、マニュアルどおりにする、ということである。手続きを勝手にして、順序を変えたり手抜きをしたりすると大変なことになる。しかし、手続きを指示どおりに守れば結果が確実に得られるところが魅力なのである。

指示どおりに従い、変更不能という点では、「儀式」も同様である。儀式の場合は、人と物ではなく、人と神(絶対者)との関係が中核になる。儀式も技術と同じく、するべきことは確実に決められているが、背後に存在する考えはまったく異なっている。技術によって人間は物を操作する。そこには極めて合理的な因果法則を武器として使っている。それに対して、儀式の場合、人と神との間には切断があると考えるキリスト教のような場合と、切断をあまり感じさせない日本の神道のようなのがあるが、一応、人対人の関係とは異なると考えてよいであろう。これはある意味では人と物との関係にも似ている。しかし、技術によって、人間が物を操作しようとするのに対して、儀式の場合は、人が神から与えられる啓示や救いなどを受けとろうとする。儀式の行為は積極的に行われるにしろ、根本姿勢は受動的である。それは因果法則による支配ではなく、神の意志を受ける非合理的な方法なのである。

このように、技術(technology)と儀式(ritual)を説明してきたのは、心理療法における技法(art)を、この両者の中間にあるものとして考えると了解できると思ったからである。そして、その技法はこの両者のどちらに近づくかによって、少しずつニュアンスが異なってくる。これを一応表2に示しておいたので、これに従って説明する。

　心理療法は人対人の関係を基礎としている。芸術の場合、作品をつくるときは人と物との関係のようだが、作品の鑑賞ということを考えると、基礎として人と人との関係があることがわかる。その方法は儀式や技術のように変更不能なものではなく、ある程度の原則はあるにしても、場合によって変更することができるし、またそれは必要でもある。たとえば、心理療法においては、時間・場所・料金などを守ることは大切であるが、「絶対」ではないし、それを破ることが必要な場合もある。もちろん安易にはできないが、治療者の判断と責任においてそれを必要とするときがある。

表2　心理療法における技法

	関係	方法	基礎	作用	結果	限界
儀式	人と神	決定	ドグマ（共時性）	受動（帰依）	不確定（奇跡）	無し
技法	人と人	ある程度の自由度				
技術	人と物	決定	理論（因果律）	能動（操作）	確実	明確な限界

　心理療法の技法で、その方法が相当明確にきめられていて変更不能なように思われるのがあるが、それが「技術」の方に近い行動療法のようなときと、「儀式」に近いと思われる、東洋的な身体を用いる技法の場合とでは、意味合いが著しく異なってくるので注意を要する。技法のところの欄をひろくして点線を書いているのは、この範囲がひろく、治療者の属する学派や技法の差によって相当に相違があることを示すものである。

　心理療法の技法の特徴は、あくまでこのような中間帯にとどまって、治療者も苦しみながらすすんでゆくところにあり、治療者があまり苦しまず、きまりきった方法で行なっているときは、その分だけクライエントの苦しみを増すような、偽技術、偽儀式になってしまっていないかを反省すべきである。ただ、問題が簡単で、クライエントの自我も強いときは、技術的な方法に近い方法で有効な結果を得られるときが多い。問題が深くなると、クライエント(及び治療者)の可能性で勝負するところが大となってくる。可能性と言うのは、ともかくその時点では存在さえ不明なことなので、「神頼み」に近くなってくるのだが、それを「儀式」によるのではなく、むしろ、治療者の態度によって、その活性化をうながすと考えるのである。「儀式」は用いないにしろ、それに類似の現象は用いていることだし(一週間に一度、きまった時刻にきまった場所で会うのも「儀式」と言えそうである)、治療者としての「受動性」の保持や、共時的現象に対して、常に心を配っているところは、宗教的な方に近いと言うことができるであろう。

筆者がお会いする方には、その人の問題は常識的に見て解決不能と思われるようなときがある。そのようなときでも「可能性」を信じてお会いすることになるのだが、やはり、そこには、治療者を動かす「何か」がなければならない。このことを極めて端的に、「クライエントのどこか好きなところがなかったら、引き受けない方がいい」とスイスのユング研究所のある指導者が言ったが、これは名言だろう。「どこか好きなところ」というのが、なかなか味わいの深い表現と思うのである。可能性に賭けるには、それ相応の心の動きが必要なのである。今まで誰にも感じとれなかった可能性が顕現してこそ、奇跡的な治癒が生じるのである。

儀式・技術・技法という三分法は、儀式・仕事・遊びという三分法の考えと対応しているところがある。ホイジンハやカイヨワの遊び論を思い起こしてみると、前者の三分法の意味が深められると思われる。これらの遊び論を背景にして言えば、技法には「アソビ」があるところに、その特徴があると言えるだろう。儀式や技術には許されていない自由度というのが「アソビ」に対応している。

車軸と軸受けとは、あまりかっちりとはまりすぎていると回転しないので、少しの間隙をもたさねばならない。それを「アソビ」と呼んでいる。アソビがないと円滑に回転しないし、アソビがありすぎると軸がガタガタして回転はうまくゆかない。適切なアソビが必要ということになる。心理療法の各技法も、適切なアソビをもって使用されることによって、円滑にはたらくものと思われる。そのアソビの適切さの判断に、治療者の人間としての在り方が関連してくるのである。

2 種々の技法

心理療法には実に多くの技法がある。それらすべてについて述べることは、とうていできないが、全体としてどのように考えるか、について述べてみたい。

ある技法が特定の学派と結びついている場合と、そうでないときがある。たとえば、自由連想法はフロイト派および実存分析に限られるし、能動的想像(active imagination)を使うのはユング派だけであろう。あるいは、森田療法、行動療法などはそれ特有の方法をもっている。しかし、絵画療法、遊戯療法となると、いろいろな学派の立場からそれを行うことができる。対話の場合も、もちろんである。あるいは、個々の事例によって、日記を書くように指示したりすることもあるだろう。心理療法を行なっていると、どれかの技法が使えそうに思ったり、あるクライエントに対して適切と感じたりすることがあるが、その技法のよって立つ理論や、実際的な注意などがあるので、それらを無視して安易に使用しないことを心がけるべきである。

多くの技法があるが、意識—無意識、という軸で位置づけてみることもひとつの方法であろう。対面での話し合いは、もちろん意識的なかかわりが強い。しかし、それに対する治療者の応答によって、クライエントの心のはたらく層は変化してくる。クライエントが、「何だか外が怖くて一歩も出られないのです」と言ったとき、「何時からそうなりましたか」などと質問してゆくと、意識的なはたらきが強くなる。「それは辛いことでしょう」と言えば、感情的なところが作用するだろう。ただ「はい」とだけ言っていると、また違った反応になってくる。もちろん、このような言語表現の形式だけではなく、治療者の心の開き方ということも関連してくるが、ともかく、治療者はこのクライエントとどのようなときに、どのあたりの層に焦点を当て応答している、ということは意識していないといけない。

心理療法はまず対面の話し合いを基礎としているので、このような細部にわたる技法的な検討をおろそかにしてはならない。クライエントがもっぱら外的な事ばかり話をしていても、治療者がそれを内的イメージとしても受けとめていると、表面的な会話の層は浅いようでも、深層の動きがそれに伴って生じる、ということもある。あるいは、時に助言を与えるにしても、クライエントにとってまだ意識されてはいないが、そのときに言っておくことが将来意味をもつだろう、と思ってするときと、現実にするべきこととして助言するときと、別にそれによってクライエントが何かするということを期待するのではなく、治療者は「ともかくあなたのことをいろいろ考えているのですよ」ということを伝えたいときと、その言い方は大分異なってくるであろう。何気なく見ると、ただ二人の人間が話し合いをしているように見えるだろうが、治療者の心のなかでは細かい心の動きが生じているのである。

対面の話し合いに対して、自由連想法や夢分析、イメージ療法などは言語を用いるものではあるが、無意識的なレベルの関与が強くなってくる。筆者はもっぱら夢分析を用いているので、それについて少し述べる。夢分析の場合、夢を記憶するのみならず、それを書いて記録することに大きい意義があると思われる。無意識的な素材を用いると言っても、それに意識がどうかかわり合うかが非常に大切であることを忘れてはならない。その点、夢を文章として書くということは、それだけでも相当な意識の力を必要とするものである。

ユングが創案した、能動的想像の方法についても一言述べておく。これはたとえば夢に印象的な少年が現われたりすると、その少年をイメージして、その少年と対話を試み、それを記録してゆくのである。記録をするので意識ははたらいていなければならないが、そちらに傾きすぎると、「対話」の内容は、自分が意識的に考えていることになって、あまり興味のないものになる。しかし、記録をやめて、イメージの自律的なはたらきにまかせてしまうと、それは無意識な力が一方的に強くなりすぎて、意識との相互作用が生じない。従って、意識と無意識の微妙なバランスの上に立って、それを行わねばならない。

この方法を行うときに、「対話」の相手としては、夢に出て来たイメージのような非現実的な人物を選ばねばならない。実在の人物と行うと、外的現実と混乱してしまうので決してしてはならない。

言語的―非言語的という軸で考えると、以上述べてきたような言語的な技法に対して、絵画、箱庭、粘土などの造形による表現、遊び、などを用いる技法がある。このようなときも、繰り返しになるが、まず治療者とクライエントとの人間関係が基礎にあることを決して忘れてはならない。といっても、関係が「成立」して表現がされる、というように段階的に考えるのではなく、作品を見て関係が深まることもあるし、関係の深まりによって表現も変化してくるわけだから、相互作用的に考えねばならない。

表現をするときに、クライエントが、上手、下手ということや美的作品を作ろうとすることなどに心をとられないように注意しなくてはならない。ともかく「自由に」ということが大切である。そのことによって、無意識の自律性がはたらいてくるわけである。夢の場合は睡眠中に生じてくるので、無意識のはたらいていることは明らかであるが、表現活動の場合は、相当に意識の関与があるので、極めて表層的な表現も行われ得る。これは欠点でもあるが長所でもあって、クライエントは必要に応じて自分を「守る」ことができるので危険性が少ないわけである。

このような療法の際に、「表現」という言葉をよく使うので、クライエントにとってはわかっていることが、絵や箱庭によって「表現」または「表出」されると思われるが、これらのことが療法としての意味をもつのは、そのようなことをこえて、そこに何らかの創造活動がはいるからであることを知っておくべきである。つまり、クライエントは自分にとって既に知っていることを表現するというより、そのような活動をしている間に、自分でも今まで気づかなかったことが出てくる、あるいは、新しい可能性が生まれてくる、のを感じるのである。絵を描き、箱庭をつくるということ自体が治療につながるところがある、とも言える。

前述のような意味で、小説、詩、俳句、音楽、あるいは写真撮影などと、いろいろな創造的活動にクライエントがはいりこんでゆくときには、だいたいそれを励ますようにしている。そのような創造的な活動を通じても治療はすすんでゆくのである。筆者がお会いするクライエントの方々は、別に何も言っていないのに、心理療法の過程のなかで、小説を書いたり、絵を描いたり、いろいろな創造的なことをはじめられる方が多く、感心している。心理療法が終って後も、それを趣味として続けている人は多い。

次に、心—体、という軸で技法のことを考えてみたい。まず、言語的のみならず「身体も動かせて」わかるという意味では、心理劇、森田療法における作業などがあるし、箱庭療法においても、手で砂に触れるということは身体的な意味をもつだろう。集団療法の技法としては、身体を動かすことや触れ合いなどが用いられる。ダンス療法というのもある。ゲシュタルト療法においても、身体の動きが重視されている。

このように身体を動かすことは大切であるが、それと意味合いの異なる身体性の問題が心理療法の技法にかかわってくる。それは主として東洋的な考えから生じてきたアプローチで、「心身一如」という考えによって、身体を整えることによって心も整ってくる、という考えを基礎に置いているものである。西洋的な分類によると、宗教、哲学、心理学、医学などと区別されるものが、東洋では一体となって、宗教のなかに包含されてしまっていることが多い。従って、禅も広義の心理療法のなかに入れて考えることも可能である。あるいは、ヨガなどもそうであろう。このような考えによって、むしろ、東洋医学として発展してきているのもある。

このような方法は心理療法と異なると考える人もあろうが、身体を対象としているようであるが、心身一如という考えによって、心の在り方を問題にしてゆくのだから、広義の心理療法と考えるのが妥当であろう。そして、これらの説によって通常の心理療法も教えられるところが大きい、と筆者は考えている。たとえば、言語を用いるにしても、自由連想の場合、寝椅子上に横になるという身体の姿勢が非常に大切になるし、夢分析の場合は、対話の素材とする夢は、睡眠中に得られたものである。従って、これらの方法も「身体」の在り方とかかわっているわけである。

このように考えると、言語的、非言語的な技法にいろいろあるとしても、そこに共通に認められるところは、何らかの意味でのリラクセーション、という点にあると思われる。通常の生活において緊張している部分をリラックスさせる。しかし、それは全面的なものであってはならず、何らかの緊張と共存していなくてはならない。ユングによる能動的想像の技法に示されているように、緊張と緩和をうまく両立させることが必要なのである。それをいろいろな工夫によって、もっとも効果的な方法として提出するのが技法であるが、強調点の差によって少しずつ色合いが異なっているもの、と考えられる。

このように考えると、対面によるカウンセリングなどのときでも、カウンセラーのとるべき姿勢として、緊張と緩和の適切なバランスということが大切とわかってくる。いわゆる、「マジメ」とか「一所懸命」とかいう表現で示されるような態度ではなく、カウンセラーはリラックスしていなくてはならない。といって、それは単なるリラックスではなく相当な緊張を必要とする。このような姿勢は、スポーツ、芸術、などすべての技法(art)に必要なことと言っていいのではなかろうか。筆者はスポーツを観戦するのが好きであるが、そこから、心理療法家の技法の向上のために多くのことを学んでいると思っている。芸術の場合ももちろんである。

3　技法の選択

心理療法には実にいろいろな技法があるが、いったいそのなかのどれを選択するのか、という問題がある。ともかくいろいろあるのだからできるだけ試してみるとよい、と考える人もあるようだ。ひどい場合は、「箱庭をやらせましたが、うまくゆかないので、リラクセーションをやらせましたがこれもうまくゆきません、そこで……」というようにつぎつぎとやってみてもどれもうまくゆかなかったことを公表したりする人もある。これなどは、まるで薬を飲ませるように順番に飲ませて、どれが効くか試してみているようなのだが、心理療法における技法とはそんなものでないことは、前節に述べたとおりである。治療者がその技法にコミットしていることが、まず大切なのである。先に述べたような人は、まるでそれぞれの技法が効果がないことを発表しているようでありながら、本人が治療者としては駄目なことを公表しているようなものである。

心理療法家は自分の得意とする技法を身につけ、それを中核としてある程度、他の技法のことを理解したり、時には補助的に使用したりということになるであろう。もちろん、基本となるのは対面の話し合いであるので、これができなかったら問題外であるが、その他に何らかの技法を身につけている方が便利なように思う。たとえば、緘黙児がきた場合、治療者が安定した気持で傍にいるだけでもいいのだが、なかなかそれは難しい。そんなときに箱庭をつくってもらったり、絵を描いてもらったりすると、治療者も安定した気持でいられ、関係が深まってゆくのである。

しかし、何らかの技法は特定の理論、学派と結びついている。単にやり方を覚えるとよいなどということはなく、治療者が技法を選ぶことは学派の選択にまでつながってくることである。そこには治療者の人格が深くかかわってくる。これについて筆者は既に述べたように、どの学派が正しいなどというのではなく、どの学派が自分に適しているか、と考えるのが妥当であると思っている。

それでは各学派がどのような特徴をもっているのかという点について、筆者がアメリカ留学中に学んだクロッパーとシュピーゲルマンが一九六五年に発表した論文がある。(1) 古いものではあるが今も価値があり、考えをまとめるのに便利と考えるので、それを次に紹介する。既に他にも発表したことがあるが、これを基にして次に考えを展開してゆくので、ここに繰り返す次第である。これは、クロッパーおよびシュピーゲルマンの分析家であり、筆者の分析家でもある、チューリッヒのC・A・マイヤーの分析の特徴を明らかにしようとして論じられたところがあり、表中、ユング派として示しているところは、同じユング派でもマイヤーに特にそれが感じられる、ということもある。筆者もその流れをくんでいるのである。

図3によって簡単に説明する。ユングによる外向—内向の考えによって、まず縦軸として「治療の過程」を

外的・内的に分ける。次に横軸としては「患者の現実」を外的・内的に分ける。これによって図に示したような四つの領域ができる。これを説明すると、まず、患者の現実とは、患者の実際の行動や人間関係、症状などを扱うのが「外的」であり、患者の夢や連想などを扱う、あるいは患者が「外的」なことを語っていても、それを内的イメージとして扱うとき、それは「内的」ということになる。次に、「治療の過程」としては、患者が外的にどれほど適応し成功していったか、症状は消えたのか、などを狙いとするときは「外的」であり、ユングの言うような自己実現や、ロージャズの言うような十分に機能する人間、などを狙いとするとき、それは「内的」ということになる。

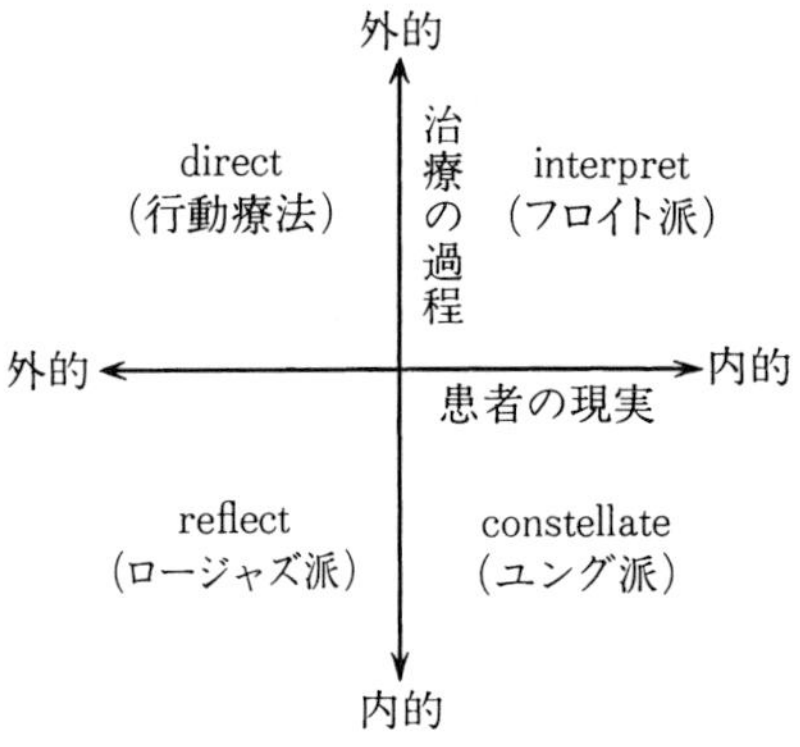

図3　心理療法における学派の相違

このような四領域に対応するものとして、各学派が考えられる。治療の過程も患者の現実も「外的」なことを扱う療法として行動療法があげられる。確かにこれは行動の変容を目的とし、人間の「心」などを問題にしないのではっきりしている。ここでは、指示する(direct)ということが技法の中心になる。次に、患者の現実としては、対面の話し合いで、外的な行動などが論じられるが、治療の過程は、患者の内的成長に焦点を当てるという点で、ロージャズ派があげられる。この際、患者の感情や考えなどについても話し合ってゆくので「内的」ではないかという人もあろうが、ここで患者の現実の「内的」という場合は、もっと無意識的な領域を指していると考えていただきたい。ロージャズ派の場合は、クライエントの感情を反射する(reflect)こと、あるいは内省する(reflect)ことなどが技法の中心となる。

次に、患者の現実としては、自由連想、夢などの内的なことを取り扱うが、治療の過程としては、外的な行動の変化の方に焦点をおく、という意味で、フロイト派がその代表となる。ここでは、解釈する(interpret)ことが技法の中心となる。最後に、患者の現実、治療の過程、共に内的なものとしてユング派があげられ、ここではconstellateということが技法の中心になる。ここに示したconstellateという語については少し説明する必要があるだろう。この語は、constellation(星座)という語から動詞としてつくられた語である。これは自動詞にも他動詞にも用いられるが、星座から連想すると、それは本来は自動詞であろう。それを敢えて他動詞として使って、技法の在り方として述べているのだが、そこに既にパラドックスがあると見るべきである。

constellateと言う場合、治療者はその無意識に対して開かれた態度によって、クライエントの無意識に浮かびあがり、何かを形づくってくるものによって治療をすすめようとする。それはある意味では自然にconstellateしてきたものなのであるが、治療者の態度がそれを引き起こしたと考える場合は、治療者がconstellateしたとも言える。しかし、治療者が何かをconstellateしようとしてもできるものではない。というよりは、治療者がそのような気持をもつと、かえって治療過程は生じないであろう。それは非常に微妙なものである。しかし、ここでは一応「技法」として、他動詞的にこの用語を使っているわけである。

ところで、以上のような四つの分類は、もちろん極端に過ぎることを、クロッパーもシュピーゲルマンも認めている。そして、彼らは、実際の心理療法家は、この四つの領域をクライエントの状況において適当に動いているのではないか、むしろ、そのようなことが望ましい、と述べている。まさに、そのとおりで、行動療法の治療者が、そのプランに基づいて、行動の変化を順次に行なっているとしても、その間にクライエントが家族の話などをはじめると、それを「ウン、ウン」と聴きながらすることになろうし、そうなると、その人は、ロージャズ派の領域の方に移動していることになる。

あるいは、ユング派の治療者がもっぱら夢を素材として話し合っているとしても、対人恐怖の人が思い切って友人に会ってみよう、などと言うとき、笑顔でうなずいたりしていると、それは行動療法の領域に動いていることになる。そのようなことがおかしいとか悪いというのではなく、実際的にはむしろ望ましいと言っていいだろう。しかし、大切なことはなぜ自分がそのような変化をしているのかを治療者が自覚していなくてはならないことである。それは、ほんとうにクライエントの必要性に応じた変化なのかを吟味してみる必要がある。

それではどうしてはじめからオール・ラウンドの治療者を狙わないのか、と言われそうだが、やはり、人間には限界があり、自分の得意とするところでまず足場を固め、その後に領域を広げることを考えるのが得策と思われる。それと、自分の得意とするところをよく弁えて、不可能なことにはあまり無理に挑戦しない方がよさそうにも思えるのである。

以上は、治療者がどのような技法ならびに学派を選択するか、ということであったが、クライエント側から見ればどうであろうか。一応理論的に言うと、いろいろの学派があるとも言えるが、心理療法の実際という点になると、それほどの差があるものではない。学派の相違よりも治療経験の程度の差による方が、実際的な差が大きいという研究結果さえあるくらいである。しかし、時によっては、あるクライエントに対しては、ある学派なりある技法が特に適切である、ということもある。この点については、最初の面接のときに、そのようなことを考えておかねばならない。

外向的な人で、症状の消失を急ぐ(仕事の関係などによって)人に対しては、筆者は行動療法の説明をし、筆者の方法とはどのように異なるかを述べ、クライエントに好きな方を選択してもらうようにしている。これまで、このようにして何人かを行動療法の治療者に紹介したことがある。

個人療法と集団療法という点について、これも論じはじめると多くのことがあるが、筆者は集団療法を行わないので、あまり論じないことにする。ただ個人療法の過程のなかで、時に集団の体験をすることが意味がある、と思われるので、適当と思われるものに参加するのをすすめたり、また、クライエント自身がうまく探しだしてきて参加しようとするのを積極的に利用したり、ということもしている。集団体験のなかには、個人に対して著しく侵襲的なのがあり、そこで受けた傷を癒したり、混乱を回復させるために、筆者のところに訪れてきた人もかなりいる。これは、本来ならば、集団の主催者がするべきことだとは思うが、できるだけのことはしてきたつもりである。

注

(1) Klopfer, B. & Spiegelman, J. M., "Some dimensions of psychotherapy," in Spectrum Psychologiae, Rascher Verlag, 1965.

第八章　心理療法の初期

本章から三章にわたって心理療法の過程について、三部分に分けて論じることにする。これまでの章と異なり心理療法に関する具体的なことが語られることが多くなるが、やはり「心理療法とは何か」について考えてみる態度は大切にして、常にそのことを念頭に置きつつ論をすすめたい。従って、いわゆる「技法論」として、実際場面のことについて、きめ細かく論じるのとは異なってくる。それはそれでまた別書に譲るべきであって、本書の狙いは、心理療法の実際的な流れを書きながら、心理療法の本質について考えるところにある。その点を了解して読んでいただきたい。「実際的」問題としては、もっと取りあげるべきことも多くあるが、ある程度は割愛せざるを得なかった。

心理療法の過程といっても、一回の面接で終るのもあり、二十年にも及ぶこともある。途中で中断して何年か後に再開されることもある。それらすべてをまとめて論じるのもどうかと思うが、一応次に示すような構成で論じることにした。後述するように、「療法」という態度よりも「支持」という態度の方が強くなることもあり、後者の場合はよくなるというより、現状を維持することに意味があるということにもなる。事例によって重要となるポイントはさまざまであるが、一応一般的に心得ておくべきことについて述べることにする。

1　見たての必要性

心理療法の分野で一時「診断無用説」などということが主張された。既に第一章に述べたように、心理療法においては、治療者の基本的態度が大切で、クライエントとの間にこれまでに述べてきたような「関係性」が成立することが必要である。これがうまく成立するときは、クライエント自身が「治る」という感じが強く、確かに「診断」などということは何の必要も感じない。

それのみではなく、医学の領域から借りてきた「診断」に強くとらわれると、先に述べた心理療法家としての基本的態度が壊される、という重大な結果を招くことになる。こんなところから、「診断無用論」も生まれてきたのである。このようなことを強調する人のなかには、治療者は「何らの前提ももたず」に、ひたすらクライエントの歩みに従ってゆくべきだなどと主張する人もある。しかし、筆者はそんなことは不可能であると思っている。人間である限り、考えたり感じたり予想したりなどするのは当然で、むしろ、自分がどのように考え、どのようなことを前提にしているかをできるだけ意識化し、そのつど調整してゆくことぐらいしかできないと思っている。

医学的病理診断は、心のことが関係する場合、診断が確定したならば、すぐに有効な治療法が明確に成立するものでないことも認識しておく必要がある。第一章に医学モデルについて述べたように、病気が「腸チフス」とか「結核」とか診断された場合は、それに対する治療法が存在しているが、たとえば、クライエントに「不安神経症」という病名を告げても、それではどうするのです、となると心理療法を行うことになって、それがどのような道を歩むことになるかは治療者にとっても明確にはわからないのである。それにもかかわらず、病理的診断もある程度行うことが必要と筆者は考える。もちろん、ここで「見たて」という用語を用いたのは、病理的診断のみならず、もっと広い観点からクライエントを見る必要性を感じるからである。

「見たて」という用語を心理療法の領域において、有用なこととして導入したのは、土居健郎であろう[1]。これは確かに「診断」という用語よりはるかに心理療法に適している。診断は近代医学の概念であり、その考えのみに頼っていては、心の病いに対応することができない。「見たて」は病理診断的な見方も含んで、心理療法家が第3節に述べるような「物語」を、このクライエントといかにつくりあげてゆけるかを「見たてる」のであり、ある意味では治療の終結やその後に関してまでも、そのなかに含まれてくるのである。ただそれは、あくまでそのように「見たて」ているのであり、「診断」でも「託宣」でもなく、治療経過のなかで変化することも十分に考えられる。途中で変化するので何も考えないというのではなく、やはり、最初に見たてることをしてこそ、われわれは専門家としての責任を負うことができるのである。

まずはじめに病理的診断にかかわることで大切なことは、医学的治療を必要とする人を見分けることである。器質的要因によって精神に障害をきたしている人は、ぜひ医学的治療を受けねばならない。このような人を見分ける重要な手がかりは、意識の喪失とか多動とか突発的な行為が、治療者の物語構成力のなかに入れこみ難い、「おやっ?」と感じさせられる点である。このようなときは専門医に紹介するべきであるが、そのときにクライエントに無用の不安を与えたり抵抗を生ぜしめないように説明することが大切である。なお、てんかんの場合など薬物投与のみでなく、心理療法を行うことが有効なときもあり、それは医者と協力して行うとよい。器質的な疾患だから心理療法不要ときめつけるべきではない。

病理的診断は、大まかに言って、分裂病圏、躁うつ病圏、ボーダーライン、神経症圏、いわゆる正常、のどこにはいるかを見る必要がある。心理療法家が非医師の場合は、たとえ心理療法的接近が有効と思っても、精神病圏内の人と思われるときは、医師の診断を必要とする。そして、必要な薬物などの治療と併用することになるが、このあたりは極めて微妙なことになるので、非医師で精神病圏のクライエントに会う人は、お互いによく知り合って緊密に協力し合うことのできる医師との協力関係をつくりあげるべきである。

急性の精神症状を呈しながら(幻覚、妄想など)、薬物に頼らず心理療法のみで回復する人を見分けることも重要である。そのためには後述するような判断が必要であり、それによって確信をもっても、治療者が非医師の場合は一応医者に紹介して意見を訊くべきである(このようなときこそ、緊密な協力関係にある医師を必要とする)。

病理的診断が確定したからといって、有効な治療法が見つかるわけではない。しかし、それが必要なのは、既に述べたように医療との関係についての判断があるが、次に、治療者として、どのくらいの年数かかわることになるかという見とおし、あるいは「覚悟」ということに関係してくる。ボーダーラインの人を引き受けると、その程度にもよるが十年くらいは何らかの形でつき合うことを覚悟しなくてはならないであろう。ボーダーラインの人を、いわゆる正常、それも才能の豊かな人などと思って、安易な気持で引き受けると、大変な失敗をしてしまうであろう。

病理の重い人に対しては、心理テストにしろ、治療技法にしろ侵襲性の高いものは避けねばならない。夢分析や箱庭療法などを導入するとき、いつどのようなときにするかを慎重に考えねばならない。これはあくまで「慎重に」ということであって、してはならないのではない。危険を感じたらやめるとか、適当な間隔をあけるとか、常に夢や箱庭の内容を見て判断しなくてはならない。ここでも、治療者自身が自分の「容量」の限界をよく知っていることが必要となってくる。

最近では何ら症状をもたないが、「自分を知るため」とか「自己実現のため」などと称して心理療法家を訪れる人がある。そのときは特に注意が必要である。大きい内的課題をもちながら、それを「症状」として結実させるだけの力をもっていない人が、無意識的に治療の必要性を感じて来談されるからである。これは「教育分析」を受けにくる人にも、まったく当てはまることである。

いわゆる潜在性精神病を見分けることは、困難なことである。投影法のテストや夢が役立つこともあるが、必ずしも決定的なことは言えると限らない。メルクマールのひとつとして、話されることの内容とこちらが感じるものとのズレということがある。普通の話題が普通に語られているのに、こちらが極端な疲労を感じたり、わけのわからない攻撃性を感じたり、外へは噴出してきていないマグマの胎動のようなのを感じたりする。あるいは、生活史を聞いているときに、「何だかおかしい」としか言いようのない、つじつまの合わない感じがする。それと「できすぎている話」というのも危い。このようなときは治療者が強い魅力を感じて、ぜひこの人と共にすんでゆきたいなどと思う。あまりに強い魅力を感じたときは、一歩二歩退って考えてみる必要がある。興味深そうな共時的現象をたくさん語るような人も要注意である。

以上ごく簡単に述べた病理的診断のみならず次節に続いて述べる心理療法の可能性などについても判断するのが「見たて」である。そのとき、病理的診断をするときは、相当に客観的に事実を知ろうとする態度を必要とするし、心理療法の可能性を知るためには、そして、それ以後の心理療法の展開を促進するためには、客観的な態度ではなく、第一章に述べたような関係性に対して開かれた態度を必要とする。この両者は相いれない性格をもっているので、その点に留意しつつクライエントの在り方によって適当に変化させながら会ってゆかねばならない。これが初回面接の非常に難しいところである。このようなことを一回のみの面接で行うことは困難と感じたときは、その旨をクライエントに告げて、二、三回会ってから方針を決めるということにもなろう。

精神症状が重いときや、犯罪者でそれが殺人など重大なものであるときは、客観的に事実をおさえることを忘れないようにしなければならない、といってもそれを最初に訊く必要はない。ただ、初回面接のなかでその点を明らかにすることをしておかねばならない。犯罪を犯した人に対しては、それに関する罪責感の在り方を知ることが大切である。罪責感をもち過ぎている場合、全然感じていない場合、いずれにしても困難であるが、その程度を知っておく必要がある。

2 心理療法の可能性

心理療法が本格的に行われるときは、クライエントにとって何らかの意味の心理的課題の解決あるいは達成が行われる。そのときにはしばしば何らかの破壊と再建設が行われる。このような仕事を治療者とクライエントの協力によって、なし遂げることができる、という予想をもたねばならない。

たとえば、母親からの自立という課題にしても、その年齢や環境によって程度があるだろうし、その母親の特性、協力の程度によって大いに差があるだろう。それらをできるだけ勘案して、可能性がありと感じられたときに治療を開始することになる。このとき、治療者自身の能力も条件のひとつとして考えねばならない。仕事の大きさに対して、クライエントの力や周囲の状況などがあまりにも不適当であるときは、治療を断るか、あるいは、「治療的」よりはむしろ現状を支えてゆくだけでも有意義と判断するときは、そのような会い方をするという方針で引き受けることになる。

遂行するべき仕事とクライエントの強さとを考えながら、クライエントのどのような意識のレベルと向き合うことになるのか、と考えてみると、ある程度、治療者の姿勢が定まってくるであろう。支持的になるときは、なるべく外的現実にどのように対処してゆくか、ということに重点をおくことになる。それが、深いレベルを問題にしようとするときは、外的なことにあまりかかわらず、深い層に焦点を当てて聴くようにしなくてはならない。治療者の関心の度合いが浅かったら、クライエントはそのような話をするより仕方ないか、ズレを感じてこなくなるだろう。このようなときでも、浅いレベルのことを少しは成し遂げて適当に礼を言ってやめるクライエントも多いので、そんなのを治療者としては「成功例」だと思っていることもある。あるいは、クライエントの状態も考えずに、治療者が深い層に注目し過ぎて、不安に陥れて来談しなくなったり、精神症状を誘発することもある。

支持的に会うという場合に忘れてはならないことがある。それはできるだけ表層の意識や現実に焦点を当てているが、現実面の強化を焦ったり、深層の現実を「無視」しようとしてはならぬことである。筆者は心理療法をはじめた頃にこのような失敗をしていたと思っている。「現実面」の強化と言っても、このような困難な事例の場合は、深層の動きも活溌である。ただそれに注目し過ぎると、その動きが強くなりすぎて破壊的になるのだが、さりとて、表層の強化ばかりをはかるとクライエントもそれに呼応して(すぐ呼応するところがその弱さなのであるが)、ある程度の期間は非常に順調にすすんでいるように思われる。しかし、深層の動きはおさえ切れるものではなく、極端な破壊的行為が生じてきて、「もとも子もなくなる」ということになってしまう。日常の現実に焦点を置いているにしても、深層の方にも適当に気を配って両面作戦でゆかなければならぬところが大変に難しいのである。

治療を引き受けることは治療者としては大変な覚悟がいる。クライエントと歩みを共にすることに相当なエネルギーが必要とされることも予想される。しかし、クライエントはそれほどのことと思っていないことが多い。治療者によって「治してもらう」と思っている。そんなときに、治療を受けることは大変で、クライエントも努力が必要だということを説明してもわかってもらえないことが多い。しかし、クライエントなりに「覚悟」をきめていただきたいと感じることもある。治療者だけの気持では心もとないのである。そこで、そのような点をある程度はっきりとさせるようなことが必要なときもある。「時間を守らないと会いません」とか、「いくら苦しくとも……はして下さい」とか「……はしないで下さい」とか何か課題を与えるなどである。このようなことによって、クライエントのある程度の、やろうとする姿勢を確かめることによって、こちらの覚悟もきまるときがある。

心理療法の過程はあまりにも苦しいものだから、そのようなことをしない方が得策のこともある。たとえば、強迫症状や離人症などのような場合、心理療法の過程で妄想や幻覚などの精神症状が生じたり、強烈な不安のため何もできない、というようなことも生じてくる。言うなればそのようなことが生じないように症状によって守っている、とも言えるのである。そこで、クライエントによって説明可能な人に対しては、心理療法の過程について説明し、そんなことをするよりは、症状と共に、自分にとってやりたい仕事をして生きてゆくようにするのはどうか、ということを述べて、クライエントに選択してもらうようにするとよい。もちろん、症状があるのも辛いことだが、その方がいいかもしれないのである。そして、あまりに症状が苦しくてたまらなかったら、あらたにきていただくことにするのである。

筆者の場合、このようなことを話して了解され、心理療法をしなかった例を少数ではあるが経験している。時には症状の烈しいときにのみ電話をかけてこられたり、来談されたりして、話し合っていると他に少し未解決のことがあるとか、過労気味だなどということがわかって、少し姿勢を立て直すと元に戻る、ということもある。身体の病気に「一病長寿」という表現があるが、心の病いでもそれが言えそうに思うのもある。

特にクライエントが芸術家の場合は慎重にすべきである。その症状のために苦しんだり、それを癒そうとしたりすることのなかから作品が生まれてくる、ということも言えるので、あわてて「治す」ことに専念することがいいか悪いかはわからないのである。もちろん、本人は「この症状さえ無くなれば、もっと素晴らしい作品ができるに違いない」と思っているだろうが、「症状があるから作品が生まれている」のかもしれないのである。従ってそのあたりの見極めは難しく、慎重を要するのである。

治療を開始することを決めたとき、治療者としては前述したような見とおしと覚悟をもって臨むことになる。そのような感じが伝わるという点もあって、クライエントとしては、「この人に頼ってゆけばよくなるだろう」というような感じをもつであろう。そのような安心感のためか、症状が一挙に消えてしまうことがある。一回会うだけで劇的に消えるときもあるし、数回の後のときもある。いずれにしろ本人やその家族が「よくなった」と大喜びする。これを転移性治癒(transference cure)と言っている。だいたいすぐに症状がぶり返してくるものである。それを知らずに治療者が喜び過ぎると、「せっかく先生も喜んで下さったのに、また悪くなったなどと言えない」と思って他の治療者のところに行ったりすることがある。軽症の場合は、転移性治癒をバネにして、そこから自分で立ち直ってゆく人もあるが、だいたいは再来するのが多いと思っておればいい。

非常に困難な事例で、劇的な転移性治癒現象が起こり、その後また元に戻って症状が再発し何年も続くことがあるが、ともかく一度でもよくなったことがあるという事実が、後の困難な時期を乗り切る支えとなってくれることもある。

初回面接の際自分の過去を語るときに、隠しておくべき秘密を早く語り過ぎる人も注意を要する。それは秘密を適当に保持し、語るべきときに語るという判断力などの強さがないために生じるのだから、治療は相当困難になることが予想される。それを治療者が「ここまで自分を信頼してくれているのだ」などと思って喜んでしまうと失敗の基となる。時には、クライエントの話をさえぎって、「それは非常に大切な話ですので、また後でゆっくり聞かせていただきましょう」などと言う方がよい場合もある。話される秘密が二人の関係によって消化できるものか、それをこえているものかの判断が必要である。

「見たて」によって、以上のべてきたように心理療法ができるか否かを判断するのであるが、その判断の重要な尺度として治療者自身の人間、というものがあることをよく自覚しておくべきである。自分の感じ、直観、すべてを大切にし尺度として用いるのである。このためには、自分のことをできるだけ知っておく必要があるのはもちろんである。

3　物語の発生

既に第五章において述べたように、心理療法においては、「神話の知」が重要になってくる。心理療法においてクライエントは各自にふさわしい「神話の知」を見出すのであり、治療者はそれを援助するのだとさえ言うことができる。神話とまで言って、「神」を持ち出すこともないと思う人に対しては、各人が自分にふさわしい

「物語」を創り出す、と言ってもいいであろう。

症状とか悩みとかいうものは、いうなれば本人が自分の「物語」のなかにそれらをうまく取り込めないことなのである。それをどうするかと苦闘しているうちに、それらの背後(あるいは上位)に存在しているものの視点から見ることが可能となり、全体としての構図が読みとれるようになる。そこに満足のゆく物語ができあがってくるのである。

坂部恵は、「つげる、のる(宣る)」という動詞が垂直関係ではたらくのに対して、「はなす、かたる」は水平関係ではたらくと述べている。[2] 神託をつげる、宣《の》る、などのように、そこには明確な上下関係があるが、はなす、かたるは同等の関係である。心理療法において「かたる」ことが重視されるのは、治療者とクライエントの水平関係が重視されるからである。

ところが、しばしば治療者は自分の「解釈」を「つげる」ことが多いのではなかろうか。それは「正しい理論」(あるいは科学的真理)を知る者と知らない者という絶対的上下関係の上に立って発言しようとしているからである。既に述べたように心理療法の場面においては「宗教性」が大いにかかわっている。それを大切にしつつ、偽宗教家にならぬようによほど注意をしていないと、われわれは「科学」の名において、教祖の託宣を「つげる」役割を担ってしまうのである。もちろん、クライエントによってはあるときある場面ではそのように感じ、それが効果を発することはあろう。しかし、治療者はその点をよく自覚し、いつかは水平の関係に戻すことを考えていなければならない。

筆者自身は、一般に考えられるような「解釈」をすることは、まずないと言っていい。どうしても言いたいときは、「解釈」(と言えるかどうか)を「かたる」ようにしているし、つぶやくときもある。

心理療法家は「正しい理論」によってクライエントに接するのではなく、「好みの物語」によって接している、と考える方が実状に合っていると思う。フロイトが「エディプス・コンプレックス」の存在を普遍的真理として提出したとしても、それに「父・息子・コンプレックス」などと命名せず、わざわざ「物語」の主人公の名を冠したという事実を忘れてはならない。ひとつの「物語」は無数の読みを可能にする。あるいは無数のヴァリエーションを可能にする。たとえ「エディプス・コンプレックス」を金科玉条とするにしても、各人それぞれのエディプス物語の「かたり」というものはある、と考えるべきであろう。

「かたり」は「騙り」に通じる。坂部恵は「かたり」の主体の二重性を指摘している。坂部はランボーの「わたしは一個の他者である」という言葉を引用しているが、詩人の言葉としてうなずけるものであると共に、心理療法家の体験としても実感するところである。「かたり」はもちろん、治療者なりクライエントなりが語っているのであるが、われわれはいったい「何を騙って」いるのかについて考えねばならない。その主体とは、クライエントに内在する実現傾向のようなものであろう。そして、それには治療者の実現傾向もかかわってくるのである。

「かたり」における主体の二重性と言えば、第六章に論じたユングによる「自我」と「自己」のことを連想する方もあろう。自我が自己をかたって物語る、と考えるのである。この考えはなかなか心理療法の場面——というより人生における「物語」の発生——を説明するのに便利な考えである。しかし、既に論じたように、「自己」という中心を考えてしまうと、物語のインテグレーションということが前面に出てくるので、それよりは、多神論的な考えによる方がいいのではないか、というのが現在筆者の考えているところである。神々の名をかたって、かたりをする。人の物語と神々の物語とはなかなか共存し難いかもしれない。しかし、共存し難いものを何とか

「おさめる」努力をすることが大切ではなかろうか、と考えるのである。それはうまくおさめるのであって、ひとつにまとめるのではないのである。

以上のことは、作家が小説を書くときと比べてみるとわかるのではなかろうか。作者は作者なりにある程度の筋道を考えている。しかし、執筆をはじめると作中人物が勝手に行動しはじめる。このような作中人物の自律性を体験しなかったら、それは創作とは言えない。作中人物が自由に動くのを許容しつつ、作者はそれをひとつの作品として「おさめる」ことをしなくてはならないし、それがある程度は読者に受けいれられることも考えるであろう。これと同様に、心理療法家もある程度の筋道は考えている。しかし、治療がはじまると、クライエントの自主性、および、クライエントの無意識の自律性に対して心を開いてゆかねばならない。それらのぶつかりのなかから治療の過程が展開してゆくのであり、それはまさに「物語」を創り出すことになるのである。

クライエントの自主性を尊重するのは当然だが、治療者は治療者なりにクライエントについての「物語」を構想しなくてはならない。それは「見たて」の一部なのである。もちろん、治療が展開するにつれて、その構想は変化させられたり、破壊されたりするだろう。しかし、まず治療者が物語の筋をある程度もつことが必要である。そのためにはクライエントが語ることに耳を傾けつつ、そこに物語を読みとろうとする努力をしなくてはならない。クライエントはもちろん自分なりの読みを提供するだろう。しかし、それはむしろクライエントの自我による読みであることが多く、治療者としては、それをもっと深く読む必要があるのである。

夫婦の問題で来談されるときなど、読みの相違をよく感じさせられる。夫にしろ妻にしろ、別れたいと言って主張されるとき、相手がいかに自分と異質の人間であるかを強調される。生まれが違う、育ちが違う、趣味が違う。聴いていると、なるほどよくもそれだけ異質な人を選ばれたものだと思えてくる。「だからこそ、この際別れたい」ということになってくるのだが、こちらとしては、そのように相反するものの結合だからこそ、素晴らしいものが生まれてくる、という物語の方が見えてくるのである。

このようなときに治療者の「物語」をクライエントに話すかどうかも難しい問題である。筆者はクライエントがその後も続けて来談される意志をもっており、継続してゆくことが決まっているときは、話さずにいることが多い。それは、筆者の「物語」とクライエントの「物語」がぶつかりあいながら展開してゆくので、あまり予断めいたことを言わずに自然に流れてくるものを待った方がいいと思うからである。

ただクライエントが自分の物語の暗い面や嫌な面のみを見ているとき、自責の念や自己嫌悪の感情が強すぎるときなど、それとは異なる見方が可能であることを示唆したり、語ってみたりすることもある。そのときに知的な言語ではなく、クライエントが納得するような表現を探し出さなくてはならない。日本語には「腑におちる」というよい言い方があるが、相手の腑におちる表現を見つけるようにしなくてはならない。

相手の語る「物語」が現実を離れて「妄想」や「幻覚」の域に達しているとき、まずそのような物語がクライエントの語る生活史のなかで、なるほどそのような物語も必要であろうか、とある程度了解できるかどうかがまず判断されねばならない。そして、そのような物語によって支えられねばならない心の領域外に話を及ぼしたときに、外的現実把握が的確かどうかを判断する。外的現実の把握が確かであるが、あることに関する「物語」を語るときにのみ妄想になり、それも広い意味で了解できるとき、「あなたの話は非常に個人的に大切なことですので、これから二人でゆっくりと考えてゆきたい。しかし、この場以外では話をしないようにして下さい」と言う。このことが守れるようなときは、医学的治療なしで心理療法のみですすめられることが多い。もちろん、この際も念のために医者の診断を仰ぐことは必要である。

「物語」の発生ということを如実に感じさせることとして、初回夢(initial dream)という現象がある。このことについては他にも論じているのであまり詳しくは述べないが、心理療法をはじめて最初にもってくる夢、あるいは、関係の成立後という意味で、数回経過した後の夢の場合もあるが、それがその後の心理療法の経過を見とおしているかのように思える内容のものであることがある。そのときは納得できないようなことや不明のことでも、治療がすすんでくると成程と感じられる場合もある。後に展開してゆく「物語」が心のなかに存在しているのである。

初回夢に似た現象として、遊戯療法の場合の初回プレー、箱庭療法の場合の初回の作品などがあるが、箱庭の場合の方は起こることは稀である。初回夢でなくても、ある人にとって一生忘れ難い夢や、何度も繰り返し現われる印象的な夢などは、その人の人生の物語の表現としてみると、よくわかるときがある。そのような夢についても語ってもらうと、「見たて」の際の参考になる。

4　クライエントと家族

既に述べてきたように、わが国では家族の一体性が強いので、クライエントに会うときにその家族のことを不問にして会うことはできない。従って、治療を引き受けるときにも、家族とどのようにかかわってゆくかについて、相当に考える必要がある。

まずはじめに、本人が来談を拒否し、その親や配偶者などが来談する場合について考える。「絶対に行かない」ときつく言っている人でも、実のところ心のなかは迷いに迷っている。行くと「精神病」などとレッテルを貼られないか、怠け者だと非難されないか、などという恐怖と不安。その反面、自分のことをひょっとしてわかってくれるのではないか、あるいは、救い出してくれるかもしれない、という期待。それらが入りまじり、それに耐えられないので、余計に強く反撥している面があるのだ。こちらがそのような気持を理解しつつ、ともかく一度会いたいということを本人に伝えてもらう。その際、「嫌だったら会ってすぐに帰ってもいい」、「ともかく一度会ってみなかったらどんな人間かもわからないのだから」と、本人の自主性を尊重することを明確にしておくと、あんがい来談するものである。

高齢の女性がこられ、自分の家の嫁がどんなに悪くて困っているかを訴えられ、「何とか嫁を連れてくるので、よい嫁にしてほしい」と言われた。筆者はそれに対して、「心理療法は、残念ながら悪い嫁をよい嫁にするようなことはできないのです。しかし、悪い嫁をもって悩んでおられる人が、どのように人生を生きるかについて考えてゆかれるのなら、それの手助けをすることができます」と言ったことがある。このとき、筆者はこの方が、「悪い嫁」をもったことをきっかけとして、自分の人生を見直そうとされているし、十分にその力をそなえておられると感じたので、そちらの方に焦点を当てることを明らかにしたのである。そして、この人が自分の生き方を変えてゆくにつれ、「悪い嫁」がそれほど悪くなくなってくるのである。

家族全体は全体のダイナミズムをもっている。誰か一人だけが「悪い」ということは、まずないと言っていいだろう。家族の誰かをスケープゴートにして、後の全員が安定している、ということは割にあることだ。一人が「悪い」ようだが、問題は家族全体のことである。それは、家のこととして何代にもわたってつくられてきた、と言えるものもある。ボーダーラインの人の場合は、三代くらいのことが蓄積してきている、と感じさせられる場合が多い。

家族全体が問題をかかえている、という場合はどうすればいいのか。そこで家族全体を対象と考えて行うのが家族療法である。家族全体のシステムを考え、それをどのように改変してゆくかを考えてゆく。筆者はあくまで個人療法を行なっているので、家族療法的なアプローチは取らない。しかし、家族のダイナミズムについては常に考慮のなかにいれている。ただ、そのシステムに直接にかかわるのではなく、ある個人の可能性の発展に注目することによって、その個人の変化を通じて全体が変ってゆくことを狙う方法をとっているのである。これは別にどちらの方法がいいかなどとは言えず、治療者の好みの問題であると思う。家族療法をしていても、そのなかのある個人に焦点を当てねばならぬときがあるし、個人療法をしていても、家族に会う必要は生じてくるので、いずれにしろ両方の視点をもたねばならないが、切り口としては自分の得意な方法をとることになるのである。

家族全体の問題となると、誰をクライエントとしてお会いするか、ということになるが、まず考えられることは、症状をもっている人だろう。といっても困難なときは家族中が大なり小なり症状をもっているようなことが多いのだが、やはり、明確な形で症状をもっている人が、心理療法という道を歩むように運命づけられている、とでも言うのがいいであろう。つまり、その家族のなかの一番「悪い」人に会ってゆこうとするのではなく、一番可能性に対して開かれている人に会ってゆくのであり、明確な症状はそのサインと見なされるのである。

もちろんこれにも例外はある。本人の自覚や動機づけによっては、症状をもっていない人をクライエントにすることもある。たとえば、子どもが神経症症状をもっているのだが、その父または母をクライエントにして、成功することがある。なお、このようなとき、心理療法をはじめてしばらくすると、クライエントが神経症症状を呈するようになるのは、よくあることである。このことによって、子どもの苦しみがよくわかった、と言われた人もあった。

家族のなかの一人をクライエントとしてお会いしていても、他の人たちが症状を出してきたり、問題を発生させたりということは多い。うっかり両方を引き受けたりすると、二人の間で治療者の取り合いが起こったりして、非常に難しくなるときが多い。従って原則としては、家族内の人を二人引き受けることはしない。このときもっとも判断に困るのは、その他の人を他の心理療法家に依頼するか、ということである。これも一般論になるが、薬物による治療の場合はいいが、異なる心理療法家がかかわる場合は、よほど治療者間に緊密な連帯関係のない限りは避けるべきと思われる。いうなれば、ひとつの家族のなかに、二つの異なる観点がはいってくることになって混乱してしまうのである。

心理療法的には一人の人に会っていても、必要に応じて家族に会う必要があるのは当然である。しかし、このときの会い方は、深い層に注目するというよりは、クライエントと共に歩んでゆく家族の苦しみに対する理解と支持、あるいは適切な行動への示唆などが中心となってくる。クライエントと単純に同一化してしまって、育て方の悪い両親を非難するような態度になると、心理療法の過程を壊してしまうようなことにもなる。

クライエントが両親を非難するのを耳を傾けて聴いていると、クライエントは帰宅してから、「先生が親が悪いと言っておられた」と両親に言うことはよくある。こんなときに怒ってどなり込みにくるような両親は、対処しやすい。一般に、どなり込みなどする人はそれだけの熱意と行動力をもっていると考えるべきである。相手の言い分を二、三十分聴いていると、「実は私も反省すべき点があるのですが」などと言い出す人が多い。ともかく心理療法はその過程に、「死と再生」のパターンをもっているのだから、その経過のなかで争いや対決などが生じて当然なのである。家族間の争いや攻撃心が治療者に向けてこられるときも、その「意味」を知って、たじろがずにいると、自然に解決が生まれてくるものである。

一人の人にお会いしていても、以上のようないろいろな契機によって、家族にお会いして、家族療法的なアプローチをすることになる。困難な事例の場合は、これは避けられないことであり、いつどのような契機をつかまえて、それをするかについて常に配慮していなくてはならない。

家族内の一人の人をクライエントとしてお会いしていると、その人の症状は不変のまま長年月が経過し、しかし、その間に家族の人々の神経症症状がつぎつぎと消失していったような例もある。こんなときに、自分以外のすべての人が成仏するのを助け、最後に自分が成仏すると誓う菩薩の物語を、治療者は心に思い描いたりもする。

クライエントの様子が急におかしくなったとか、この頃はひどくなってきて困っているとか、親から電話連絡があるとき、治療者から見て、どうもそれに納得ができないときは、親が治療者に会いたいのだが直接的に言い出せなくて、そのきっかけをつくろうとしている場合がある。そのようなとき、治療の流れとのどういう関連で親が会いたがっているのかを考えて会うといい。ともかく相手からきっかけを与えられているときは、こちらの助言や示唆が相手の心にとどく確率が高いので、それを利用するのである。

子どものことで来談する親の場合、はじめのうちは「子ども」のことについて相談するという姿勢でいるが、そのうちに自分自身のことについて考えてゆかねばならぬことを自覚されるときがある。そのようなとき、クライエント自身が「これからは自分のこととして」来談したいと明言されることもある。そうでないときにも、治療者が発言して姿勢を明確にするのがよい。もともと親本人のことが大切なときも、はじめのうちは「子ども」のこととして話し合ってゆくと、不必要な防衛が生じなくて、過程がある程度すんだところで姿勢を立て直すことが円滑にゆくこともある。

時に、自分の「家系」に関心をもつクライエントがある。それについて調べたり、そのために親類縁者に会いに行ったりしているうちに、問題が解消してゆくことがある。これは「家系」ということが、本人のアイデンティティの確立のイメージとして強く作用しているときである。親類に会いに行き、自分の家の家族についての新しい発見をしたりしていることが、本人のアイデンティティの確立にうまく結びついているのである。

欧米の国に対して、わが国では母子関係が強い軸となって動いている。この点を強調して、筆者は日本の社会を母性社会と呼んだこともある。(3) しかし、欧米との文化的接触が激しくなって、日本人の家族関係も変化しつつある。そこで、そのような変化への努力のなかで家族問題が多く生じているのであり、家族関係の多くの問題は、いうなれば、日本の家族の在り方を変化させてゆこうとする戦いの尖兵となった人たちこそが体験しているのだ、とも言えるのである。治療者はこのような文化的な視点をもって見ることが必要である。その点については前章に少し述べておいたことである。

わが国の文化が母性の強いものであるので、家族のことを問題としてゆくとき、その傾向を補償するものとして、治療者に(男女を問わず)強い父性が要求されることがあるのも、知っておいていいだろう。治療者の父性的態度が、崩れかける家族関係の支えとなるときもあるのである。

注

(1) 土居健郎『方法としての面接』医学書院、一九七七年。
(2) 坂部恵『かたり』弘文堂、一九九〇年。
(3) 河合隼雄『母性社会日本の病理』中央公論社、一九七六年。

第九章　心理療法の諸問題

心理療法の過程において考えねばならぬことは実に多い。前章で、物語の発生ということを述べたが、うまく流れているときは、素晴らしい物語を読むような感じで、クライエントに会うことによって、こちらの心が癒されていくように感じるときもある。あるいは、クライエントとしては心理療法にくることによって、ますます苦しくなってゆくばかりと感じているが、治療者としては、その先に光が見えているので安心しているときもある。しかし、それが困難な場合になってくると、治療者もともども暗闇のなかをすすんでゆく感じがしてきてたまらないときがある。はっきりとした海図に頼っているのではなく、ともかくこの方向に行くしか助かる道はないと信じてすすんでゆくようなところがある。そこで、ほんの少しのことでも方向づけの手がかりとして利用しなくてはならなくなるのである。

以後に述べるのは、心理療法の過程において、その方向を考えてゆくための何らかのメルクマールとなるものを列挙して考えてゆく、ということになるであろう。

1　症状の変化

一応、症状という言い方をしたが、クライエントにとっての問題の変化ということを、症状ということに限定せずに述べてゆきたい。神経症の症状をもつということは、ひとつの明確な標識をもっている、ということで、それによって自分の問題の在り方をある程度知ることができる、という利点をもっている。あるいは、症状をなくしたいという気持が、心理療法という苦しい道程を歩み切るための動機づけとして役立ってくれることもある。

何らかの症状をもって来談するが、それについて述べるのははじめだけで、その後に、治療者がその人にとっての心理的課題と考えること、に話題が及んでくると、毎回それをめぐっての話となり、過去のことを思い出したりしつつ、だんだんと解決策を見出してゆく。仕事が達成されたと思う頃になって、お蔭様で症状の方もさっぱり収まってしまいました、というときがある。これなどは、与えられた仕事をやり抜いたことが、症状の消失によって裏づけされているようで、非常に気持がよい。

以上に示したようなのは軽症のときであるが、難しくなるとそれほど簡単にはいかない。症状の記述があって、内的なことに話が向きかけるのでそれに耳を傾けようとすると、また症状の話になる。そして、「これさえなければいいのですが」とか、「これをなくするよい方法はないものでしょうか」とかの発言が繰り返される。これは、心理的な課題に直面してゆくのが苦しいので、ときどき症状の話に戻して、それがいわば休息点として利用されているようなものだから、それに合わせてこちらも休んでいればいいのである。休息点の利用の程度によって、心理的課題とそれに取り組むクライエントの自我の強さとの釣合いがわかる。時には、たとえば醜貌恐怖の人が、「こんなことでは駄目ですので、整形外科医を紹介して下さい」などと言い出すときがある。それは言いかえると、「苦しくてたまりません、先生はそれがわかっているのですか」と言っていると思われる。そんなときに、あなたの症状は「心因性です」などと説明するよりは、この人のほんとうの苦しみを自分は未だわかっていないのだ、と思って、そのことに対して応答してゆくといい場合が多い。

心理療法家は薬や手術によって、クライエントの苦しみを無くしたり、軽減したりすることはできない。われわれの武器は共感することと、その苦しみの意味を知っていることである。これらのことがしっかりしていないと、クライエントは何か不満を感じはじめる。しかし、そのことは直接的にはわからなかったり、表現できなかったりするので、症状のこととして訴えることが多い。クライエントの症状に関する訴えは、いろいろな思いをこめてなされているのである。

対人恐怖症の人の治療がすすんできて、大分よくなってきた。そんなとき、入室するや否や、「今週は調子悪く一歩も外へ出られませんでした」などと言われる。そんなはずはないと思って生返事《なま》をしたりすると、状態はますます悪くなる。これも、治療者が「順調にいっている」などと思っているときは、ついクライエントの苦しみに共感するのを忘れているし、「順調」にすすむときの方が、クライエントはそれだけ努力しているので苦しいわけだから、治療者とクライエントのそのような関係を回復しようとして、症状の悪化が訴えられるというわけである。そのようなとき、これほどうまくいっているのに悪くなるはずはない、などと思わず、クライエントの苦しみの方に焦点を当てるようにすると、それはすぐに乗り切られるのである。

治療者が非医師の場合、クライエントが身体の痛みや、不可解な身体症状を訴えるとき、時として、「私の苦しみは、先生にはどうしようもないでしょう」ということを訴えたがっているのではないか、と思われるときもある。こんなときは、医者を紹介しても、医者には行かないままで訴えが続くときがある。このようなときに、医者に行くと不思議に「手術が必要」とか「入院しないと危い」などと言われ、周囲の者があたふたしているうちに、何でもなかったことがわかって収まることがある。これは、おそらく周囲の人々がクライエントに対してどれほど心をつかったか、ということが大切なのであろう。

症状はクライエントにとって辛いものであるが、それによって自我が守られている面もあるので、治療者としては症状をなくしようと焦らないことである。筆者の体験ではないが、同性愛の人を急激に異性愛に変えると、強い精神症状が出現した例について聞いたことがある。同性愛にはいろいろ状態があり簡単には言えないが注意すべきことである。強迫症状の場合も注意が必要でゆっくりとすすもうと思うのが良策である。症状のこと、主訴のことを忘れてはならないが、そのことを中心において突き進んでゆくような態度にならない方がいいと思われる。

神経症の人を治療しているとボーダーラインのような症状になってきたり、ボーダーラインの人を治療していると精神病的な症状になってきたりする。そのときにすぐに、「ボーダーラインだ」とか「精神分裂病だ」と早急に「診断」しない方がよい。むしろ、心理療法の過程として、そのような症状の変化はある方が当然と言っていいくらいである。そのときに治療者があわてたり、あきらめたりすると、問題を深くしてしまう。あるいは、治療者が非医師のときは、精神科医に紹介するときに、その仕方によく気をつけておかないと、クライエントとしては、治療者に「見棄てられた」と感じてしまうことになる。このような症状の「悪化」と見えるときに、腰を落ち着けてゆく覚悟をもっていなくてはならない。

症状の変化という点については、そのほんとうのメカニズムは不明と言っていいのではなかろうか。これは今後研究すべき重要な課題だと思っている。ただ多くの人の協力と長年月を要することなので、組織的に研究することが困難である。筆者の経験から推察されることを少し次に述べておく。

まず言えることは、心理的症状と身体症状との間には、これまで考えられていたよりも、もっと関連があるのではないか、ということである。身体の病気、たとえば風邪などは、「休みたい」と思ったときや、後から考えて、「ゆっくりとペースダウン」した方がいいと思われるようなときに、よく生じていることに気づかれるだろう。あるいは、もっと長期にわたる病気なども、その人の人生にとって非常に「意味の深い」ものであることがわかることもある。ただし、このようなときに、単純に因果的に表現しないことは大切である。「休息を必要としたから風邪をひいた」などという類である。そのように言う方がわかりやすいので、たとえそのように言うとしても、それは物理学の「法則」のようなものではないことをよく意識している必要がある。

心身の相関は単純な因果関係でとらえられないところに、その特徴がある。それは、共時的に見る方がいい場合が多いように思われる。今後、研究がすすんでゆくとホルモンのバランスなど、因果的に説明可能なことが、ひょっとして見つかるかもしれない。しかし、ともかく今のところ、個々の現象を因果的にとらえて、操作することを考えるより、全体的に見て、その「意味」を把握するようにする方が得策と考えている。

心理療法によって、よい変化が生じるとき身体の病気になることは多い。その間は心理療法に通ってくることができないので、治療者抜きで「一人で考える」時期になったり、「休息」になったりする効果をもつようである。このとき、どのような症状の人がどのような病気になるなどの一般法則はないように思われる。このような病気の「意味」について、クライエントに説明しておいた方が、二次的な問題が生じてくるのを防ぐのでよいと思われるときと、説明抜きで一人で考えてもらうことの方が、一人立ちしてゆくためには望ましいと思われるときとがある。筆者はできる限り説明はせず、クライエントの生き方に合わせる方法をとっている。

子どもの問題で来談した親子を共に面接しているとき、親子関係が改善されてきたと感じられる頃に、子どもが身体の病気になるときがある。これは親が子どもの身体に触れる機会を与え——熱がないかと頭に手を触れたり、時には身体を拭いてやるなど——スキンシップの回復に役立つことがよくある。時にはそのことを親に告げて、そのつもりになってやってもらい成果を得ることもある。

心身症は今後ますます増加してゆくと思われるが、この問題も実に困難なことを多くかかえている。心身症を身体の病気として取り扱っているうちに治る、というのが一番好ましい道であろう。心身症だからといって「心理的アプローチ」をしても、その「心理的」と考えていることが表層のことである限り、それはそれで無意味とは言えないが、心身症の治療とはあまり関係がないのではないかと思われる。さりとて、深層にはたらきかけるといっても、それは容易なことではない。心身症がそれと「等価」と思われる心の症状として出現すると、精神病的な水準のものになることが多いと考えていいのではなかろうか。時にそれを克服して治癒することもあるが、並大抵のことではない。

長い夢分析を通じて、夢のなかの相当に凄まじい体験を経て心身症が治ることもある。既に述べたように、そんなことをせずとも、「身体」の病気として治ってゆくのもあるのだから、ともかく治療者としてはなるべく無理をしないように、自分の方からあまり心理的なことに手をつけないようにする方が得策であろう。おそらく、クライエントの生き方全体の流れに即して、いろいろと筋道が異なるのだろうから、心理的な道にクライエントがすすもうとするときは、従ってゆくことになるが、相当な覚悟が必要である。

症状が家族の間を変遷することは、よくある現象である。家族全体の問題を解決してゆく過程において、その「代表選手」が交代するようなものである。そのときでも、最初にクライエントとなった人とあくまで会い続けるか、症状が「移った」人をあらたにクライエントにするか、を慎重に考えねばならない。われわれは、「悪い」人を「よく」するために会っているのではなく、心理的課題を解決するために同盟してゆくのにふさわしい人と会っているのだ、と考えるといいであろう。

2　転移・逆転移

心理療法における治療者とクライエントの関係の重要性については、これまで何度も述べてきたとおりである。このことは、深層心理学では、治療者・クライエント間の転移・逆転移という考えで理解されてきたので、その線に沿って少し考えてみたい。

フロイトが最初ブロイヤーと共に、ヒステリーの心理療法を試みたとき、時に、患者が治療者に対して強い恋愛感情を抱くのに驚いてしまう。しかし、フロイトはそれは患者が幼児期における自分の思考や感情などを、治療者に転移したものと考えた。そして、そのような転移(transference)を分析することが治療につながると考えた。ところが、そのような感情は治療者から患者に対しても生じることがわかり、それを逆転移と名づけた。逆転移が生じることは転移の現象を分析するのを混乱させるので望ましくない、と考えられ、それを防ぐために、分析家はまず自分自身が教育分析を受ける必要があると考えた。

教育分析の必要性をフロイトに説いたのはユングであるが、彼は教育分析によって、「分析しつくされる」などということは考えられないとし、また、無意識の創造性を認める立場から、逆転移にはむしろ治療的意味のある場合があることを指摘した。その後、フロイト派も逆転移の治療的意味を認めるようになり、転移・逆転移の問題はひろく治療者とクライエントの人間関係として、否定・肯定の両面から考えられるようになった。

逆転移の治療的意味と言っても、単純に治療者がクライエントに対して感じる感情をそのまま出してゆけばよい、というようなものではない。逆転移の意味を指摘しているユングがまず教育分析の必要性を説いていることを忘れてはならない。そこで、逆転移をふたつに区別して、治療を妨害する逆転移と、治療に役立つ逆転移とに分けることは、フロイト派、ユング派とも考えられている。それらは異なった名で呼ばれているが考えは共通で、治療者の神経症的なコンプレックスによるものは妨害的にはたらくし、本来的な感情は有効にはたらくと考える。このような区別は実のところそれほど明確にはできないが、一応の目安として心得ていた方がいいであろう。

実際の場面においては、ともかく対話は続くし、感情も自然に流れるわけだから、いちいち自分の感情をチェックなどしていられない。妙にチェックなどしていると流れが壊れてしまうだろう。こういうところは、スポーツなどと同様で、夢中でやっていることが道理にかなうようになるように、実戦を通じて訓練されることが必要と思う。このためには最終章に論じるスーパーヴァイズが必要ということになる。ともかく修練を重ねることによって、自分の自然な感情の流れが有効な逆転移になるのである。そのためには、面接が終った後で、記録をつけながら考えてみることも必要であろう。ともかく記録を詳しく書くことは大切なことで、それを書くことによって、いろいろ反省点が意識される。そのような反省や自分自身の感情などを書いておくのもよい。

面接しているときも、いろいろと意識するのでなかなか自然には動けぬものだが、最近では筆者は喜怒哀楽の感情が割に自然に出て、それを自分でひとつの大切な自然現象のようにして認めているところがある。人によって異なると思うが、筆者は怒りを表出するのが下手だったが、この頃は怒りは怒りとして表出できるようになったと思っている。

ある若い男性のクライエントが自分の子ども時代にどれほど苦しい経験をしたかを語られ、特に父親が厳しいというより残酷と言っていいほどであったと話された。涙ながらの話だったが、筆者は何だか感情がついてゆけずにいた。すると、クライエントが急に怒りはじめ、これほど辛い話をしているのに、聴いている治療者は涙を流さずに平気でいるのはけしからんと怒り出した。涙を流さないなどと言われても、涙は流そうとしても流れるものでもないので、涙が出ないのは出ないのだから仕方がないなどとわれながら薄情な応答をしていると、クライエントはその答がなっていないと猛烈に怒り、怒りと涙の時間がしばらく続いた。やや収まってくると不意に、「先生、私がこのように目上の男性に正面から怒ることができたのははじめてです」と言う。このときに、筆者は感情の流れるのを感じ、それまで、この人の冷厳な父の役割を知らずに演じていたことに気づいたのであった。もちろん、この人にとって治療者に対して怒れたことは、父親に怒りをぶっつけたのと同様の効果をもち、治療の過程がすすむきっかけとなったのである。

逆転移の治療的有効性というとき、ポジティブな感情だけではなく、このようにネガティブな感情も意味をもつときがある。劇で言えば、主人公に対する敵役をうまく演じていることになるのである。従って、治療者がネガティブな感情をあまり抑えないようにした方がよい。

ところで、この例に示したようなのは、「烈しい」ものではあるが、あまり「深い」ものではないと考える。深い転移が生じたときは、このような烈しいやりとりをしなくとも、もっと内的に体験しそれを認めてゆくことが起こるものと思われる。転移・逆転移というときに、父・息子、母・息子、恋人、友人などなどの人間関係で考えられることに、あまりこだわる必要はない。むしろ、そのようなときは浅いものになりがちな気がするのである。イメージ的表現をすれば、クライエントと治療者とが横につながるのではなく、両者ともに、それぞれの深みへとつながってゆくことによって、つながる、という感じなのである。

演劇にたとえて言うならば、先に示した例のように治療者が俳優として登場するのではなく、「舞台」になっているような感じともいえるであろう。あるいは、舞台監督の役をしているときもあるだろう。しかし、大切なことは「脚本」は治療者が書くのでも、クライエントが書くのでもない。無意識の世界から生まれてくる可能性にそれをゆだねるのである。そのとき、それを共有しようとする、という意味で、転移・逆転移はほとんど同じものであるともいえるが、治療者の方がクライエントよりは、それをより明確に早く認識している、と言えるであろう。従って、舞台監督は治療者がすることになるのだが、時には、役の逆転が起ることもあるだろう。常に微妙な役の逆転可能性を秘めつつ、過程が進行するところに心理療法の特徴がある。そのような可能性に対しても常に心を開きつつ、しかし、より早く事態を認識することができる、という意味で治療者とクライエントとの差が生じるものと考えられる。

クライエントの転移が個人的なものであるか、集団的《コレクティブ》なものであるか、についてある程度の区別をする必要がある。たとえば、個人としての母に対する感情の転移なのか、母なるものとしての元型的イメージの転移なのかについて判断する。元型的イメージは人間的なものを超えるので、それに気づかずに応えようとする逆転移を起こしてしまうと、破綻してしまう。それよりも、治療者は自分にとっての、母なるものの元型が今どのような意味をもって作用しているかを、できる限り意識化することに努めねばならない。クライエントに対して直接にどうこうするというのより、自分が自分の無意識と取り組むことの方が大切である。このようなときは、そのクライエントとの関係で夢を見ることが多いので、それに対して注意深くあらねばならない。治療者自身の仕事の遂行と平行して、クライエントは治療者への個人的結びつきを解消して、自律的に自分の課題と取り組むようになるのである。

前述のようなことが行われているときは、外見的には目立った感情の動きがないので、「静か」ではあるが、転移がはたらいていないのではなく、「深い」転移・逆転移が生じているのである。もちろん、夢ではいろいろ「烈しい」体験が生じるが、それは内的・象徴的に体験されてゆくのである。

次に、援助者相互間の神経症的逆転移の現象について述べる。たとえば中学校などで、一人の生徒をめぐって、カウンセラーは担任の教師が厳しすぎて困ると嘆き、担任教師はカウンセラーが甘いので仕方がないと言う。そこで調整に乗り出してきた教頭先生が、また二人の間に巻き込まれ、今度は三つ巴になって攻撃し合うなどということは、よく生じることである。これは異なる職種の間でもよく生じてきて、心理療法家と医者、看護婦、あるいは家庭裁判所の調査官と学校の教師などなどの間に生じることもある。

筆者はこのような「もめごと」の仲裁役をすることも多かった。いつも申し上げてきたことは、お互いが向き合って喧嘩する前に、もう一度皆でそのクライエントの問題を見直そう、ということであった。そうすると、クライエントの置かれている困難な状況がよく理解できてくる。そして、いうならば、クライエントの苦しみに相応する騒動が援助者間で持ちあがっていることが認識されるのである。そうなると、全員のクライエントに対する理解もすすみ、お互いの神経症的な逆転移感情が弱められるのである。

援助者相互間の逆転移によるもつれは、クライエント自身の問題の大きさとそれに対処してゆくべきクライエントの自我の弱さに比例して生じているところがある。そして、クライエントの行動は無意識的に、そのようなことが生じるように動いているときが多い。たとえば、Aのところに行ってはBの悪口を言い、Bのところに行ってはAの悪口を言っている、というように。そのようなことに気づいたときに、クライエントが嘘をついているとか、だまされたとか言う前に、自分たちはクライエントのほんとうの問題を把握し得ていたか、と考えてみるとよいように思う。

3　解釈と洞察

洞察という言葉は、なかなか魅力のある言葉である。クライエントが自分自身について、あるいは、自分の置かれている状況などについて、今まで気づいていなかったことを、「はっ」と気づく。そのことによって新しい展望が開け、状況が改善される。そのような「洞察」を得ることが、心理療法において極めて大切であり、治療者はそのようなことが生じるように援助しなくてはならない。そこで、クライエントの洞察を助けるために、治療者は適切に「解釈」を与える。このような考えはわかりやすいし、そのような例も多く提示されてきた。しかし、この点については相当に考え直す必要があると思われる。

まず、前記のような考えは、治療者中心に構成された「物語」としての性質が強すぎるように思われる。治療者の「つげる」解釈によってクライエントが洞察すると考える人は、第八章において「かたる」ことと「つげる」ことの差について論じたことを思い出してほしい。その際、治療者ははっきりと自分を上下関係の上に位置するものとして考えている。本来の「かたる」立場に戻るならば、解釈も「つげる」よりは「かたる」ものであるべきだし、もし、洞察があるとしても、治療者によって与えられるものではなく、治療者とクライエントの共作した「かたり」のなかから生まれてくるはずである。

解釈について考えるときに思い出すのは、大江健三郎が作家と読み手の関係について述べている言葉である。これについて彼は次のように述べている。「小説をつくり出す行為と、小説を読みとる行為とは、与える者と受ける者との関係にあるのではない。それらは人間の行為として、両者とも同じ方向を向いているものである。書き手と読み手とは、小説を中心においてむかいあう、という構造を示しているのではない。[1]」あるいは、小説を読みとるということは「小説を書いてゆく者の精神と肉体によりそって、同じ方向に向いて進む行為」であると述べている。

このことはクライエントと治療者との間についても言えるのではなかろうか。クライエントの提示する「作品」に対して、治療者はそれを「その精神と肉体によりそって、同じ方向に向いてすすむ行為」としての発言をすべきであり、それが望ましい「解釈」というものではなかろうか。実のところ、何度も繰り返すように、治療者とクライエントとの間には逆転が生じることがあるが、「同方向に向いてすすむ行為」として見れば、逆転が生じたとしても、どちらがどちらに「与える」、「つげる」という関係は生じないのではなかろうか。

このようなイメージとして、二人が同行してすすんでゆくことを考えるとき、「洞察」によって、「はっとわかる」というよりは、ともかく二人共に歩み続けることの大切さを感じさせられるのである。自分自身が長い教育分析を体験し、また多くの人の心理療法を行なってきたことから考えて、筆者としては、膝をたたいて、はっとわかるというイメージよりも、歩き続けに歩き続け、ジワジワと少しずつ変ってくるという実感の方が強いのである。

歩き続けるというイメージで言えば、洞察というのは、たとえば「京都に着いた」ということであって、確かにそれはここは京都なのだという認識はあるとしても、別にそれは京都のことを「知った」というのではない。京都を知るためには、大分あちこち歩き回ることが必要であろう。同じ道を何度も通る必要もあるだろう。そして、相当の期間を経て京都のことが大分わかったといっても、知りつくすことはないであろう。それに、いつまでも京都にいることはできなくて、次の目的地に向かって歩き出さねばならないかもしれない。このようなイメージで「洞察」ということを考えるのならばいいが、それを一挙にして京都を知りつくす、というように思わない方がいいように思うのである。

以上のように考えてくると、クライエントの洞察的な言葉によって惑わされるのを避けることができるであろう。クライエントが「洞察」のようなことを言ったとき、「わかってくれた」と安心してしまうのはよくないのである。「わかる」ためには、それ相応の苦労が必要である。クライエントが苦しんでいるときに、治療者が安心してしまうのはよくない結果を招く。

次に夢分析や箱庭療法、絵画療法などにおける「解釈」の問題について述べる。一般には、夢を語ったり、箱庭をつくったりすると、それを見て治療者が「解釈を与えてくれる」と思われている。しかし、既に述べてきたように、治療者はそんなことはしない。もちろん、この際、一番大切なことは、治療の過程をすすんでゆくための治療者の開かれた態度であり、治療者とクライエントとの間の「深い」関係である。そして、その過程が順調に流れているときは、箱庭療法のときなどは、何も言わない方が望ましい。もちろん、そこに感じられた自分の感情は表現するとしても、いわゆる「解釈」めいたことは何も言わないのである。

「解釈」とは、その対象となることに対して意味を与えることである。たとえば、「ライオンに追いかけられる」夢を見た人が、何の意味か全然わからないと思っているとき、「そのライオンはあなたの父親ではないでしょうか」という解釈をすると、その人は、自分と父親とのそれまでの関係や父親に対する感情などと結びつけて納得する、つまり、意味づけられたことになる。ところで、ここで夢の機能について考えてみると、それは無意識の領域から送られてきたものであり、それは自我＝意識にとってのみならず、無意識にとっても「意味」をもつものである。それに対して、自我にとっての意味づけのみをして納得してしまうことは非常に危険であり、また、惜しいことでもある。無意識にとっての意味などというのはナンセンスと思う人に対しては、現在の自我にとってではなく、発展する可能態としての自我にとっての意味、とでも言えようか。意味を閉じられた領域にはめこむのではなく、領域を開き拡大してゆく方向での意味、として受けとめようとするのである。

平たく言えば、「わかってしまうと終りになる」のである。一人の子どもを「札つきの非行少年」として「わかってしまった人」にとって、その子どもにどう接するかはきまりきったことになり、その少年は確かに非行少年であることにまちがいない、ということになろう。しかし、どのような子どもになっていくのか「わからない」として、多くの可能性を考えつつ会ってゆくときに、彼は変化してゆくかもしれないのである。夢のなかのイメージも同様である。ライオンを「父親だ」とわかった途端に失うものがある。

しかしながら、何もわからないわからないの繰り返しをしていても、それは無意味になるだろう。そこで治療者として考えるのは、意味がわかり、それを解釈として与えるのではなく、意味を深め、その方向に共に歩もうとするのである。それを「解釈」と呼ぶのなら、それはそれでいい、ということになる。箱庭療法の場合は、幸いにもそれをつくっている本人がそれなりに意味を感じとったり、つくる途中で変更したり(ということは本人なりの「解釈」がそこに盛りこまれているのだ)するので治療者があまり言語化する必要がないのである。夢の場合は箱庭よりも意識の関与が少ないのと、ある程度言語化してゆくことをしないと、まったくわけがわからなくなってくる。

ここで第八章に述べた「物語」のことを思い出していただきたい。われわれの人生という長い「物語」。あるいは大きく考えれば、人類という「物語」。その一部として心理療法の過程という物語があり、その一部として、ひとつの夢もまた物語としての性格をもって存在している。それらをどう読むかが「解釈」であり、より大きい流れのなかにある物語をうまく位置づけられたときは「洞察」ということになるだろうか。それは自分がどこかで記憶した外国語に、何かの言葉やイメージを単に置きかえてみるだけのこととは、はっきりと異なることである。

筆者は時に誤解されて、言語化に反対しているように思われているが、そんなことはない。治療の過程に生じたことは、できる限り言語化すべきと思っている。また、その努力を続けてきたつもりである。ただ、前述したような自分の知っている理論とやらに照らして、「当てはめごっこ」をして「わかった」などと思われるとたまったものではない、と思っているだけである。

4　トリックスター

心理療法は文化人類学から実に多くのことを学ぶ。筆者が学んだチューリッヒのユング研究所では、資格を得るための前期の試験科目として文化人類学があり、講義も聴いた。非近代社会の文化について学ぶことは、神話や昔話の研究と共に、現代人の心の深層を知る上で大いに役立つのである。

イニシエーションについては既に述べた。文化人類学より学ぶことは実に多くあるが、イニシエーションと共に、もうひとつ重要なこととして、トリックスターのことを取りあげたい。トリックスターについては、わが国においては山口昌男の研究が意をつくしたものであり、彼の道化論によって多くの示唆を受けた。それについては既に発表してきたが、(2) トリックスターはあまりにも重要なことなので、ここに少し言及することにした。心理療法の本質ともいえる、破壊—再建設というプロセスにおいて、トリックスターは大活躍をするからである。

心理療法の場面において、トリックスターとしてクライエントが現れるとき、治療者がトリックスターとなるとき、両者の無意識内でトリックスターがはたらきはじめるとき、治療の過程に思いがけないトリックスターが侵入してくるとき、などさまざまの形でトリックスターが活躍する。

トリックスターとはもともと神話や昔話などで活躍する者で、変幻自在で神出鬼没、何をやり出すかわからないのである。最低のときは単なるいたずら者で、いたずらが露見して殺されてしまったりするが、トリックスターの思いがけない活躍によって、今まで無縁と思われていたものが関係づけられたり、真実が明らかとなったりする。確かにそれは旧秩序の破壊者であるが、それが新秩序の建設に結びついてくると、英雄として祭りあげられることにもなるし、ユングの言うように、「救世主の像との近似(3)」さえ認められる。

まず、クライエントとしてのトリックスターを考える。学校や家庭内で「困り者」とされている子どもは、多くの場合、そこの古い体制を破壊するためのトリックスターであることが多い。従って、心理療法家は、「困り者」を「よい子」にしようなどとは思わず、なし得れば、そのトリックスターの活躍によって古い体制が破壊されるのみならず新しい体制がつくられる方向に向かう道を共に歩みたいと思う。しかし、そのためには破壊を建設に変えるだけの強さが、本人にも本人を取り巻く周囲の人にも必要となってくる。周囲の人々が十分に強くないときは、トリックスターによる破壊を恐れ、トリックスターを殺すことのみを考えるであろう。そのあたりのことをよく配慮して、心理療法家は、いうなれば、トリックスターがヒーローになる道を共にすすもうとするのである。

ギリシャ神話のなかのトリックスターの代表はヘルメスである。ヘルメスは「境界」に出没することの多い神であるが、まさにそのとおり、「境界例《ボーダーライン》」の人々は、トリックスターそのものである。心理療法家はその巧妙な

「トリック」にふりまわされ、へとへとになってしまう。境界例の人たちはトリックスター元型に取りつかれているようなもので、無意識的に動くので、そのトリックは巧妙を極め、治療者はそのために烈しい怒りを誘発されたりする。治療者・クライエントの関係も常に破壊の可能性にさらされているわけである。そして、その破壊から建設がもたらされることもあり得ることを、治療者はどこかで意識している必要がある。

無意識内のトリックスターがはたらくように考えられるとき、治療者、クライエントの思い違いや、忘却、言いまちがいなどのことがきっかけとなって、不思議なことが生じる。決して言ってはならないことを言ってしまうとか、電話がかかってきたときに人まちがいをして応答するとか、約束をまちがうなどのとき、それは大失敗になりかかるが、失敗をしてしまったと単に反省するだけではなく、内なるトリックスターは何を狙っているのか、などと考えてみると、禍転じて福となることも生じてくる。困難な事例では一筋縄でゆくことはないので、このような危険をこえてゆくのはむしろ当然と思っていいだろう。

西洋の中世におけるトリックスターの最高の活躍の場である、カーニバルの祝祭空間の特性を山口昌男が明らかにしている。[4] それは多くの人が集まる「市場」というまったく開かれた空間であるが、現代の「セラピールーム」という密室空間が実によく似た特性をもっていることに気づかされ、興味深く感じたのである。山口昌男によれば、中世のカーニバルの「生の形式は、公的な固定した、いかめしい、高圧的な世界とまったく異なった、真に自由で流動的な世界を触知することを可能にするものだった」。ここで、彼は市場のもつ象徴性を分析して、それは「開かれた世界」であり、人々の「自由な接触」を可能とし、誰も「平等、または対等」であり、人や物の「流動性」が認められる。人々はそこで所有物を手放したり、獲得したりする「変貌」を経験し、「非日常」のイメージを喚起する、と論じている。

ここに示した「市場」のもつ象徴的特性は現在の心理療法の部屋とぴったりのものと思われる。まず、それは「密室」でありながら――というより、密室であることによって――治療者もクライエントも共に無意識に対して「開かれた」空間にいる。その開放された空間のなかで、無意識界に住む人々――そして動物まで――が「自由に」、「平等に」接触するのである。そのような「非日常」の世界のなかで、治療者もクライエントも自分たちの心のなかに「流動する」ものを感じ、自由な交換が生じて「変貌」を体験する。そして、そのような場においてこそ、トリックスターが自在に活躍するのである。このような危険に充ちた空間を確保するためには、「密室」を必要とするというパラドックスは現代の特徴といっていいだろう。かつてはそれは広場で行われていたことなのである。一人の人を相手に部屋にはいるとき、実はそれは多くの人々との接触をはじめることになるという自覚が必要である。

クライエントが思いがけない家出の決意を述べたりするときに、「先生も賛成していただけると思いますが」と確信していたり、もっと極端になると、「先生のおっしゃっていたとおり」などと言うこともある。そんなことはまったく事実に反するなどと考える前に、無意識内のトリックスターが活躍している現実をまず把握するべきである。といって、何もそれをすぐに肯定する必要はない。トリックスターにいつも動かされていたら、破壊の連続ということだけになってしまう。

あらゆる創造活動は何らかの意味において、境界への挑戦である。そのような意味で、トリックスターは創造性と関連が深い。創造的な人はトリックスター元型との接触を失わないように心がけているべきであるが、トリックスターに乗っ取られてしまうと、単に「嫌な奴」になるだけだったり、破壊者になるだけだったりする。

5　アクティング・アウト

心理療法によって他人の自己実現の援助をするのだなどとまで思わないにしても、悩んでいる人を助けてあげたい、というような気持で心理療法をはじめた人が、すぐにやめてしまう要因のひとつとして、クライエントのアクティング・アウト(acting out)がある。クライエントが内面的に遂行すべきことを、外的な行動として表出してしまうのが、アクティング・アウトである。甘い気持ではじめた人が、クライエントの極めて破壊的なアクティング・アウトによって傷つき、それ以後心理療法を行う気にならない、というわけである。

早い話が、心理療法の底流として、常に「死と再生」ということが存在しているので、それをアクト・アウトするならば、自殺ということが生じるわけである。治療の過程のなかで、死にたいとか死ぬとか言ったり、実際に企図したりということが割によく生じるのも、このためである。あるいは他殺ということもある。ある人の急激な変化を願うならば、その人の再生の願いは無意識内にあるとしても、アクト・アウトすることはその人の殺害ということになるだろう。人間は成長の過程においては、象徴的な「母親殺し」や「父親殺し」を必要とするときもあるのだ。

あるいは、心理療法における「深い」関係というのをアクト・アウトすると、心理療法家とクライエントの恋愛関係や、性的関係にまでなってくるであろう。後者のようなアクト・アウトは、治療関係を破壊してしまうことにもなる。治療者は自分の逆転移感情を意識化し、その意味を知ることによって、アクト・アウトを回避しなくてはならない。

アクティング・アウトは無いにこしたことはない。既に本章の第2節において転移・逆転移の「深さ」について論じたように、深い関係が成立しているときは、治療者も外的にはほとんど何もすることはないし、クライエントにとっても別に何ら「劇的」なことが起こるわけでもない。しかし、成長への過程は確実に進行する、という形をとる。もちろん、夢のなかでは劇的なことが生じることもある。他殺もあるが、時に自分の死をはっきりと夢に見ることもある。このようにして心理療法がすすんでゆくときは、治療者としてほんとうに有難いと思う。二人で物語の創作を楽しんでいるようなものである。しかし、このようなことはあまりない。

自己実現とか個性化の過程とかいっても、それはいろいろな道筋をとる。心理療法の場合、特にユング派の分析家は内面的成熟に目を向けがちであるが、やはり、内的・外的いずれも同等の重要さがあり、どちらに重点がかかるかはその人の個性によって異なる、と見るべきであろう。ただ、両者の間にある程度のバランスはあるべきで、その点については心理療法家は常に注意深くあるべきだが、内的・外的、どちらの方に価値があるとか、重点があるとかはきめつけない方がいいと思われる。筆者がこれまでかかわってきた人たちを思い起こしても、いろいろな場合があったと思う。

このように考えてくると、アクティング・アウトの評価も少し変ってくる。それに、クライエントの行動が意味のある行為か、アクティング・アウトかという区別もあいまいになってくるのである。特に年齢が若くなるほど、人間は行動によって学ぶ、あるいは失敗によって学ぶことが多いので、治療者がアクティング・アウトということを恐れすぎていると治療はすすまないのである。

不登校の子どもが家に閉じこもり、昼夜逆転の生活をして家族の悩みの種になっていた。ところが、少し明るい感じになり昼間に外出したりするようになったが、彼に言わせると、「自分は次の誕生日に自殺をする」ことを決心し、どうせ死ぬのだからそれまでは好きなように過ごそうと思うと気分が楽になってきたのだ、とのこと。もちろん、学校のことなどまったく問題にならない、というわけである。両親はそれを知って大慌てで治療者のところに相談にくる。

このようなとき、両親が治療者にすぐ訊きたがることは、「ほんとうに死ぬ気ですか」、「おどかしですか」ということである。ほんとうに死ぬ気なら何としてもとめねばならない。もし「おどし」なら放っておけばよい、というわけである。だいたい人間が二者択一的に結論を焦るときは不毛なことが多い。どうせ「おどし」だろうと両親が安心してしまうと、子どもの方は最初はそれほどの気持でもなかったのに、ゆきがかり上何かのことはせざるを得ないという状況に追いこまれてくることもあるだろう。

要するに、子どもの内部に生じてきた可能性Xはその表現をするとき、子どもの表現能力と、聴き手である両親、治療者たちの受容能力との関係のなかで、「次の誕生日に自殺する」というのを、もっとも適切な表現として選んでいるのだ。大切なことは、ほんとうに自殺するのかどうかの判断ではなく、そのXをよく理解し、Xに対して反応することなのである。もちろん、そのXはすぐにわかるはずはない。しかし、治療者としてはすぐに「生きていることは大切だ」という説教をしてみたり、自殺防止のために入院を決定したりするよりは、もっとその子どものことを深く知ろうとする態度に出るだろう。そこには、自分はこの子の大切なXを知り得ていない、という自覚が伴うであろう。そのような姿勢に接して、子どもの表現も徐々に変化してゆき、Xの表現として「自殺」ということが意味をもたなくなるであろう。

治療者はこのように考えているとしても、両親にそれをわからせるのは非常に難しい。しかも、両親は二者択一的な結論を焦っている。理論を述べたてても意味はない。相手の「納得がいく」言葉が必要であり、治療者の態度の一挙手一投足が大切なのである。相手の頭にではなくハラに作用する表現を考えだすのは、なかなか大変なことである。

心理療法において「受容」が大切と考えて、クライエントの言動を簡単に許容してしまう治療者がある。これは欧米に比して日本に多いのだが、そのことによって治療をかえって困難にしてしまう場合が多いので注意を要する。たとえば、クライエントが「父親をなぐってやる」、ひどいときには「殺してやる」などと言うときに、既に述べたようにその表現の背後にあるものに注目するのではなく、その言葉をそのまま容認してしまうのは問題である。もちろん、このようなとき、一般の「教育者」の言うような「父親をなぐってはいけません」とか「父親を尊敬しなくてはなりません」という類のことを言ってみても意味はない。しかし、「受容」ということを誤解して、ただ黙って聞いていると、クライエントとしては強い不安を感じるときがある。父親をなぐるなどと言っているとき、「なぐってはいけない」と治療者にとめられることを前提として言っているときがあるのだ。とめられることによって行動化を防止されるという安全性と、とめられたことに対して、「先生は私の気持がわからないのだ」などと攻撃を向けられる、というふたつのことが成就できることに意味を見出しているとも言えるのである。そんなときに黙っていられると、クライエントとしてはどうしていいのか不安が急に高まってきたりするのである。

クライエントの「表現」というものは、治療者の在り方とのかかわりで出てくるものであることをよく知っている必要がある。「死にたい」とよく言っていた人が、そのようなところを抜け出た後で、「死にたい、という言葉でしか生きたい気持を伝えようがなかった」と言われたことがあった。生きねばならぬし、生きたいと思う。しかし、あまりにも苦しい。その苦しみをなかなかわかってくれない。とすると、「死にたい」とでも言うより方法はなかったのだ。つまり、治療者がもっと、その人の生きる苦しみがわかっていたとしたら、生きたいというもっとストレートな表現がなされたかもしれない。しかし、このときは「死にたい」と言うより外はなかったのだ。

クライエントのアクティング・アウトを、治療者に対する何らかの「表現」としてみること、治療者の共感力がもっと高かったら、そのようなアクティング・アウトは不要かもしれないこと、これらの考えを忘れてはならない。このことは、アクティング・アウトがすべて「治療者の責任」だと言おうとしているのではない。しかし、ともかくすべてはクライエントの責任と考えて責めるのも単純すぎるのである。クライエントは治療者に対してのみ表現しようとしているのではなく、「世界」に対してそれをしているのだが、治療者はいうなれば「世界」の代表として、その表現を読みとかねばならないのである。

非行少年の心理療法をするとき、よく体験するのは、いわゆる「裏切り」の行為――アクティング・アウトと見なされるが――である。ある独身の高校の教師が非行を行なって退学になりそうになった高校生を、自分のアパートに一緒に住むように引き取って指導をする。驚くほど急激によくなって喜んでいたら、その教師の月給を盗んでとび出し行方不明になってしまった、などというのはよくあることである。そんなときに「恩を仇で返された」とか「裏切り」とかいうことがある。しかし、それを、その高校生の教師に対する「表現」として読むとよくわかることが多い。

少年が急によくなってくるとき、彼は相当な苦しみを味わっているし、耐えてもいる。そのときに教師が他からほめられることもあって、自分が「よくしてやっている」と思ったり、誇らしげに感じたりすると、そのことを少年は敏感に感じとるのである。教師は自慢をしたいだけのためにやっているのではないか。そもそもほんとうに自分のことを考えてくれる人などいるはずがないのだ。このような考えが強くなってくるとき、少年は「先生、本気ですか」と訊きたくなるのではなかろうか。あるいは、彼は何度も親や世界に自分の期待を裏切られてきた苦しみを伝えたいと思うのではなかろうか。彼は自分の感情のもっとも適切な表現として、いわゆる裏切りなるものをしたのではなかろうか。

心理療法家が、クライエントの相当なアクティング・アウトに長くつき合うのを見て、随分と辛抱強いなどと言われることがあるが、別に辛抱したり、忍耐したりしているわけではない。自分の能力を知り、クライエントの表現がわかってくると、まずこんなところか、と思いつつつき合っているのである。こちらにもっと凄い共感の力があれば、クライエントもそれほどアクティング・アウトは繰り返さないだろう、とも思うのである。

クライエントは治療者の微妙な心の動きを察するのに、非常に敏感で、「先生は慢心していただろう」とか、「安心して気を抜いていただろう」などと的確に指摘することもある。そのときはそれを認めてあやまることが必要だが、不必要にあやまり過ぎることはない。そのようにすると、クライエントは急激に不安に陥り、罪悪感をもちすぎたりして、ますます、アクティング・アウトに走ってしまう。あやまりすぎると、この治療者は頼りないと思って不安になってくるので、どこまで頼り甲斐があるかを確認するためのゆすぶりをかけざるを得なくなるのである。

失敗したときに、それにふさわしく、多くもなく少なくもなくあやまるのも難しいことである。しかし、スポーツにしろ芸術にしろ、「適度」というものがあって、それをピタリときめるのが芸なのだから、心理療法家は「心」のことについて、適切なところをきめる修練を積むべきであると思う。治療者の「適切な」応答が、相当にアクティング・アウトを減少させると考えられる。もちろん、既に述べたように、ある程度はアクティング・

アウトがないことには、先にすすまない場合もあるのも事実ではあるが。

注

（1） 大江健三郎『小説の方法』岩波書店、一九七八年。

（2） 河合隼雄『影の現象学』講談社、一九八七年、にトリックスターの心理療法における意義について論じている。〔本著作集第二巻所収〕

（3） C・G・ユング「トリックスター像の心理」、ラディン／ケレーニィ／ユング、皆河／高橋／河合訳『トリックスター』晶文社、一九七四年、所収。

（4） 山口昌男『道化の民俗学』筑摩書房、一九八五年。

第十章　心理療法の終結

心理療法の終結というのも難しい問題である。深く考えだすとわからないところがたくさんでてくる。人間の成長には限りがないはずだし、心理療法が人間の成長にかかわるのであれば、終りがあるのはおかしいということになる。たとえば、宗教家が自分は悟りを開いたというので、祈りもしなければ修行もしないというようになれば、おかしいと思われるのではなかろうか。

心理療法を長い間受けている人は、それによって得るところがあるので、終りたくないと思う。あるいは、一応は終ったという形になっていても、何かにつけて相談にきたり、電話をかけてきたりすると、どうなるだろう。形の上で終っていても、心理的には終っていないということにもなろうが、これをどう考えるべきだろうか。あるいは、治療者やクライエントの転勤などで、どうしても関係が続けられ難いときがある。そのときにどうするべきかも問題である。あるいは、治療者としてはまだまだ続ける可能性があると思っているときに、クライエントがやめたいというときもある。いったい「終結」ということを、誰が何によって決めるのか。考えはじめると大変な問題ばかりだが、一応、次にそれらについて論じることにしよう。

1　終結とは何か

心理療法の終結について考えるとき、よく思い出すのは、グリムの昔話の「黄金の鳥」である。ある王様の庭にある黄金のりんごの木から、毎晩ひとつのりんごが盗まれる。それは黄金の鳥が盗むからだとわかり、王はその鳥を取ってくるようにと言う。王の言いつけで旅にでた第一、第二の王子は、狐が忠告してくれたことに従わず、遊びほうけて帰ってこない。第三の王子は狐の忠告に従って、黄金の鳥のいる城にはいりこんでゆく。しかし、狐はそのときに鳥を木のかごに入れてくるように忠告していたのに、せっかく黄金の鳥を入れるのだから、と傍にある黄金のかごに入れる。すると、鳥が鳴いて見張りに見つかり捕えられてしまう。そこで罰として黄金の馬を取りにいかされる。狐がまたやってきて、私の忠告をきかないからですよ、と言いながらもまた馬を盗る方法を教えてくれる。この際もすべて狐の忠告に従いながら、最後のところで、狐の忠告に反して、黄金の馬には黄金の鞍が似合うと考えて、失敗して捕えられる。

王子は殺されそうになるが、黄金の城の美しい王女を連れてくるなら許すということになる。またもや狐の助けで王女を連れてこようとするが、最後のところで狐の忠告を破って、姫が父親に別れの言葉を言うのを許したために捕えられる。罰として与えられた、山を動かすことも狐がやってくれ、結局は、王子は王女、馬、小鳥のすべてを手に入れて帰国する。そこでは第一、第二の王子の妨害があるがその点は省略する。第三王子は姫と結婚してめでたしめでたし、というそのとき、狐は王子に「自分を打ち殺して首と手足をちょんぎってくれ」と言う。王子ははじめのうちは承諾できなかったが、とうとう言われたとおりにする。すると狐は人間に変身し、それは姫の兄だったことがわかり、ますますめでたしで終りとなる。

この話を心理療法の過程の類比として読んでみると、興味深い点は、主人公が狐の忠告に反することによって、ますます困難に陥ってゆくように見えながら、結局はそのことによって得るものが多くなっていっているという事実である。

このことは次のように考えられるだろう。狐の知恵というのは、黄金の鳥であっても木のかごに入れてくればいい、それでうまくゆくというのだが、人間の知恵は、せっかく黄金の鳥をもって帰るのなら、黄金のかごの方が似合うというのである。狐から見ると、浅はかな知恵ということで、それによってあらたな困難が生じる。しかし、それはまた獲得するものが増える基礎にもなるのである。神経症の症状をバネにして、心理的課題が解決されたと思っても、症状が消えなかったり新しい症状や問題がでてきて、どうなっているのかと思っていると、新しい心理的課題が浮かびあがり、それと取り組んでゆくことになる。このような人はこの話にピッタリなのである。つまり終結が遠のくことによって、仕事の遂行も増えてゆき、得るものが多くなるのである。

心理的仕事の遂行と症状の消失が重なると、終結をきめやすい。しかし、時に症状が残ったり、新しい症状がでてきたりするとき、前述の話を思い起こすと了解されることがある。先にも述べたが、自分の症状は不変で、十数年の間、通っておられるうちに、家族の症状が消失していった例があったが、その人の課題には家族のことも深くかかわっていたのである。もちろん、症状が不変で長く続く人が皆このような人とはいえない。グリムの昔話のなかの第一王子、第二王子のようになすべきことをせずにいて、そのままの状態というのもある。このようなときは、心理的課題との取り組みがなされないので長びいているのである。

この昔話が示すように、心理療法もどこかのところでそれなりの終りがくる、ということが考えられる。「お話」としては、めでたしめでたしで終っているが、この王子にしても結婚後にどのような困難がふりかかってくるかわからない。しかし、それはもう自分の力でやり抜いてゆこうということであろう。最後のところで、狐を打ち殺し、それが人間に変るところは印象的である。ここのところはいろいろな解釈があり得るが、われわれの関心にひきつけて考えてみると、無意識内に存在する知恵の顕現としての狐のイメージを、もし治療者に投影していたクライエントがいたとすると、ここで、そのようなイメージを「殺し」て、それが人間となる、つまり、自分と同等の存在となるところで、終結になる、というような読みとりもできるであろう。

事実、次節にも述べるが、終結に当って、治療者の死の夢を見たり、子どもが遊戯療法で、治療者を遊びのなかで「殺す」ことをしたりするのはよくある。それは、治療者との非日常空間でのつき合いは終りとなることを宣言するものであろう。

長期間にわたって会っている人は特に、終結が近づくと不安を感じるのも、むしろ、当然といっていいであろう。別れることの不安を防ぐために、新しい問題を「探し出して」きて話をするようなことや、時には新しい症状が出現したりすることさえある。そのようなとき、終ることに伴う不安について話し合うことが必要である。筆者は申し込みを受けながら、手一杯で待ってもらっている人のことを考え、できるだけ早く治療を終結にしようとする姿勢をもっていたが、それが前面にですぎると、かえってクライエントを不安に陥れ、しがみつきたいような感じにさせて長引くことになるように思われる。

何しろ、心理療法は一対一で行われるので、「効率」を考える人からは非難されることがある。もちろん、他に効率よくする方法があればやるのがいいと思うが、一人の人が変るということは、根本的に「効率」を度外視するような態度を要求するのである。できるだけ早く終ろうと思っていると、長引いてくるが、この人が一生続けてきても五十年くらいであるし、人類の歴史から見るとそんなのは一瞬のことなのだから、などという気持でいると、かえってその人は離れてゆける、というようなパラドックスがある。

終結というのは関係が切れるのではなく、関係が「深く」なるので、それほど会う必要がなくなるのだと言ってもいいし、あるいは、クライエントが「治療者」像を自分の内部にもつようになるので、外界に存在する治療者に会う必要がなくなるのだ、という言い方をしてもいいであろう。

人生の過程は死ぬまで続くし、その間に人間の個性化の過程も続くのであるから、心理療法や分析が終るのは、別に人生の歩みがとまることではない。ただ、その道を自分なりにすすんでゆくのであり、心理療法家にそのために会いにくる必要がなくなった、ということである。従って、特にそのことがまた必要とあればくればよいのである。問題は、心理療法家に会いにきていると、安心であるとか、頼りにできる、というだけで続いているのは安易すぎるので、その点については心理療法家の方が判断して話し合うべきであろう。「まだまだ、続けてゆくと自分にとってはいいことがあるだろうけれど、自分よりもっと苦しんでいる人のために道を譲りたい」という表現をして終結になった人が割にあるが、その気持はよくわかるのである。

長い間症状の続いた人には、症状がなくなるとすぐ終るというのではなく、症状がなくなったときにどんな感じがするのかを訊く方がよい。長らく幻聴があった人が、幻聴がなくなったとき、「年来の友人を失ったような気持」と言われたが、よくわかる気がした。症状がなくなってもちろん嬉しいのだが、その反面、淋しいような感じがする。あるいは、不安が強くなったりする。そのような気持について話し合ってゆくと、だんだんと淋しさや不安は消えてゆくようである。いうなれば、「失った友人」の喪に服す期間が必要というわけである。

終結について話し合うときは、治療者が当然のこととして話をはじめても、クライエントとしては見棄てられると感じるときもあるし、また、クライエントとしても、やめると言うのは何となく治療者に申し訳ない、などと思っている人もある。これほどお世話になったのに、よくなったからといって急に……という日本的配慮ともいえる。後者のようなときは、おかげでよくなったとか、はじめてお会いした頃の苦しみがうそのようです、などといった表現によって、「そろそろ終りにしましょう」という言葉を引き出そうとするのが認められる。それに乗って治療者が終結の話へともってゆくといい。筆者は、「ひと山越えた感じですね」という表現を使うことがある。すぐ「終り」と言うのとは異なり、「ひと山越えた」と言うのだから、それではこの辺でと終りにしてもいいし、また、あらたな気持で挑戦ということもある。実際に、「これから、ふた山もみ山も越えてゆかねば、と覚悟しています」と言われた人もある。

2 終結夢

初回夢の重要性についてはよく知られているが、終結夢(termination dream)ということを言う人はあまりない。しかし、筆者は終結夢という現象は相当にあるし、注目すべきことである、と思っている。それは必ずしも最終回に生じるとは限らない。また、その夢によって、治療者もクライエントも治療が終りに近づいたことを納得できる、という場合と、両者が終結に合意した後で、それまでの治療の見直しや評価、あるいは、治療者から離れて、今後一人立ちしてゆく上において支えとなるようなことが夢にあらわれる場合とが、あるように思われる。このことは筆者自身の体験のみではなく、多くの事例の指導をしているときにも見出されたことである。治療が終りに近づいたとき、「終結夢」ということにも心を配っているのがいいと思う。次に終結夢と思われるものの例を示す。印象的なものはこれまで他に発表したので繰り返しになるが、どのような類の夢があるかを示す意味で少し例示してみたい。

先に、終結に当って治療者のイメージがクライエントに内在化されることを述べたが、そのことが終結夢に示されることがある。二十歳代の対人恐怖症の男性が終結時に見た夢で、自分もこれから一人で外へでてゆかねばならないが、心細いことだと思っていると、庭に横たわっていた菩薩像の目が動き出し、立ち上って、同行してくれることになる。自分一人では心もとないと思っていたが、菩薩が同行してくれるので、信頼して一緒に行くしかない、と思う。

これは仏教でいう「同行二人」のテーマそのままの夢である。一人で外出するのは心細いと思っているとき、菩薩が同行してくれるというのだから、もう安心である。これは治療者像が内在化されたと言ってもいいし、クライエントの深層に存在する救済者の像を明確に把握できたと言ってもいいだろう。いずれにしろ、治療者と離れて自立してゆけることを示していることは明らかで、終結夢のひとつと考えていいだろう。

筆者はチューリッヒでの訓練を終えて帰国することが近づいてきたとき、当時はユング派の分析など日本に全然知られていず、分析家から離れて一人で日本に帰ることを実に不安に感じていた。帰国後すぐに、夢のなかで自分の分析家が日本の豊橋に住んでおり、しかも、日本語で話し合いをする、ということを見た。これも一種の内在化の夢で、分析家が日本に住んで日本語で話をしてくれるので、一人で淋しい想いをせずにすむ、という意味にとられ、一種の終結夢であろう、と考えた。なぜ豊橋という土地が選ばれたのかわからなかったが、当時、自分が東洋と西洋の橋渡しをしなくてはなどと思っていたので、「豊かな橋」という意味なのか、などと考えてみた。

グリムの「黄金の鳥」では最後に狐が殺されるが、終結夢において、治療者の死が生じることは少なくないようである。終りに当って、治療者が変化することや、別れの悲しみや、死のイメージをめぐるいろいろなことが意味をもつのであろう。次に記すのは離人症の女子高校生の夢である。

夢　治療者が私の学校に講演にくる。何故かしらないが自分は出席しない。暫くすると、治療者が死んだという報せを受け、悲しくて号泣する。母が傍にいたがあまり悲しそうではない。目が覚めて夢とわかりほっとする。また眠り、治療者が死んだ夢を見て泣く。

これに対して、クライエントは次のように連想を述べた。一度は夢とわかってほっとして眠ったのに、また同じ夢を見たのは不思議だが、よほど必要な夢であったのだろうと思う。「治るということの悲しみ」で泣いた気がする、治療者のイメージが急に変化してゆくように思う、などと語った。そして、治療者の死に対して、「何かを得るためには何かを失わねばならない」とも語る。グリムの昔話で、狐が王子に変ることはめでたいことではあるが、考えてみると、狐のもっていた神通力は失われて普通の人間になる、ともいうことができる。それは悲しいことでもあるのだ。このような夢によって、「治ることの悲しみ」を十分に体験することは必要なことである。治ることには悲しみが伴うのであるが、それを意識化するべきなのである。

治療者の死に伴う悲しみだけではなく、もう少し別離の決意が示されているものとして、不登校の青年男子の終結夢を示す。

夢　先生(治療者)の家にくるが返事がないので裏にまわる。裏には人が半円形に坐っている。石の地蔵さんみたい。前は子どもで、後は大人。よくみると座敷にも同じような人がいて、中央に先生が横たわっている。(人のつくる半円は明と暗の対比がある。)後から大きい声で、今きましたとか、時間どおりきましたとかいうが返事がない。そのうち、先生が立ち上って何か言おうとするが声にならない。皆がおしとめて横にならせる。涅槃図のようであった。

ここでは治療者に仏陀の姿が投影されている。自分に対する「救済者」として治療者を見てきたクライエントも、終結に近づくにつれて現実の人間としての治療者を認識し、それを受けいれると共に、仏陀としての治療者とは別離することになったのである。この夢といい、先に示した「同行二人」の夢といい、仏教にまったく関心をもたない青年がこのような夢を見ることは非常に興味深い。それに治療者も当時は仏教には無関心だったので、なおさらのことである。

何年か以前に、患者が治療者を殺した事件があった。殺された医師は患者に対して、心を開いて接する人であったらしい。医者が患者に対して心を閉じていると、そのような事件は起こらないのではなかろうか。そのときは治癒に至る過程のひとつとしての、治療者の死などというイメージが動き出すことはない、と思われるからである。しかし、そのような重要なイメージも、アクト・アウトされるときは、悲劇的な事件になってしまうのである。心理療法というのは、なかなかの仕事である。

終結夢として、ある種の全体性の表現のようなのが見られることもある。前記の夢で、人物像の配置がマンダラ様に見られ、座敷の外と内とが明と暗に対照的に分けられているのも印象的で、影のリアライゼーションということの達成も暗示されているのである。次に示すのは、幻聴に悩まされていた女子大学生の終結夢と見なされるものである。

夢　桐の箱がふたつあり、各〻に朱色と白色の色紙がはいっている。それには歌が毛筆で書いてある。各〻四枚ずつはいっていて、それぞれ四季の歌が書いてある。「春なれや……」、「夏なれや……」、「秋なれや……」、「冬なれや……」。

この夢を見た女子学生は、もう随分と昔の時代だったこともあって、極めて厳格な家に育ち、恋愛ということさえ罪悪として教えられてきた。そのような彼女にいろいろと幻聴が聞こえはじめ、「いろきちがい」などと性に関する内容が聞こえるのである。最初は近所の人が言っていると思っていたが、銭湯にいったとき、男湯の方から女の声が聞こえてくるのでおかしいと思ったと言う。夢分析を通じて、一面的な自分の育てられ方や生き方を認識してゆくうちに、幻聴もまったくなくなった。そのようなときにこの夢を見て、夢から覚めながら「恋愛ということが認められる」と感じた。彼女の言葉によると、「この世のなかに春夏秋冬が存在するように、恋愛ということも存在するのだ」と感じたのである。今まで否定されていた恋愛とか性とかいうものが、彼女の心のなかに全体として位置づけられるのを、このような春夏秋冬という存在で示しているのは非常に日本的な感じを受けた。それを和歌で表現しているのも興味深い。ちなみに彼女は和歌にはまったく関心をもっていなかった。

終結夢によって、治療全体の「評価」のようなものがわかるときもある。学校時代の通知簿をもらって、それに点がついていた夢を見た人もある。自分の足の裏を治療者のと比べてみて、以前より大きくなったと喜ぶ夢を見た人がある。この人は知的な人であったのと理想主義的な生き方をする人であったが、「足を地につけて歩く」ために足の裏が大分大きくなってきたのだ、と喜んだのである。これも一種の「評価」と見ていいであろう。

遊戯療法の場合も、終結プレーと呼びたいような終結にふさわしい遊びが行われるときがある。ここでも治療者の死ということは大切なテーマである。最終回のプレゼントとして、「先生の墓」の絵を描いてもってきた子もあるし、遊んでいるうちに、ピストルで治療者を撃ち、治療者が「やられた」と死んだ真似をしているうちに、「さよなら」と帰った子どもさえいる。これらは、成人の夢で治療者の死について述べたのと同様の心のはたらきが生じていると見ていいであろう。

最終回の遊びにおいて、それまでにしてきた遊びを順番に少しずつしながら、「こんな遊びをしてきたな」などと言うこともある。これは成人のクライエントが終り近くなって、それまでの経過をふり返って話をするのと同様で印象的である。あるいは、「今日は部屋を片づける」と言って、部屋をきれいに整理した子どももある。子どもなりに心の整理をつけるための精一杯の努力をしているのであろう。

3　終結とアフター・ケア

心理療法の終りといっても、そこが人生の終りでもないし、治療者とクライエントとの「縁」が切れてしまうのでもない。しかし、治療者としてはできる限り、クライエントがその後一人立ちしてゆけるように心がけるべきである。少なくとも、治療者の方が未練がましい態度になることはあってはならない。

箱庭療法や絵画療法などの表現活動を主として用いたときは、治療の流れを大切にするために、治療者としては思っていることを言語化していないことが多い。そこで、クライエントが子どもではないときは、終結に際して、箱庭のスライドや絵などをクライエントと共に最初から終りまで見直すことをするのが望ましい。全体をシリーズとして見ると新しい発見をするし、治療者の考えを言語化してクライエントに伝え、クライエントも自分の考えていたことを語ってくれて、お互いに多くを得ることができるであろう。絵などの作品はクライエントに返し、箱庭のスライドもクライエントに渡して、コピーを治療者がもっていていいかと許可を得るべきである。

夢分析の場合も、できればクライエントと最初から見直しをするとよい。夢が多い場合は、一回にはできないので何回かに分けて、すべてについてすることはなくとも、印象的なのをピック・アップして論じたりする。その当時は気づいていなくとも後から見ると、相当に予見的なものがあることに気づいて、驚くときもある。箱庭にしても夢にしても、それを素材にして二人で語り合っているときは、治療者とクライエントが同等の感じになることが多く、それもお互いに普通の人間として別れてゆくためのひとつの儀式となっていると感じられる。

終結に当っては、それ相応の「儀式」が必要なときもある。心理療法を行なってきた期間や、クライエントの状況などによって適切な方式が考えられるだろう。口頭の短い挨拶だけのこともあるし、プレゼントが交換されることもあろう。それらすべてが「適切」であることが終結の場合、特に大切なので相当な配慮を必要とする。あるとき、重い障害をもった子どもを三年間ほど担当した治療者が、その子どもの家の移転のため、もう少し仕上げが必要と思いつつも終結ということにした。治療者としては胸のつまるような気持で別れたのだったが、その母親があまりにもあっけなく「さよなら」と言っただけで別れてしまったのでショックを受けた。

自分の態度にどこか問題があったのかとか、三年間の自分の努力を何も評価してもらえなかったのかとか思い悩み、その治療者が筆者に相談にきたことがある。このようなことはあんがいよく生じることが、重い問題のときほどあると言っていい。それは、問題が大変なとき、その人はそれに疲れ果てていて感謝の言葉を言うほどの余裕がないのである。あるいは、子どものことに心を奪われていて、治療者のことなど考えていられない。それにあまり苦しいときは、他人が援助してくれるのはむしろ当然で、感謝などということは出てこないのである。このようなことがわかってくると、その母親の態度もよく了解できるのである。感謝にしろ別れの悲しみにしろ、感情を適切に体験するためには強さや余裕を必要とするのである。

アクティング・アウトの強かった人は、よくなってから何か月あるいは何年かしてから、アクティング・アウトに対する深い悔恨から抑うつ症になることがある。もっともひどい場合、自殺ということもあり得る。そこで、終結に当って、いつか急に気分が沈んだり、何をするのも嫌になったりすることがあるかもしれませんとか、そんな人も割にあるのですよ、と告げて、そのときには遠慮なく電話をするか、来談するかして下さい、と言っておくとよい。もちろん、このときに「予言的」な言い方をするのは禁物で、そんなこともありますよというくらいの感じでさらりと言っておくのがよい。心の片隅に残しておいてもらうのである。そうすると、抑うつ的になったときに、はっと思い出して来談されることになる。

青年期までのクライエントは、心理的な課題を、心理療法が終ってから自分の力で成し遂げてゆくような形になることが多い。そこで、適当なところで心理療法は終結にするが、後は本人の努力に頼ることになる。このようなときは、はじめに主訴として述べられた症状が消失したり、問題が解決したりしてはいるが、治療者から見ると心理的課題はまだ未解決と感じられる。しかし、そのために心理療法を続けねばならない、と考える必要はない。もちろん、本人がそれを自覚して続けたいという場合は別であるが、多くの場合、本人はやめたいと言うであろう。そのようなときに、それに従うとしても、未解決の課題があることを言語化することが、意味があると思うときには言えばいいが、必ずしも言った方がいいとは限らない。何かあればいつでもきて下さいと門をあけておくぐらいの方がいいようである。

治療者としても不安が残るときは、やめて一か月後に一度会いましょうなどと約束しておくこともある。長期にわたる面接をしたときなど、一挙に治療者から離れるのに不安を感じる人には、二週間に一度、一月に一度などと徐々に回数を少なくしてゆくこともある。回数を少なくしてゆきながら、治療者なしで一人立ちしてゆくことを学ぶのである。夢分析をしていたクライエントで、このような現実適応の期間に夢が少なくなったり、夢をもたずに来談するようになることも、よくあることである。外的なことにエネルギーをとられるためで、むしろ当然とも考えられる。

クライエントが無断で来談しなくなる中断は、心理療法の「失敗」と一応考えられるが、一概にそうとばかりは言えない。特に、学校や企業などの内部で、カウンセリング・ルームなどを開いているときは、ある程度よくなったり、楽になったりすると、無断でいかなくなるのは、医者に対するのと同じような感覚でいる場合がある。つまり、軽い風邪のような病気で医者にかかっていて、よくなったとき、わざわざよくなりましたと報告にいかないのと同じように思っているわけである。従って、カウンセラーとしては中断と思っていても、よくなっていることもある。

来談するはずと思っていたクライエントが無断でこないとき、電話をかけるのは望ましくない。直接に電話で、どうしたのですかなどと訊かれると答に窮してしまうこともあるからである。むしろ、手紙を出すのがよい。来週の来談を待っていることを書くのであるが、文面は状況によってよく考えて書くべきである(この点については、二一〇頁以下を参照)。手紙を出しても来談しないときは中断になるが、なるべく次の機会につながるように、つまり、クライエントがくる気になったときにこられるようにしておくのがよい。

失敗、つまり中断をあまりにも恐れていると、クライエントに次も「きてほしい」と願うような気持が強くなりすぎて、治療者の姿勢が甘くなるときがある。そのときは、心理療法は長く続くが、「療法」として意味を失ってしまう。心理療法というものは、うまく動いているときはいいが、(あるいは、うまく動いていても)、治療者、クライエント共に苦しみを強いるところがある。本格的な心理療法は、地の利、人の和、天の時がそろわないと難しいと言いたくなるようなところがある。こうまで言うのは言い過ぎであるが、それほどのものだという自覚をもって努力すべきで、安易に「続ける」ことのみを考えては駄目である。

せっかく会っても、関係が成立せず、次から続けてこないという人も稀にある。随分以前に拒食症の小学生女子に会った。こちらの願いも空しくその子は次からこないと言った。いくら一所懸命になってもこちらの差し出す手が短すぎて相手の心に届かないのである。筆者は無駄と知りつつ手紙を書き、ぜひきてほしいが、こられないときはせめて手紙のやりとりでもしたいと書いたが答はなかった。子どもはこなかったが両親は続けて来談したので、子どもの症状も徐々に好転していった。

ところで、十一年後、はからずも筆者のもとに「返事」が届いた。「昭和×年×月×日に頂いたお手紙に、今返事を書きます」という書き出しで、今は成人して健康にすごしていることが書かれていて、「先生からの手紙は私の宝物となってしまいました」と、筆者の手紙に対する感謝の気持が書かれていた。筆者は、この子に対して何もできないと感じ、手紙を書きつつも返事はこないだろうと思い、そのとおりと知ったときの無力感を今もよく記憶している。しかし、そのような無力感を超えて、受けとめる側の人の心のはたらきは自己治癒の方向にはたらき続け、十一年後の返事としてそれを表わしてきている。こんな経験をすると、無駄のようでも、ともかく自分にできることはしておくべきだと思う。

第十一章　心理療法家の訓練

心理療法家になるためには、相当な教育と訓練を必要とする。これまで述べてきたことから考えても一朝一夕にはなれないものであることがわかるであろう。しかし、わが国においては、「心」のことを軽視する傾向が強く、心理療法家の資格が国家の問題として考えられることは、長い間なかったのである。これに反して、欧米においてはそのような資格を考え、それにふさわしい教育・訓練を高等教育機関において行うことが早くから行われてきた。このことについては、わが国においても、欧米諸国に劣ることのない資格を公的に設定できるように、目下、努力をしているところである。ただ、ここにはそのような制度に関することよりも、もっと心理療法の本質とかかわる点について、考えてみたいと思っている。

心理療法家になるためには、多くの二律背反に耐える強さをもたねばならない。理論的思考と実際的な行為、の両方を学んでゆくのであるが、そこに存在する多くの対立原理が、その人間の体験を深める方向に作用しているか、あるいは、分裂をきたす方向に作用しているかによって結果は異なってくる。下手をすると、心理療法について講義するし、論文も上手にかけるが、心理療法そのものをすることができないようなことにもなる。

心理療法における訓練の問題も、従って、簡単には語れないのであるが、できる限り本質を見失わないようにして述べてゆきたい。

1　心理療法家の資格

心理療法家の素質についてはじめに一言しておく。この点についてはよく尋ねられるが、ほんとうのところはよくわからない。素質を云々する前に、ともかく本人が「なりたい」と思うことが大切で、本人の意志がある限り挑戦してみなさい、と言うより仕方がない。ただ、「なりたい」というよりは、自分こそ「適任だ」と思う人で感心しないタイプがある。ひとつは、自分の「豊富な人生経験」によって悩んでいる人を助けてあげられる、と思っている人である。その人がどれほど「豊富な」人生経験をしていても、それによって人に役立つことなどは極めて限定された範囲のことである。心理療法家にとって、まず大切なことはクライエントの考えや感情であり、クライエントの個性を生かすことである。自分の人生経験を生かしたいと意気込むことは、心理療法家に必要な根本姿勢とまったく逆のことになる。

次に問題となるのは、自分の傷つきやすさ(vulnerable)を敏感さ(sensitive)と誤解して、自分は弱い人の気持がよくわかるので、そのような人の役に立ちたいと思う人である。確かに、傷のある人は他人の傷の痛みがよくわかる。しかし、そのようなわかり方は治癒につながらない。傷をもっていたが癒された人、傷をもっていないのに、傷ついた人の共感に努力する人などによってこそ、心理療法が行われるのである。もちろん、このようなことには程度の差があり、深く考えてゆくと、いろいろ考えも変えねばならぬだろうが、ともかく、単純に、自分の傷つきやすさを頼りにして心理療法家になろうとするのは、困るのである。

「完全な」心理療法家などはいないのだから、心理療法をしていても、自分にその資格があるかと迷い、時にはやめた方がいいのではないかと思ったりするのも当然で、それと「この職業以外に自分にとってすることはない」という確信との間に揺れることによって、心理療法家は成長してゆくのである。自分が心理療法を行なっていることに疑いや迷いがまったくなくなる、ということは考えられないのではなかろうか。

心理療法というのは、自分の「知識や技術」を適用して必ず成功するという仕事ではない。これは、専門的な教育と訓練を必要とする点において明らかに「専門職」であり、誰でも彼でもができることではない。しかし、他の「専門職」と異なり、自分のもつ知識や技術だけではなく、相手の可能性をはぐくみ、それによって勝負するというところがあり、相手の「個性」を尊重する限り、一回一回が「発見的」でなければならない。この点で、多くの専門職で、心理療法家ほど「謙虚さ」を必要とし、「初心忘るべからず」の言葉が生きている世界はないであろう。

この点を特に強調したい人は、心理療法家や臨床心理士などという資格は無用というよりは、有害であるとさえ主張する。常に「初心」を忘れずにクライエントと共に歩むことが大切で、「資格」などを設定することによって、むしろ前者のような基本姿勢には妨害的にはたらく「専門知識」などをつめこまれて、慢心を起こし、クライエントにレッテルを貼ることだけに熱心になるので、資格は有害である、と言うのである。

この考えも一面的であると思う。クライエントと共に歩むとか、クライエントの可能性が大切だからこちらの能力などどうでもよいのだなどと単純に考え、それを行おうとしても、素人の熱意や善意ではどうしようもないし、危険であるとさえ言えるのである。心理療法の訓練を受けていない人が、心理療法的なことをはじめたり、「裸になって会う」などということを試み、クライエントのアクティング・アウトによって、後はそれを放棄せざるを得ない状況に追いこまれている例は、少なくないのである。

このような例に接すると、心理療法家としての資格を設定することは、クライエントの利益を守るためにも必要であると考えられてくる。しかし、これは他の専門職の資格とは少し異なるという自覚が必要である。これまで何度も繰り返し述べてきたように、心理療法家にとって大切なことは、クライエントの実現傾向を尊重してゆく、という根本姿勢である。ところが、自分は「資格」をもった専門家である、ということを誤解すると、根本姿勢が崩れ、他人に対して自分の信じる理論を適用して、「判定」したり「操作」したり、したくなってくる。そして、それは治療者にとっては楽な方法である、という魅力をもっている。治療者が一段高いところに位置してしまうのである。

しかし、根本姿勢などといっても、単なる「心がけ」でできるようなものではない。それは長い訓練によって身につくものであり、訓練によって改善されるものである。これは訓練によって徐々に身についてくるのである。それがある程度できてきたところで、「資格」を与えることには、意味がある、と考えられる。

以上のことを身につけるために、大学教育が必要かという議論もある。これは、心理療法家は、クライエントの実現傾向と現実社会との間に折り合いをつける仕事をするのだから、相当な強さと、現代社会に対する認識などをもつべきであるので、大学教育を受けることはむしろ最低必要条件と考えられる。アメリカの州によっては、博士号をもつことを必要条件としていることを知ると、その意味がわかるであろう。

大学卒業後、いろいろな学派の考えをある程度知った上で、自分のものとしての心理療法の理論と実際を統合的に身につけてゆくためには、五年間の大学院の教育が妥当なところと思うが、現在のわが国の諸事情を考えると、修士号をもつことを必要条件とするあたりが妥当ではないかと思われる。これら具体的なことは、今後の社会状勢の変化と共にある程度は変ってゆくだろうが、少なくとも、修士レベルの大学院課程を必要とすることは変らないであろう。

心理療法家の仕事は危険に満ちた、大量のエネルギーを必要とする仕事であって、簡単にはできるものではない。多くの人が何となく他人の役に立ちたいと思っているし、自分のお蔭で他人がよくなったなどと思いたいものだから、他人の相談に乗ったり、指導をしてあげたりしたいと思うのはよくわかるが、それは趣味の範囲内であり、職業としての心理療法とは異なるものなのである。

心理療法家は常に常識を超えた判断や考えを必要とされるだけに、一般常識をよく知っていなければならない。何かのことをよく知らずに超えようとしても無理な話である。常識にとらわれている人が心理療法家になれないのは当然のことであるが。このように考えると、心理療法家にとっては、毎日の日常生活が訓練の場であるようにも思えてくるのである。

心理療法家は極めて主観的なかかわりと、あくまでそのような現象を対象化してみてゆこうとすることとを、両立させてゆくようにしなくてはならない。どちらか一方に偏すると必ず失敗してしまう。このような一見矛盾するようなことを、その人の個性との関連でなし遂げてゆくのは容易なことではなく、そのためには次節に述べるような個人指導としてのスーパーヴァイズが必要となってくる。心理療法家の資格の条件として、スーパーヴァイズを受けることをぜひあげておかねばならないであろう。これは訓練の中核にあると言ってもよいであろう。

心理療法家になるために、教育的に心理療法を受ける、あるいは、教育分析を受けることは、筆者は自分の経験に照らす限り非常に肯定的である。しかし、この場合は、教育分析家との極めて深い人間関係が生じてくるので、それに伴う害も生じてくる。その点を考えると、公教育の場で必修とすることには抵抗を感じる。それに、わが国ではその需要を満たし得るだけの教育分析家もいないだろう。そこで、必要条件として、これを考えることはないが、各人は事情が許すなら、適当な分析家を見つけて教育分析を受けるのがよい。しかし、あまり若いときに受けるのは好ましくないと思われる。自分の「師」にあたる人を見出すのも、その人の才能のひとつと言えるだろう。

2　スーパーヴァイズ

心理療法が技法(art)を大切にするという点において、スーパーヴァイズはその訓練の中核にあると言っていいであろう。もちろん、心理療法に関する一般的知識や心得は身につけておかねばならないが、実際に個々の事例にあたってゆくと、そのときその場でその人に対して適切なことは何か、という点でいちいち考えてゆかねばならないのだから、一対一でそれを指導するスーパーヴァイザーが必要になってくるのである。

ここに「指導」などと書いてしまったが、実のところスーパーヴァイザーの機能はもっと広く、一言にしては言い難い。したがってわざわざ英語のままで使用しているのであるが、それがどのようなことであるかを次に述べる。スーパーヴァイズを「管理」と誤解されて、この制度をはじめて京都大学の臨床心理学教室で行おうとしたとき、大学院生たちのなかには「管理ハンタイ！」と気勢をあげるようなことさえあった。しかし、今ではそのような誤解はまったくなくなった。

スーパーヴァイザーの仕事として一番大切なことは、スーパーヴァイジーを「育てる」ということであろう。その点で言えば、その仕事は心理療法の仕事と基本的に似通ってくる。直接的にはスーパーヴァイジー個人のことは扱わないので、それは明らかに心理療法とは異なるのであるが、相手の可能性の発現に期待していること、スーパーヴァイザーがヴァイジーの成長のための容器となろうとするところでは、心理療法の基本姿勢に通じるものがある。

この点を非常に強調する人は、心理療法家の訓練は、教育分析のみでスーパーヴァイズは無用だと言う人もある。治療者がクライエントとの間で「深い」関係をつくりあげてゆくように努力し、その密室空間のなかで可能性の発展のドラマが展開してゆくとするならば、そこにスーパーヴァイザーがかかわることは、その空間の密室性を破ることになるし、二人の関係を複雑にしてしまう。そのようなことをするよりも、治療者となる人を教育分析によって、一定の水準にまで引きあげておけば、後はむしろ、その治療者とクライエントとの関係にまかせておけばよい。治療者がもし自分の治療がうまくゆかないと感じたら、自分の成長をうながすための教育分析をもう一度受けるようにすればよい。このような説は、教育分析こそ訓練の中核で、スーパーヴァイズは不要または有害という考えである。

これも一応もっともと思うし、スーパーヴァイズということの問題点を指摘している点で傾聴すべきであるが、やや極端すぎる感じがする。スーパーヴァイザーが、スーパーヴァイジーとそのクライエントの関係の破壊者とならないようによく注意し、それを尊重する態度を失わぬ限り、スーパーヴァイズは大いに役立つものである。そして、最初に「育てる」ことを強調したが、スーパーヴァイザーに会いに行くことによって、困難なケースを継続してゆくための、エネルギーをもらうような感じを受ける。端的に言えば、「よし、やってゆこう」といった意欲を与えられる、と感じるのである。

スーパーヴァイザーのところに行くために、ヴァイジーが記録をとり、それについて語る、という事実そのことが、既に重要な意味をもっている。ヴァイジーはそこで自分の行為を「対象化」しつつ、またそれをそれなりの「物語」として語ることもしているのである。極端な場合、スーパーヴァイザーに毎回の面接について「語る」だけで、すべてがうまくゆくほどである。

スーパーヴァイザーは、もちろん教育者でなければならない。従って、いろいろと「教える」ことがあるのは事実であるが、何よりも、第四章の教育のところで述べたように、「育てる」面を十分にもっていないと駄目である。下手なスーパーヴァイザーほど、教えてばかりいる、と考えていいだろう。何か教えていると自分が熱心に役割を果たしているような錯覚が起こるが、ほんとうに考えてみると、それほど役に立つことを「教え」られるものではない。

スーパーヴァイザーの仕事はスポーツのコーチとよく似ている。選手ができもしない「正しい」ことを言っても、あまり意味がない。たとえば、野球のコーチが、「あんな球を打てないと駄目だ」とか、「右を狙って打て」とか言うのは、「正しい」ことであっても、その選手がそのときどのようにすれば打てるのか、その投手に対して右を狙うのにどうすればよいかなどを基本的に教えることができないと話にならない。あるいは、守備練習で絶対にとれそうもないノックばかりをして「しっかりしろ」と怒鳴ってみても、あまり効果がない。このようなことを繰り返すことは下手をすると、コーチと選手に格差(階級差)があることを強調するのにのみ役立って、選手の成長をはばむことにさえなってしまうのである。

日本人の特徴として、「厳しい」、「苦しい」練習ほど素晴らしいという固定観念があるように思う。これは一理あるわけで、日本の芸や道と言われているものは、自我を消滅させることによって、そこにユングの言うような意味の自己を感知させる、という方向をとってきた。そのためには、まず「型」からはいることが必要で、型を完成させるために自我を棄ててゆくと、自己が顕現してきたとき、その型は——古来からの知恵を反映して

――自己の容器として適切なものであるために、そこにはじめて深い個性を伴った芸ができあがってくる。これはこれで素晴らしいひとつの方法が確立されている。

しかし、この方法を一歩誤ると、教える側は教えられる者を苦しめ、その自我を壊すことにのみ力をそそぐことになり、しかも、それが西洋のスポーツや芸術などの場合は、特に日本的な「型」を重視してできあがってきたものでないだけに、それは、あまり効果をあげないどころか、有害にすらなってくる。しかも、そこには教える者と教えられる者の差を絶対化してしまうだけに、悪くすると、妙な順位ができて上の者は下の者を苦しめるだけという類のヒエラルキーができあがってきてしまう。日本の家元式のシステムが悪く運用されると、このようになる。

心理療法の訓練において、スーパーヴァイズの制度がこのようなものにならないように注意する必要がある。もともと西洋でできたものを日本に輸入してくるのに際して、もとのままではうまくゆかないし、さりとて、無意識的に日本化してしまうときは、途方もない失敗をしてしまうことになる。日本化するべきだと言うのでもないし、日本化がいけない、と言うのでもない。しかし、なぜ、どのようにそれが行われているかについての意識化が必要なのである。

筆者がチューリッヒのユング研究所時代にスーパーヴァイズを受けていたときのエピソードを、これは既に他に発表したことがあるが、ここに示しておく。スーパーヴァイズについて、そして日本人が西洋ではじめられた心理療法を行うことについて、考えるのに役立つと思うからである。

ユング派の分析家としての訓練を受け、前期の試験をパスすると、クライエントに会うことができるようになり、スーパーヴァイズを受ける。スイス在住の日本人のクライエントに夢分析をすることになったが、それは順調にすすんでいた。「順調」ということは、クライエントにとっては苦しいことであるのだが、それに対する共感の不足していたこともあって、クライエントは無断欠席した。そこで次の週のいつもの時間に待っているから、という手紙を出したが、教科書どおりに、「時間をあけているので、よかったらきて下さい」と書きながら、これでは何だか別にこなくてもよろしいよ、という感じになるなと思った。しかし、「ぜひおいで下さい」などと書くと、クライエントは治療者がぜひにというのできた、とばかり依存的になってきて、自分の自主性を失ってしまうから、よくないというのが教科書の教えるところである。

次週にも待ったがこない。スーパーヴァイザーのところに行き報告をすると、スーパーヴァイザーは手紙の文面を聞き、日本で手紙を書いて人にきてほしいというときはそのような表現をするのか、と言う。確かに日本では「よかったらおいで下さい」では、きてもこなくともよい感じになる。しかし、教科書によればと筆者が一所懸命になって説明すると、スーパーヴァイザーはニヤリと笑って、「ところで、あなたの日本の魂はどこへいきましたか」と言った。

これには参ったが、同時に、スーパーヴァイザーとして実に適切な言い方だと思った。彼は別に日本流に「ぜひおいで下さい」と書くべきだなどとは言わなかった。もちろん、教科書どおりにせよというのではない。西洋の教科書の教えるところは確かに一理はある。しかし、日本人が日本人に対して心理療法を行うに際して、それをほんとうに生かすために「日本の魂」が要る。それを忘れては困る、というのであって、後は、日本人であるあなたが自分で考えなさいというのだ。

ここで、スーパーヴァイザーは「正しい答」を与えようとしていない。ヴァイジーが自分自身にとって正しい答を見出すために必要なこと――それをヴァイジーが見落していたこと――を指摘し、後は本人の考えと判断にゆだねようというのである。これは、スーパーヴァイザーの仕事として、なかなか見習うべきことと思ったし、その後、筆者が欧米で学んできた心理療法を日本にもち帰る上で、大いに役立つ示唆を与えられたと思ったのである。

スーパーヴァイズというのは、管理とか指導とは異なり、高等な知識や技法をもつという点のみならず、個々の場合において極めて臨機応変に対応する必要のあるときに、それを適切に援助してくれるものである。そして、そのような実際的場面での援助を通じて、本来的な教育も行われる。もちろん、スーパーヴァイザーの実力が低かったら話にならないが、以上のような点から考えて、心理療法においては、スーパーヴァイズを訓練のための不可欠の要素であると考えている。従ってわが国においても、心理療法家の養成のためのスーパーヴァイズ制は相当に急速に整えられつつある。

人間知を必要とし、個々の場合の差を重視しなくてはならない他の分野、たとえば、保育、看護、教育などにおいても、スーパーヴァイズ制を導入することを考えてはどうかと思うのだが、どうであろう。もちろん、これが管理の強化とは別物であることはよく理解してもらう必要があるが。

3　事例研究の意義

心理療法の研究において、事例研究は不可欠のものである。心理療法の研究はいろいろな方法によって行われるが、事例研究はそのなかでも特に有用なものであるが、従来の「科学」の方法論においてはあまり重要視されなかったものなので、その意義について少し述べておく必要があるであろう。

心理療法の研究も、最初は従来の「科学」の方法論によって行おうとした。たとえば、不登校という現象を研究しようとする場合、できる限り多くの不登校児を対象として、いろいろと調査を行い、そこに示された一般的傾向について発表する。たとえば、その結果、男子の方が女子より多いとか、都会の方が田舎より多いとかの結果を得る(現在はそれほどの差はなくなっているが)。その発表によって、不登校の全体像をある程度知ることができるが、さりとて、それは自分が治療者としてある特定の生徒に向き合ったときにどうするか、という点であまり役に立たないのである。

それでは事例の報告はどうか。ある先生が不登校の生徒に対して、「何をしているか」と怒鳴りつけると、その子は学校に行くようになった、という報告をする。それは役に立つだろうか。不登校の生徒のなかには、怒鳴りつければ登校する子がいるということがわかった、という意味で少しは役立つだろう。しかし、すべての不登校生に対して、その方法が有効ということはないので、ひとつの事例を聞いてもあまり役立たないのではないだろうか。

誰しもこのように考えるだろう。そこで、「普遍的」で「有用」な報告をすることが望ましいことは誰もわかっているのだが、それがないのである。つまり、人間は個々に異なる個性をもっていて、誰にも当てはまる方法など見つからない。もちろん、精神分析の考えによってとか、夢分析の方法を用いて、というような言い方をすると、大体において多くの人に当てはまるかもしれないが、大切なことは、個々の具体的なことなのである。「愛をもって」とか「一人一人の個性を大切に」などと言っても、ほとんど役に立たない。

そこで、個々の事例をできるだけ詳しく発表する事例研究ということが行われるようになった。それをはじめてみると、それが相当に「有用」であることがわかってきた。しかも、それはたとえば対人恐怖の事例を聞くと対人恐怖の治療にのみ役に立つのではなく、他の症例にも役立つのである。それは、男女とか年齢とか、治療者の学派の相違とかをこえて、それを聴いた人がすべて何らかの意味で「参考になる」と感じるのである。そういう意味で、それは「普遍的」と言えるのだ。ここにいう「普遍的」は、はじめに述べた「普遍的」とは異なることに気づかれるであろう。

なぜ、事例研究は「普遍的」な有用性をもつのであろうか。もちろん、すべての事例がそうなのではない。あまり役に立たないのもある。しかし、ひとつの例がどうしてそれほどの意味をもつのか。これについて筆者は次のように考えている。

第三章の「心理療法の科学性」について論じた際に明らかにしたように、心理療法は従来の「科学」とは異なるものである。臨床の知を築く上で極めて重要なことは、主体者の体験の重視であり、その「知」は内的体験をも含めたものなのである。従って、その「知」を伝えるときは、事実を事実として伝えるのみではなく、その事実に伴う内的体験を伝え、主体的な「動き」を相手に誘発する必要が生じてくるのである。

内的に生じた動機《ムーヴ》は、相手に伝わるとき、そのまま伝わることはないであろう。というのは、それぞれの人が個性をもつので、個性による差が生じるのは当然だからである。しかし、一人の人の心に生じた重要な動機《ムーヴ》が、他に伝わるとき、伝えられた人は自分のなかで、それを意味あるものとして捉え、それを未来へとつなげてゆくであろう。それは、その人のその後の生き方に影響を与えるはずである。もちろん、それは受手の個性によって少しずつの差はあろうが、それらに何らかの基本的な共通性のようなものも感じられるであろう。

このように考えてくると、既に述べてきた「物語」を「語る」ことの重要性がよくわかるのである。事例報告は報告者が「語る」ところに大きい意味がある。それは物語なのである。といっても、その物語の素材は変更を許されない。そこには動かし難い事実がある。しかし、その事実を事実として伝えることにのみ意味があるのなら、その事実以外のことに対して、その報告は意味をもたないであろう。つまり、そこで報告されたクライエントと極めて類似した問題をもって類似した解決法が有効な人が現われたときにのみ意味があることになる。ところが、そうではなくて、優秀な事例報告が、そのような個々の事実をこえて、普遍的な意味をもつのは、それが「物語」として提供されており、その受手の内部にあらたな物語を呼び起こす動機《ムーヴ》を伝えてくれるからなのである。

もちろん、事例研究によって伝えられる事実が、事実としてそのまま有用なこともある。そのような個々の事実の集積から学ぶこともあるので、それは軽視できない。しかし、そのことの方に重点を置いて考えると、事例報告は単なる「一例の報告」に過ぎないことになってしまう。事実に加えて、内的体験に基づく臨床の知が伝達されることによって、個より普遍に至る道がひらかれるのである。

事例研究を行うにあたって、それが「物語」としての価値を有するような発表の形式があることに気づかれるであろう。それはあまり短い時間ではできない。物語るためには一時間前後の時間が必要であろう。そして、それは相当に具体的に詳しく語られねばならない。もちろんそれは事実に基づいているので、事実を曲げることは許されない。しかし、限られた時間にすべてを語ることはできないし、事実の「関係づけ」に、主体的なかかわりが関連してくる。しかも、それらを他の人々にわかるものとして提示し、体験を共有できるためには、それらのことを対象化して見る「目」を必要とする。

事例と報告者との距離が近すぎるときは、聴き手の方が苦しくなってくる。生木《なまき》を燃やすようなもので、煙ばかりでなかなか火が見えてこないのである。ある程度の乾燥度を必要とするのである。しかし、これは事例研究をいつ、誰とするかによって随分と違ってくるのではなかろうか。

クローズドの少数の気心のわかった者が集まって事例研究をするときは、「物語」を提示するよりも、素材と共に全員が格闘して、物語を生み出す努力をするようなことになるし、それは大いに意味あることである。これに対して、多くの人に対して、公的な場でするときは、その事例は報告者にとって、相当に「乾いた」ものになっている必要がある。まして、印刷して不特定多数の人の目に触れるというときには、相当な配慮をもってしなくてはならない。対象化の程度が相当にすすんでいなくてはならないのである。

事例研究といっても、大切なことはその対象が一人の生きた人間であり、しかもその人と深くかかわってこそ心理療法の過程を歩み切れたという事実なのである。それを「研究」として他に提示することは、非常に慎重にしなくてはならないのは当然である。絶対的な密室であることの保証の上に成立したことを敢えて公開するには、それだけの意味があり、相手に対する責任も完全に明らかにされている必要がある。このような点で、事例の発表は一切行わないという人がいるのもうなずけるのである。筆者も実はもう二十年以上にわたって、事例の発表を公的には行なったことはない。

しかし、事例研究はする方にとっても、それを聴く方にとっても、訓練として実に高い価値を有することを考えると、これはどうしてもするべきことと思う。各人は自分の状況、クライエントの状況などをよくよく考え、いついかなるときにどのような事例研究をするかについて慎重に判断すべきである、と思われる。

事例研究においては、事実を事実として伝えるのみならず、内的体験の誘発ということが大きい役割をもつと述べた。しかし、考えてみると、単なる知識の伝達ではなく、人間を教育するというときには、このようなことが広い分野において、知らず知らずのうちに行われているのではなかろうか。書物によって知識を得る場合と、人から人へと知識が伝達されるときとを考えると、「教師」の人間性との関連によって、知識以上のものが伝わり、その人の考え方や生き方、学問そのものについても影響を与えていると思われる。もちろん、書物によっても、その書き方、読み方によって同様のことが生じるであろう。たとえば、歴史的な事実を知るということと、歴史をどう読むか、などということの差について考えると、後者の方は事例研究的報告によってこそ伝えられているのではないか、などと考えられるのである。

事例研究についてここに述べたことは、心理療法の領域をはるかにこえて、広い学問の範囲で、その教育の方法について、研究発表の方法について考え直すために役立つのではないか、とひそかに思っている。その点、教育学の稲垣忠彦は、学校の「授業」を事例研究的に研究することの意義を指摘して、それを行い成果をあげている。筆者も目下、そのグループに参加しているが、事例研究的研究の範囲の拡大のひとつとして重要なことと思っている(1)。

日本心理臨床学会は設立されて十年になるが、筆者たちの事例研究重視の考えが受けいれられ、発表時間・討論時間をいれて、二時間〜三時間に及ぶような発表形式を用い、事例研究を中核として行なってきた。そして、これは極めて「有用」であることが会員全体より認められ現在に至っている。この方法を導入したことは非常によかったと筆者は思っている。このことは、この学会が急激に発展してきたことの一因であろうと思う。

事例研究においてクライエントのプライバシーを守ること、秘密を守ることなどについては言うまでもない。このことについては相当に厳格に守られるようになって嬉しく思っている。

4　心理療法家の成長

心理療法を行う上で、もっとも重要なのは「人間」としての治療者である。従って、治療者は常に自分の成長ということを心に留めておかねばならないし、またそのようなことを考えざるを得ないように、クライエントが仕向けてくれる、と言っていいだろう。クライエントは心理療法家にとっての教師でもある。

治療者の人間としての在り方といっても、いわゆる「人格高潔」などという理想像をかかげるつもりはない。しかし、ユングの言っている「個性化の過程」ということは参考になるだろう。まず、この世に生きてゆくために必要な強さをもつ自我をつくりあげ、その自我が自分の無意識に対して開かれており、自我と無意識との対決と相互作用を通じて、自分の意識を拡大・強化してゆく。無意識の創造性に身をゆだねつつ生きることは、相当な苦しみを伴うものではあるが、それを回避せずに生きるのである。このことをクライエントに期待するのなら、治療者自身がその道を歩んでいなくては話にならない。

ただ、ここで注意を要することは、成長の過程ということを、一直線の段階的進歩のイメージのみで把握してはならない、ということである。成長を一直線の過程として見ることはわかりやすい。自分はどこまできていて、それに比して誰はどのあたりであるのか、などと考える。それはともすると到達点の設定ということまで考えることになり、「到達した人」に対する限りない尊敬心を誘発したりする。時には「自己実現した」人などという表現に接して、驚いてしまう。ユングが個性化の過程として、過程であることを強調するのは、そこに「完了」ということはあり得ないと考えるからではなかろうか。

もちろん、成長の過程を、一直線のイメージで描くことは可能であり、それはある程度必要ではある。しかし、それがすべてと思うと、とんでもない誤りを犯すことになる。人間の成長を考える際に、直線のイメージだけではなく、円のイメージで把握することも大切だ。すべてははじめから、全体としてあり、成長するということは、その全き円をめぐることで、言うなれば同じことの繰り返しであったり、どこまでゆくやらわからなかったり、しかし、全き円の「様相」はそのときどきに変化してゆく。それは成長というより成熟という言葉で考える方がぴったりかもしれない過程である。

一直線の成長イメージで人を見るとき、人間は直線上に配列され、上下関係が明らかになる。治療者はクライエントよりも高い到達点にいて、後からくる人を指導する。果たしてそうだろうか。遊戯療法の過程で、われわれは子どもから教えられることがある。子どもの知恵がこちらよりはるかにまさっていることを実感することもある。心理療法家というのは、相手から学ぶことによって、相手の成長に貢献していることがよくある。このことは、単純な直線の成長モデルによっては理解し難い現象である。そして、そのようなことに心が開かれていることが、心理療法家には必要なのである。

ユングおよびユング派の人々も、多くの段階的成長のモデルを提供している。それらについて知っておくべきことは当然である。ユングは、影、アニマ(アニムス)、自己などの元型がある程度段階的に個性化の過程のなかに生じると述べているし、アニマイメージの変遷を四段階に分けて述べたりしている。このことは、ある程度の妥当性をもっている。しかし、たとえば、「影」のことがすべてリアライズされることなど、あり得ないのである。アニマについても同様である。

近代自我の発達の過程について、ユング派のエーリッヒ・ノイマンの述べている説は、実に見事である。われわれもそれをよく知っている必要があるし、それはクライエントのある時期の成長を考える上で役立つであろう。しかし、それは近代自我あるいは西洋人の自我を考える上で有用であろうが、現代人のすべてに当てはまることはない。そこには、他の道もあるはずである。筆者はそれに対して「女性の意識」ということを提示したが[2]、それも優劣を競うためではなく、このようなものもありますよ、と言いたいためなのである。直線的段階的成長を考えるにしろ、いろいろな筋道のあることも知っておかねばならない。

ここに例として述べた「女性の意識」ということも、多くの日本人のクライエントに接しつつ、自分自身の成長の過程についても考えてみた結果である。クライエントを通して自分自身を見ていることが常に必要であり、逆に、自分が成長すると共にクライエントも成長するとも言えるのである。そのようなことは、因果的に考えるよりは共時的に考えた方がよさそうである。第一章に述べた「雨降らし男」の姿が参考になるだろう。

治療者自身の成長を考えるときに、気になることに、日本人特有の「反省ぐせ」というのがある。事例研究の発表のときなど、「私の至らないせいで」とか、「私の力がなかったので」などと反省する人が時にあるが、日本人の反省は、反省することによってすべてが終ってしまうので困る。「すみません」で「すます」のだから困ってしまうのである。

素早く反省して「すます」前に、このクライエントに自分は何ができるのか、理解するために何をなすべきか、などなど少しでもできる努力をする。そのような徒労とも見える努力の重なりのなかで、成長ということが生じてくるのだ。心理療法家という職業を選ぶというのは、クライエントという人間のために努力を行なっている、そのことによってわれわれ自身が成長するということでもある。自分のことを変に反省するよりは、クライエントのことを考えることによって、自分の生き方がわかるところがある、と言える。

もちろん、そこには程度があり、自分がある程度のレベルに達していないのに、「クライエントのため」に考えてみても無意味である。筆者がチューリッヒで訓練を受けていたとき、何人かのクライエントを受けもち、二百五十時間以上の分析をすることが資格を得るための最低の条件となっていた。当時、日本人が分析をするなどといっても、果たしてクライエントがきてくれるかどうか心配であった。ところが、はじめるとクライエントが五人も集まったのである。喜んでいると、そのなかの四人がやめてしまった。二人は中断、後の二人は転勤など外的な事情であった。このことを非常に重大と思い、筆者は残る一人の人に事情を説明し、自分は未だ他人を分析する資格がないと思うので、しばらく待ってほしいと言い了承してもらった。

その後、しばらくは自分自身の分析に集中した。自分にとっても少しの発展があったかと思われる頃、待ってもらっていた人と再開した。すると不思議なことに、中断した人の一人が再開を申し込んでくるし、後は順調にすすんだのである。

人間の成長を考えるとき、心理療法以外にたくさんの道や方法があることは当然である。ほとんどの人は心理療法などと関係なく、成長の道を歩んでいる。それらのことを通じて学ぶことも、心理療法家にとっては必要である。文学や芸術や、いろいろなジャンルの名作に接することは、成長を助ける上で大いに役立つことである。それに有難いことに、クライエントのなかには、それらのことを話題にする人も多い。ただ、クライエントが話題にするためにそれらに接しようとすると、限りがないので、筆者は次のようにしている。

まず、その作品に触れることが、そのクライエントの理解に大切な鍵になると感じたときは、それをする。しかし、クライエントが十分に表現力をもっており関係が成立しているときは、必ずしもそうではなく、「それはどんなところが素晴らしいのですか」とか、「どこが好きですか」などと訊き、それにクライエントが答えてくれることによって、作品の理解を通じてクライエント像が浮かびあがってくるようなときは、治療者はそれを聴いているだけでいいだろう。必ずしもその作品に自ら接する必要はない。

中学生や高校生などで表現力の少ないクライエントの場合は、彼らが「好き」というものにはできる限り、治療者もそれに接するとよい。マンガとかグループサウンズとか、若者文化に触れる機会がそんなところで生じてきたりする。あるいは、不思議なことに、やってくるクライエントが何人かたて続けに、同じ文学作品を話題にする、などということがある。そのようなときは、やはり自分にとっても意味があるのではないか、と考えて読んでみることもいいであろう。

ともかく、偉大な芸術作品というのは、心理療法家に勇気や希望を与えてくれる、というだけで、一種のスーパーヴァイザーの役割をしている、とでも言うことができるであろう。人間というものは、このようなことを可能にしていると思うと、また新しい可能性を信じてすすもうという気も起こってくるのである。心理療法の部屋で語られることは、一般的に言えば「暗い」話ばかりである。しかし、そのような闇のなかに光を見出すことこそ、多くの偉大な芸術家のしてきたことであり、その作品に接することによって、心理療法家としてのわれわれも、可能性に賭ける勇気を与えられる。そのような努力の積み重ねのなかに、心理療法家の成長も生じてくるのである。

注

（1）稲垣忠彦他『シリーズ　授業』1〜10、岩波書店、一九九一—九三年。

（2）河合隼雄『昔話と日本人の心』岩波書店、一九八二年、参照。〔本著作集第八巻所収〕

II

箱庭療法の理論と実際

1　はじめに

箱庭療法とは、後に詳しく説明するように、クライエントに箱庭づくりをさせることによって治療を行うのであるが、筆者がスイスでこの技法を学び、昭和四十年にわが国に紹介して以来、著しい発展を遂げてきている。ここに、講座として述べるわけであるが、すでに入門書を発行してあるので(文献1)、それとあまり重複したことは書きたくない気持がある。しかし、編集者の希望は、入門講座であるので、この点困ったのであるが、説明の後に「質疑応答」をつけるという趣向をこらして、この点、少し変化をつけることにした。

実際、箱庭療法について講義すると、いろいろな質問をされることが多く、それらを思い出しながら、質疑応答の形をつくりだしてゆくつもりである。この方が、対話の形式で述べられるので、読者にとって理解しやすいものとなるかと思うのである。

入門書にすでに書いたものと、ある程度重複することは、もちろん避け難いが、その後に発展させてきた考えも入れ込んで、新しい面も出して論を進めてゆきたい。ただ、編集の都合上、あまり写真を示すことができないのが残念であるが、それは、できるだけ説明でカバーしてゆくようにしたい。

2　技法と発展の過程

一　歴　史

はじめに簡単に、この技法の歴史的な発展過程について述べる。その間に、この療法について基本的なアイデアに少し触れることになろう。

この技法は、ロンドンの小児科医マルグリット・ローエンフェルトによって創始された。ローエンフェルトは、子どもたちが、遊びの中に自分たちの心の内容を表現してゆくということに気づき、ミニアチュアの玩具と砂箱とを与えてみると、なかなか興味深い作品をつくることがわかったので、これを積極的に治療に役立てようとしたのである。

ローエンフェルトは、この方法を「世界技法」(The World Technique)と呼び、一九三九年に論文を発表している(文献2)。この「世界」という呼び名は、子どもたちが自然に言い出したことらしいが、子どもたちにとって、この遊びがまさに彼らの「世界」を表わすものであったのだろう。

彼女はそのころロンドンで盛んであった児童に対する精神分析療法が、やや解釈の押しつけと思われるような点があるのに反対して、ともかく、子どもに遊びを通じて自由に表現活動をさせることが大切であると主張して、この療法を考えたのである。

スイスのカルフは、ローエンフェルトに、この技法を学んだのだが、スイスの精神科医ユングの考えをこれに導入して、この技法をさらに発展させた。これについては後に詳しく述べるが、ユングの心像や象徴に関する理論が、この技法の発展に役立ったのである。彼女はこの治療法を「砂遊び」(Sandspiel)と呼んでいる(文献3)。

筆者はスイス留学中に、カルフの技法を知り、日本における箱庭遊びの伝統や、日本人特有の、言語によらず視覚的な表現を通じて悟る能力の豊かさなどから考えて、日本人に適している療法と考えた。帰国後、京都市のカウンセリングセンターや、天理大学を中心に、治療に用いてみたが、予想以上の成功例を得、その後、セミナーなどを通じて、現在ではわが国内にも広くゆきわたり、多数の人が実施している。

二　技　法

この施行法は、砂の入った箱に、いろいろの玩具の中から好きなものを選んで、なんらかの作品を作らせるものである。

材料　まず、砂箱は七二×五七×七センチメートルの内法で、外側は黒く、内側は青く塗ってある。内側を青く塗るのは、砂を掘ったときに、「水」が出てくる感じを出すためである。

砂はなるべく細かい砂を用いる。水で適当にしめしておいて、砂で山や川などが作りやすい状態にしておく。箱を二つつないだ作品を作ったりする人もあるので、できれば箱を二つ準備しておいて、片方は湿っていて、片方は乾いた砂を入れたりしておくとよい。これは時に、湿った砂をきらう子どももあるからである。

玩具は特に指定はないが、できるだけ多くの種類を用意する。図1に示すように棚の上に並べておくと、玩具を選ぶときに選びやすい。このような棚の前の適当なところに、砂箱を腰ぐらいの高さに置いておくと、準備は完了である。

図1

玩具として用意すべきものは、人、動物、木、花、乗物、建築物、橋、柵、石、怪獣、タイルやビーズなどである。この際、玩具の大きさは大小いろいろある方が、むしろ望ましい。プロポーションの異なるものを、クライエントがそれなりに工夫して表現するところに、かえってその個性がうかがえるからである。

玩具の種類もできるだけ多様性のある方がよい。例えば人でも、普通の人、兵隊、インディアン、踊子、楽隊、農夫、釣人など、老若男女を問わず必要である。なお、仏像やキリスト、マリア、天使などの宗教的な像も用意しておくとよい。

しかし、クライエントは少ない玩具を用いても、けっこう豊かな面白い表現をしてくれるので、初めは少ない玩具から出発して、予算に従って、だんだんと買い足してゆけばよい。

教示　これは簡単で、ともかく箱と玩具を見ると、だれでも了解できるわけであるから、「これで、何でもいいから、作ってみませんか」とでも言えばよい。クライエントが、「砂を掘ってもいいか?」とか質問すれば、「なんでも好きなようにして下さい」と許容的に答えるとよい。

質問と記録　あとで述べるように、箱庭を作るときの治療者とクライエントとの関係が大切なので、クライエントが作る間、治療者がそこに付き添っていることが大切である。作品ができあがったところで、「これ、どんなのですか?」とか、「ちょっと説明してもらえますか?」とか聞くと、作品についてクライエントが説明してくれるときがあるので、それは記録しておく(といっても、治療時間のすんだのちに記録する方が望ましい)。

できあがった作品について、治療者があれこれ質問することは、あまり望ましいことではない。あまり質問すると、治療の流れをこわし、クライエントにしてもあまり尋ねられると、次に作るのがめんどうになってくることだろう。

作品の記録は、カラースライドにしておくのが一番簡単で便利である。斜め上から撮影しておくといいが、全体的な布置を見たいときは真上からとる方がよい。

三　治療者の態度

この点については後にも述べるが、結局、この療法の根本は、治療者とクライエントの人間関係にあるといってもよいほどであるから、非常に大切なことである。この技法を、テストとしてではなく、治療法として用いるためには、治療者はカウンセリングや、遊戯療法をするのと同様の、受容的な態度が必要である。

なお、箱庭療法の根本は、このような表現を通じてクライエントと治療者の間に心の交流が行われる点にある。したがって、別に箱庭によらずとも、話し合いや遊びによってなされればよいのであるから、箱庭作りを強制しない心構えが大切である。このため、われわれはカウンセリングルームやプレイルームの中に箱庭のセットを置いておき、クライエントが作りたくなったときに作るようにしている。そうすると、毎回、箱庭を作るクライエントもあるし、時々しか作らない人もある。これらはすべて、クライエントの自由意志にまかせてある。

最初に少し誘ってみて、作りたくないとクライエントが言ったときは、「では作りたくなったときは言って下さい」と告げて、カウンセリングなり、プレイなりをするわけである。このような意味で、箱庭療法といっても、これが特別な技法として存在し、それのみをさせるのが目的ではない。治療経過中に、絵を描いたり、フィンガーペインティングをしたりするのと同様である。

以上の点について、質疑応答に入ることにしよう。

質疑応答

質問 箱の大きさを限定するのはどうしてでしょう。もっと大きいのを使ったりすると面白いと思うのですが。

答 箱のサイズは、箱を腰の高さにおいた時、大体視界にはいるくらいという考えで決定されたものです。これより大きくなると、作品のまとまりがつきにくいと思われます。なお、大きさを一定しておくと、国際的にもお互いの作品を比較するのに便利です。

もちろん、箱を二つ、三つ、同時に使用したいという人があれば許容します。

質問 玩具はどこで買えばいいのでしょうか。何かセットがあると便利だと思いますが。

答 玩具は適当なものを、玩具屋で買ってきます。デパートがあるところでしたら、デパートにゆくと玩具置場のみでなく、文房具、室内装飾のところなどをみても面白いのがあります。

一定のセットをつくると便利だとも思われますし、これは実際は、この技法をテストとして変形していったワールドテストの場合には、玩具は一定しているのです。しかし、治療者の個性を発揮し、また治療するクライエントの質も精神病院や、児童相談所や学校内のカウンセリングでは異なるわけですから、それらを考慮して、自分で玩具をそろえるのがいいと思います。

質問 いま言われた、ワールドテストというのについて、少し説明して下さい。

答 これは、ローエンフェルトが世界技法を施行し始めた最初のころ、そこへたずねていったシャーロッテ・ビューラーが、これを標準化してテストにすることを思いつき、アメリカで発展させたものです。これは玩具を一定にして、砂を用いるのをやめたのですが、やはりテストとして客観的に見ようとすると、治療的でなくなって、アメリカでは治療の技法としては発達しませんでした。このような点は、箱庭で治療を行う者がよく留意すべき点と思われます。

質問　小さい子どもなら喜んで作りそうに思いますが、高校生などはいやがりませんか。成人にも適用されるのでしょうか。

答　確かに、多くの子どもはこちらが何も言わないのに興味をもって作ってくれます。非言語的表現という意味で、絵画療法などと根本の考えは同じことと、われわれは思っておりますが、絵画を描くのをいやがる子どもでも、箱庭にはモチベーションをもちやすい点が大きい利点だと思います。

　高校生などいやがる時は、強制しないことが大切です。中には、砂を手でかきまわしたり、人形を砂の上においたり、棚に戻したりしながら話をする子がいます。これは、それでちゃんとカウンセリングになっているので、無理をせず話し合ってゆくとよいのです。一対一だと固くなって話さない高校生が、箱庭の部屋では、作品をつくらないのだけれど、今言ったような手なぐさみをすることで緊張が取れ、話し合いをするということも案外あることです。治療者はあくまで臨機応変に、治療に必要な方向を見出してゆくことです。われわれは、あくまで治療が目的で箱庭を作らせることを目的としていないことを銘記すべきです。次に成人のことについてですが、成人にも適用されます。もちろん作ってくれるときのことですが、なかなか興味ある治療例をわれわれは持っていますし、カルフさんも最近は成人に大いに適用しているようです。

質問　「先生もいっしょに作って！」などという子はありませんか。あるいはセラピストが少し手伝ってやったりしてはいけないのでしょうか。

答　子どもがそのように言ったときは、そのような表現の底にある感情をまず受け入れることが大切です。例えば、作ることに対する抵抗として言っているのか、あるいは、セラピストに対する陽性の感情転移に基づいて言っているのか。それらを感情的に受け入れながら、なるべくひとりで作らせるようにします。しかし、両者の人間関係やクライエントの弱さなどから判断して、いっしょにつくる方がいいと感じた時は、ごくまれに共同作品を作ったり、あるいは並行的に、セラピストが横の箱で他の作品を作ったりすることもあります。このような判断はむずかしいので慎重にして下さい。

　なお、クライエントに自由に表現させることが非常に大切ですので、クライエントが要望しないのに、こちらが積極的に手伝うようなことはありません。

質問　治療時間はどのくらいでしょうか。

答　われわれは、カウンセリングやプレイセラピーの一貫した流れの中に、この箱庭表現も含まれていると考えていますので、ともかく、四十五分とか一時間とか決まっている治療時間の範囲内で、クライエントが箱庭を作ってもいいし、作らなくてもいいし、といった接し方をしています。だから、その時間内で箱庭をつくり、あとは話し合ったり、プレイをしたりしています。この時間内で箱庭が完成しないことはまずありません。

質問　玩具をたたきつぶしたり、砂をセラピストの顔にかけてきたりするクライエントにはどうしたらよいのでしょう。

答　これは、治療における限界設定の問題で、どのような治療においても考えねばならないむずかしいことです。この点は遊戯療法のテキストなどによって勉強していただくのがよろしいが、簡単に言ってしまって、器物の破損やセラピストに対する身体的な攻撃は制止すべきであると思います。もちろん、そのような表現の基となっている感情をよく理解してやらねばなりませんが……。クライエントの感情を言語化してやりながら、その行動は制止するのがいいと思います。

質問　クライエントに水は自由に使わせるのでしょうか。

答　ローエンフェルトは水の使用を許しています。ただ、水を使用させると、攻撃的な子どもがむちゃくちゃなことをした場合、ずいぶんひどくなるので、われわれは一般に使用を許していません。もちろん、クライエントが、「もう少し湿らせてほしい」と言ったような時は、場合に応じて、許容しているわけです。

3　箱庭の見方

箱庭の作品をどのように見てゆくかについて、例を示しながら述べてゆくことにする。まず、今ここにスライドを示すので、それを虚心に見ていただきたい。いずれも男性の作品で、図2は中学一年生、図3は高校二年生、

図４は大学一年生、図５は小学五年生である。

これらをざっと眺めてみて、どのような感じをもたれたであろうか。どれか病的な感じがしたものがあったろうか。

箱庭の作品をみて、ともかく全体的に受ける印象は、一つの大切な要因である。

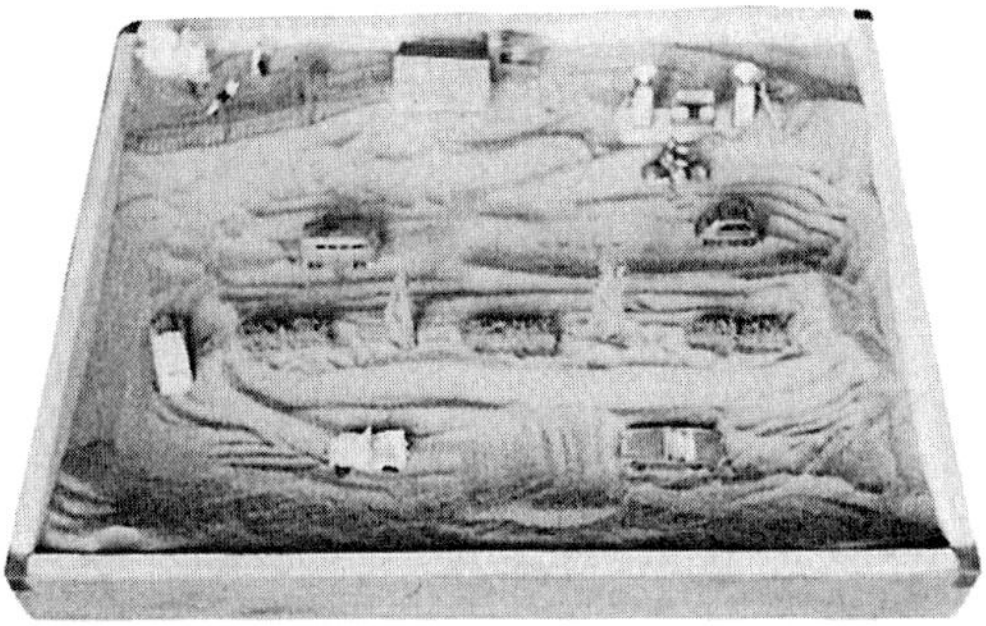
図２

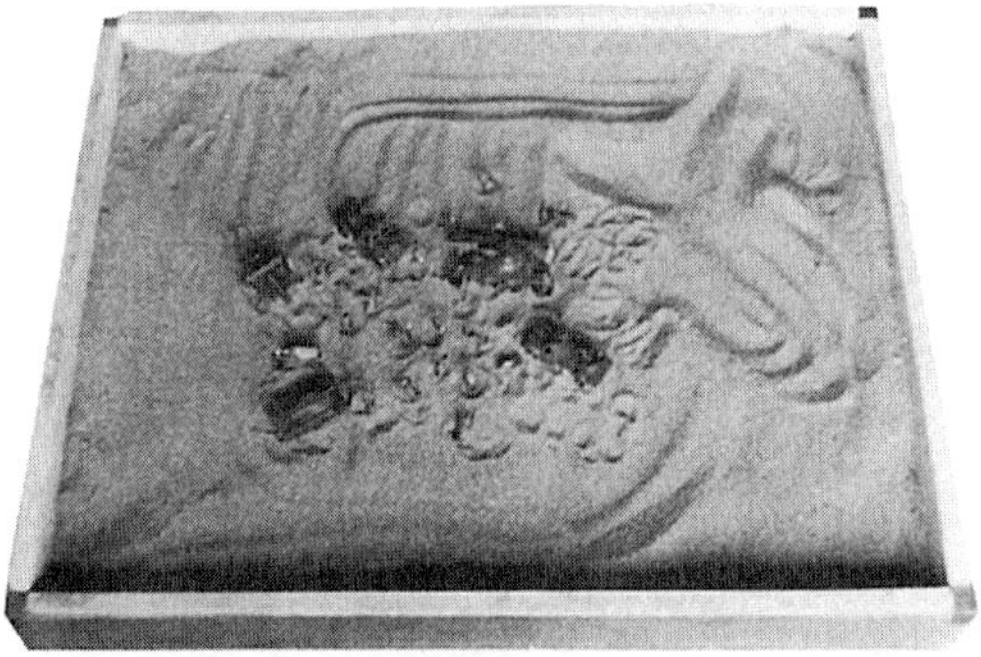
図３

一　統合性

箱庭全体から受ける感じ、これを少し具体的に述べると、作品のまとまり、豊かさ、繊細さ、釣合い、流動性、生命力などを合わせて、統合性ということばで表わしている。ここに示した四枚のスライドはなんらかの意味で、統合性に欠けているのが認められる。図５は、機械的な配列で貧困であり、生命力に欠けている点で、病的な感じをさえ受ける。これは、自閉傾向の非常に強い子どもの作品である。図３は戦争の場合であるが、使用されている範

図4

図5

囲が全体に広がらず、しかも、敵、味方も判然としない、力動感の少ないものである。箱の全体を使用できないことは、文字どおり、その人の「世界」の狭小を示すもので、問題も深い。これは場面緘黙で、チック症状もある高校生の作品である。初めは、カウンセリングのみであったが、数回の面接の後に、初めて置いた作品である。

図2・4は、前記のものに対して、あまり問題性を感じない。図2は、全体に動きもあるし、人間や動物も存在している。ただ、左上隅に飼われている動物の区域は、花が咲いたりしているのだが、あまり狭く、がっちりと囲まれすぎている点が少し気になる程度である。これは、知能も優秀な中学生であるが、母親が教育に熱心すぎて、そのためやや学業不振に陥っている中学生である。動物の世界で表わされるような、本能的な世界が相当抑圧されていることは想像に難くない。しかし、前二者に比べて、はるかに健康な感じがすると思う。なお、ガソリンスタンドが置かれているが、エネルギーの供給を受けるという意味で、好ましい表現である。ここは直接に給油をしてはいないが、給油のシーンが表現されることもある。

図4は、大学生の作品である。この学生は下宿生活をしていたが、学校へは全然登校せず、しばしば衝動的に旅行に出かけ、その時は旅費の続くかぎり旅を続け、最後は金に困って警察に保護されるというありさまで、重篤な精神障害を疑われ、両親に連れて来られたのである。

話し合ってみると、高い要求水準と現実のギャップに葛藤をもち、たまらなくなると虚無的な感じになり、どうにでもなれという気持で旅行に飛び出してゆくことなどがわかった。作品をみると、統合性という点では、まず一見してあまり悪い感じはしない。これを見ても、精神病という疑いは消えるのが感じられる。もちろん、これだけで診断をするわけではないが……。

ところで、左下隅と、右下隅に完全に囲まれた区画がある。これをクライエントは、右側は塔であると言い、左側は学校であると説明している。このような閉じられた空間の多いことは、やはり問題である。このような点については、次の空間配置の項で考察してみることにする。

二　空間配置

箱庭を一つの「世界」と見るとき、その世界をどのようにして埋めてゆくか、つまり、その空間をどのように使用するかという問題が生じてくる。

例えば、図3の場合のように、箱の中央に集まってしまっているのはどういうことであろうか。これは、全体に広がってゆくことの不安を示しているものと思われる。領域を少ししか用いない例としては、中央部ではなく、どこかの隅に小さく固まってしまったような作品がある。これらの場合、そのまわりを柵や垣などで防衛しているものと、いないものとがある。

図3の場合は、周囲に垣がないので、全体に広がる可能性を感じさせるが、中央に小さく固まり、それを垣で全く囲んでしまったような作品の場合、その治療はなかなか困難である。図5がややそれに近い感じである。後方はあいているが、三方が閉じられている。片隅にのみあるものとしては、例えば、図17(二六〇頁参照)がその典型である。これは緘黙症の事例であるが、左下隅に少し玩具が置かれているだけで、あとは空白のままである。この場合も治療困難であるが、われわれの経験では、前者の場合(中央に固まったもの)の方が、より困難のように思われる。

次に、空間の高低という意味で、砂を使って、山や川を作る人と、全然砂にさわらない人の差が考えられる。この例であれば、図2の場合、中央分離帯を作るため少し砂を移動しているが、他の三例とも砂に触れていない。砂に触れない人は、箱庭作りそのものに対して(あるいは治療全体に対して)、まだモチベーションが高まっていないこと、あるいは状況を改善することに対する不安や抵抗などを示している。砂に触れない人が、セラピーの進展とともに砂に触れ始めることは、よく認められる現象である(図3・4の例の場合がそうであった)。また、潜在的な能力や、葛藤を示すものとして、砂の中に何かが埋められたり、土の中に他の世界を作ったりすることもある。あるいは、何かを抑圧したり、拒否したりする動作として、それを砂に埋めることもある。

次に、箱の枠の上に玩具を置くとか、枠外に玩具を置く場合がある。これは表現しようとする心的内容が自我の把握をこえている。あるいは、自我によって確実には認知し得てないが、何かの存在を予感していることを示す。子どもの場合は、自我の境界がはっきりとしていない点もあって、時に生じることもあるが(典型的なものとしては『箱庭療法入門』中の事例7を参照)、成人の場合に生じるときは、行動表出(acting out)の可能性もあるので注意しなければならない。

子どもの場合は、箱から自由に出ても、プレイルーム全体を一つの枠として考え、箱そのものを枠としてあまり意識していないときもあるので、その点は治療者が適切に判断しなければならない。

枠外にものを置かないが、枠に対して橋がかけられているような場合は、枠の外の世界の存在を暗示しているものと考えられる。あるいは枠に沿って垣をつくる場合、例えば、図5のようなときは、枠外の存在に対して、強い防衛を働かせねばならぬことを意味しているのであろう。箱の枠だけでは防衛が十分とは感じられないのである。実際、精神分裂病などの重篤な事例においては、柵が枠に沿って一面に並べられるようなことが多い。次に箱を二個、あるいは三個用いて作ることがある。これは、そのような大きい作品を作ることによって、自我領域の拡大を示すようなとき、あるいは、自我内における強い対立と葛藤を示すことがある。

空間配置を象徴的な見方でみようとする傾向は、ヨーロッパの伝統に古くから存在している。これは筆跡学、人物画テストや樹木テストなどの解釈にも用いられているものである。これは左と右に無意識と意識、内界と外界などを対応させ、上と下とを精神と肉体、父と母などと対応させる考え方である。

このような考え方は、受け入れることにちゅうちょを感じる人も多いと思う。われわれもその点慎重にしてきたが、今までの経験では、左側が無意識や内界を示すのに対して、右側は意識や外界を示すという点は、相当受け入れられるように思う。

ここに示した例ではあまり考えられないが、例えば、図2で、動物の世界が左の隅に小さくあるのは、このような考えで理解し得ることと思われる。つまり、意識界(右側)では、ガソリンの給油があり、自動車という近代的なものが走っているが、無意識界には、本能的な部分が小さく閉じこめられているのである。図4で、学校が左下隅に全く閉じこめられているのも印象的である。

もちろん、このような考えは「常に」通じるとは限らず、一応心にとめておくと便利であると言った方が、よいかもしれない。しかし、初めに聞いて唐突に感じるのに比して、実際に多くの例に当たってみると、このような考えの有用であることが実感されるのである。空間象徴の理論における上下の意味の差などについては、われわれは今のところ、それほど考慮していない。

正常な人の作品で、神社や仏閣、あるいは、森などの、心の中の深みを表わすような部分は、一般に言って左側につくられることが多いように思われる。

三　主　題

箱庭の中に一つの主題が示され、あるいはそれが継続的に展開されてゆくことがある。例えば、図2であれば、「二つの世界」の主題で、一方の「動物の世界」があまりにも狭い。これが治療を通じて、どのように展開され、統合されてゆくかという点が考えられる。

図3は、「戦い」の主題であるが、あまりにも力動感に乏しいものだから、これがその後どのように展開するだろうかと、少し心配である。

図4では、「閉じられた世界」、ここでは学校とクライエントが述べているところが、どのように開かれてくるかが問題となる。

図5は、あまりにも生命力のないもので、ここに、人間が住むようになるかどうかが大きい問題となる。

このように、いろいろな主題が考えられるが、それが継時的に展開しないときは、まずセラピストの感じていた主題が誤りでなかったかを反省しなければならない。箱庭療法は何日にもわたって行われることが多いので、一つの作品の解釈を誤解していても、それが次の作品へとつながってゆかないので、すぐに治療者が考え直しを強いられる点が、特徴的である。もちろん、主題が展開しないときは、それがクライエントにとって困難すぎる場合、あるいは、セラピストとクライエントとの関係が十分確立されていない場合などが考えられる。

四　象　徴

これは、置かれた内容を象徴的にみる場合で、後に示す事例の「渦」のような例である。例えば、牛は母性を象徴するとか、高くそびえた木が父性を象徴するなどと考えることである。このことは、われわれも大切と考えるし、カルフの著書を見れば、このような解釈が豊富に駆使されていることがわかる。しかし、このことは、初心者の場合はむしろ失敗を犯すもとにもなるので、なるべく慎重にした方がよい。われわれも多くの経験の累積を通じて、このような方法を用いつつあるが、ここではあまり触れないことにしておく。

4　一つの事例(学校恐怖症)

小学六年生男子の学校恐怖症の事例を、箱庭の作品を中心にして、ごく簡単に述べる。本人は六年生になって、五月から登校しなくなり、筆者のもとに来た十月まで休み続けている。その間、あるカウンセラーに二度ほど面接を受け、後に、ある精神科医から筆者のもとに紹介されてきた。

家族関係は、父親は別居、母とふたりの兄があり、兄はふたりとも大学に在学中である。

本人は来談意欲がなかったが、いろいろ説得を続けて、ついに一度だけということでやってくる。初回から一応いろいろと話をするが、知能が高く、相当防衛機制が働いているのが感じられる。このときは箱庭を作らず、絵を描いたが、そのうちの一枚を図6に示す。写真ではわかりにくいかもしれないが、これは赤、青、黄などの色の上に黒を重ね、それに渦状に線を描いて、下の色が見えるようにしたものである。ここに「渦」の象徴性について詳しくは述べないが、ものを呑みこみもするし、そこから何かが生まれ出もするという両面性をもったものとして、母性を象徴するものと考えられている。これは、この少年が母から分離しようとして分離できない感情を如実に示しているものと感じられた(渦の象徴性については、文献6、89—92ページ参照)。

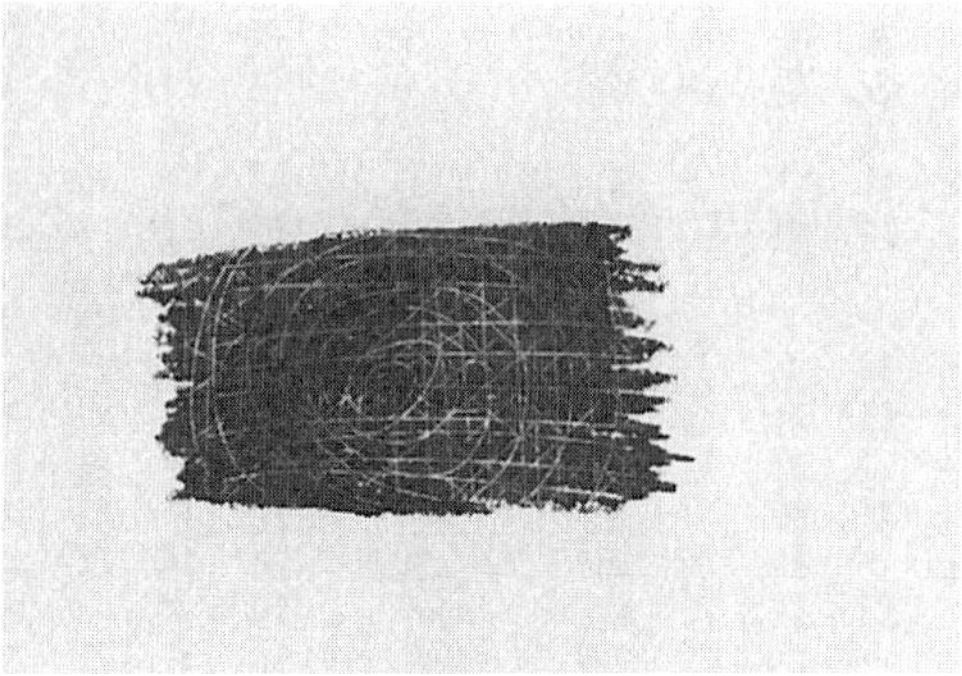

図6

図7

第二回目には箱庭を置いたが(図7)、これは学校恐怖症児によく見られる主題を示している。中央にある柵で世界が二分されていて、右側の世界の方は左に比して、非常に貧困である。箱の左が内界、右が外界を表わすことを先に述べたが、この作品のように、外界の貧困さと、世界の分断とは、学校恐怖症児の内面を表わすものとして、よく生じるものである。しかし、この場合、二つの世界の間に「戦い」が生じていることは、このような状態に、なんらかの進展がもたらされることを予感させる。

この間、母親との話し合いでは、簡単にではあったが、夫と別居しなければならなくなったいきさつや、その時の苦労などが語られる。そして、このために、本人の幼児期にあまり構ってやれなかったことを母親は反省する。

第三回、このときに置いた箱庭が図8である。前回にあった強力な柵がなくなって、動物が自由に行動している点が印象的である。しかし、動物の数も少なく統合性に欠ける作品となっている。動物がすべて左に移動しているのは、退行的傾向を示しているものと思われる。このような退行はよく生じること(特に柵がとられたような時)であるが、これも治療の進展に必要な段階であろう。

図8

図9

第四回は箱庭をせず話し合う。中学校は思い切ってT市の有名な私立校にゆきたい。そこへゆくため大学生の兄と一緒に下宿したいなどと言う。学校恐怖症児の治療過程によく生じる「出立」のテーマ——これは下宿したいということで表現されることが多い——

図10

が生じてきたのでうれしく思う。

第五回、このときの箱庭が図9である。「何を置いてもよろしいか？」といたずらっぽい目をして念を押しながら、ラクダを一匹だけ中央に置く。これはセラピスト、すなわち父親的なものに対しての、一種の挑戦であるとも受け取られるし、ひとりで登校することの孤独感を示しているようにも感じられた。

第六回、箱庭を置かず話し合う。T市の中学校を見学しておもしろかった。最近は計画的に家で勉強している。学校へは行こうかという気も少しあるが、まだ行く気がしない。

第七回、乗り気を示して箱庭をする(図10)。あれこれ考え、人形を選んだりしているが、結局あまりたくさんは置かなかった。金の騎士と銀の騎士の戦いで、九対九の伯仲した戦いである。このように勢力伯仲した戦いの表現は、相当エネルギーが蓄積され、次の発展へと向かうことが予想される場合が多く、好ましいものである。この場合、戦いがまだ完全に箱の全面には広がっていない点が、少し力の弱さを感じさせる。事実、登校したい気持を表明するが、弱い感じである。

ここから大学が休みとなったため、セラピストの自宅で面接したので、箱庭を置けなくなる。しかし、第八回、第九回とも非常によく話し、防衛も解けてきたために、自分の幼児期に母親が不在でつらかったことを語る。これもよくあることで、学校恐怖症児が登校に踏み切る前に、過去の悲しかった思い出や、つらかったことを話すことは多い。
結局十回の面接後に登校する。セラピストとしては、七回目の箱庭の作品から考えても、まだ不十分な気持が強かったが、登校したために面接をやめることになる。
卒業後、T市の中学に入学したが、一年後に帰ってきて、自宅からその地方の中学に元気で通っているとの、母親からの報告があった。一度下宿をした後に、帰って来るということも、よく生じる現象である。
以上、非常に簡単に報告したが、少ない作品ながら、渦—二つの世界—柵の解消と退行—伯仲した対決、と、学校恐怖症児の治療過程を端的に示しているテーマがよく出現しているので、例として取り上げたのである。

質疑応答

質問 今、例えばガソリンスタンドなどについて解釈されましたが、それには偶然ということは考えられないのでしょうか。例えば、ガソリンスタンドが一番手近に置いてあったので置いたのだということもあるのではないでしょうか。

答 確かに、箱庭や絵画療法などの場合、偶然の要素が入ってくるのは争えません。それだからこそ、解釈は慎重でないといけないと思うのですが、もし偶然によるものであれば、その解釈は次回の作品とつながってゆかないと思います。一つの解釈がクライエントの行動とどうつながっているか、そして、その解釈が次の作品の展開とどうつながっているかなどによって、偶然的なものを排除できると思います。
その点、箱庭の作品を一つだけ見るときは解釈も慎重にならざるを得ないし、シリーズとして見るとよくわかるといえます。

質問 例えば、まん中に固まっているのは治療がむずかしいと言われましたが、そのような点から考えても、箱庭を診断的に使うことは可能でしょうか。これと他の投影法のテストなどとはどのように関係していますか。

答　ある程度は、診断的に使えます。しかし他のテスト（たとえばロールシャッハ法や、ＴＡＴなど）に比べると診断的な力は弱いのです。このような作品では、その時に問題となっているコンプレックスが拡大して表現され、そのことについてはよくわかっても、心の全体的な状態はわかりにくいことがあります。もっぱら治療のために使用していますが、診断的な研究をするのも意味のあることでしょう。

質問　示された作品をみると、なかなかその人の心がよく表現されていると思うのですが、もしわたしがするのだったら、その時によってごまかしたり、ふざけ半分で置いたりすると思うのですが。

答　確かに、このような作品を作る上で、健康な人ほど、その意志に従ってごまかしたりすることができると思います。ところが、コンプレックスの強い人は、どうしてもそれに影響されてしまうのです。そのような点で、箱庭を健康な人が面白半分に作ったものはわかりにくく、問題をもった人が、治療者との関係に支えられて作ったものほど、わかりやすいと言えます。

しかし、ともかくみなさんが一度自分で作って下さるといいと思います。やってみると、案外面白いことがわかります。実際作ってみると、初めに思っていたとおり作りにくくなったり、どうしても空白の場所ができてきたり、そして、できあがったものをよく見ると、自分の思わぬ面が表現されているのに気づくときもあります。

質問　右と左の象徴のことですが、そんなにうまく言えるのかな――という気がするのです。もっとはっきり言うと、勝手なことを言っているのではないかという気がするのですが……。

答　空間象徴の考えは、ヨーロッパには古くからあるものですが、われわれも初めて聞いたとき、おっしゃるような感じを受けたものです。この点は、われわれもできるだけ慎重に見てきたつもりですが、相当の経験を集めた結果、このような考えはなかなか建設的なものと思っています。

質問　右と左の象徴性は、左利きの人にとっても同じことでしょうか。

答　その質問はよくなされるのですが、われわれとしては実際的に比較してみないので何とも言いかねます。左利きの人ばかりに作品を作らせてみるのも面白いかもしれませんが……。

質問　図4で、左下隅の学校を強調して説明されましたが、わたしには右下隅の高い塔が気になるのです。これはこの大学生の要求水準の高さを示しており、やはりその領域が閉じられていることに問題があると思うのですが、いかがでしょう。

答　そのような考えも面白いと思います。大切なことは、ある作品の解釈にはただ一つのものがあるわけではないということです。一つの作品はいろいろなことを集約的に表現しているのです。今の場合も、閉じられた空間としての学校に対して、それと接触のない高い要求水準の存在、この両者の断絶に問題があると考えてもいいと思います。もっとも、この例は第二回目には、「学校」だけが中央に置かれ、少し開かれた状態となった作品が置かれ、そちらの主題の方で展開していったようです。

質問　事例として出された治療過程において、子どもと話し合ったり、母親のカウンセリングをしておられますね。懐疑的なことを言って申訳ないと思うのですが、子どもがよくなったのは、そのためであって、箱庭は別に無くともよかったような気がするのです。

もっと端的に言うと、先生がこの親子に対して受容的に接してゆかれたので、治療が進展したのであって、箱庭の表現は――面白いことは面白いですが――その結果として出てきたものだと思うのですが、いかがでしょうか。

答　なかなか大切な問題が出てきました。それは単に箱庭療法のみでなく、他の心理療法全体にもかかわる重要なことだと思います。それで、少し理屈っぽくなると思いますが、その点についての理論的考察を、次に述べたいと思います。

5　理論的考察

箱庭を作ってゆくだけで、どうして治療ができるのかを不思議に思う人は多い。あるいは、カウンセリングや遊戯療法などをすでに行なっている人の中には、クライエントに対して受容的に接してゆくことが大切であるのに、箱庭を作らせて「解釈」をしているのではだめではないか――といった疑問を提出する人もある。

これらの疑問に対して答えるために、少し理屈っぽくなるが、箱庭療法の治療理論を述べることにしよう。

一　自己治癒の力

心理療法というものは、どのような技法によるものであっても、それがどうして治療となりうるものかを説明することはむずかしいものである。

例えば、カウンセリングの場合でも、クライエントが話をして、だんだんとよくなっていく過程は非常に明らかにわかるにしても、いったいどうして、そんなに話をするだけで治るのですか——と問われると困ってしまう。もっと意地悪く、話をしたから治ったのではなく、治っていったから、そのような話ができたのではないですか——とまで言われると、答えるのに苦労してしまう。

このようなむずかしいことが出てくる根本は、心理療法というものが、根元的にはクライエントの自己治癒の力にたよってなされるものだという点にあると、わたしは思っている。この自己治癒の力というものは、ロージャズのいう成長への衝動とか、ユングのいう自己実現の傾向とかから生じてくるものである。しかし、そのような傾向がありながら、それが阻止されているということは、クライエントの環境か、あるいはその自我が、自己実現の傾向に抵抗しているからだと考えられる。

そこで、その傾向を促進させるための、治療者の援助が大切になってくる。

二　治療者の援助

クライエントの自己治癒の力を発揮させるためには、治療者の援助が必要である。しかし、この際の援助とは、治療者が積極的に何かをしてやるのではなく、クライエントに対して、一つの望ましい「場」を提供してやるのだと考えられる。つまり、クライエントに対して、受容的な態度で接することが大切なこととなる。

箱庭療法を創始したローエンフェルトは、このような点に対しては、積極的に述べていなかったが、この療法を一段と発展させたカルフは、このような治療者のあり方を重視している点が特徴的である。カルフは、特に児童の治療に専念していたためもあって、治療者とクライエントとの望ましい関係を、「母と子の一体性」という表現で示している(文献3)。つまり、母親が子どもと一体であるような関係が両者の間に成立すると、クライエントの自己治癒の力が徐々に発揮されてくるというのである。

箱庭療法といっても、箱庭を作るだけで治るのではなく、そこに治療者とクライエントとの関係が成立していることが絶対に必要である。その関係を土台として、クライエントの表現がなされるのである。しかし、自己治癒の力とは言っても、それは単純なものではない。例えば、消極的で元気のない子どもが、治ってゆくためには、積極的な活動性が必要である。しかし、それは抑圧された状態においては、自我に受け容れることのできない攻撃性として存在していることだろう。ここで、この攻撃性を開発し、それを自我に統合してゆくという意味で、それは自己治癒の力であると考えられるが、うっかり応対を誤ると、自我を破壊するほどの爆発力となるかもしれない。端的に言えば、自己治癒の力は自己破壊の力でもあるわけである。

そこで、そのような力を適切に、あるいは失敗を繰り返しながらも適切な方向に表出してゆくためには、それを表出してもよいと感じられる「場」がなければならない。治療場面は、つまりそのような場を提供するのであり、カルフは、これを「自由にして、保護された空間」と呼んでいる。

治療者が受容的であり、安定しているので、クライエントは箱庭の中に、いろいろな表現ができるのである。

これは、カウンセリングにおいて、カウンセラーの態度に支えられて、クライエントが、いろいろと自分の悩みや苦しみを話し、自分の欠点と直面してゆくのと同様である。ところで、箱庭の場合は、カウンセリングのときのような言語的な手段でないところが特徴的であり、この点について、次に考えてみることにしよう（治療者の態度については、文献4参照）。

三　イメージの意味

箱庭は一つの作品のようなもので、この視覚的な作品を媒介として、治療者とクライエントの間にコミュニケーションが成立するのである。

ここに表現される視覚像をイメージと呼んでいるが、これに対する詳しい論議は、文献5を参考にしていただくとして、簡単に説明してみると、イメージは意識と無意識の交錯するところに存在するもので、無意識的な心の動きを意識が把握したものということができる。自我がはっきりと何かを把握したときは、それを言語化できるが、それ以前の状態では、視覚像として認知するのである。

これを前述した自己治癒の力という点と結びつけて考えてみると、無意識界から働きかけてくる自己治癒の力を、自我が把握するとき、それがイメージとなると考えられるのである。このような観点からすると、箱庭の作品は、クライエントの自己治癒の傾向と、自我の働きとの交錯するところに生じてきた一つのイメージの表現とみることができる。

しかしながら、ここですぐ気づくことは、イメージも、意識と無意識の交錯の程度に従って、いろいろな段階のものが生ずるということである。例えば、どこか知っているところの庭をまねて作ったりする場合は、意識的な力が強いと思えるし、子どもなどが、箱庭の中で破壊的な場面を演じ、ついには玩具さえこわすほどになるときは、無意識的な力の方が強いと思われる。先に、自己治癒の力は自己破壊の力であると述べたが、このような点を考えると、無意識的な力の方が強いほどよいとは限らないことがわかる。もちろん、意識的なコントロールが強すぎるときも、治療的ではない。そして、ちょうど中間的な望ましい状態にあるためには、先に述べた治療者とクライエントの関係が大切になってくるのである。

イメージとして表現されるものが、言語表現よりも深い心の層を表わすものとして、治療的に重要であることがわかったが、このイメージ表現としては、夢、絵画、あるいは、いわゆるイメージ面接法によるイメージの表現などがある。ここで、箱庭の特徴としては、あくまで言語表現を用いずに行う点で、夢やイメージ面接では、そのイメージを言語的に表現するのと対照的である。その点、絵画と似ているが、絵画よりも手軽であること、三次元であること、砂があることなどが異なっている。確かに絵画療法に抵抗を示す人でも、箱庭にはモチベーションを感じる人が多く、この点は大きい利点をもっている。

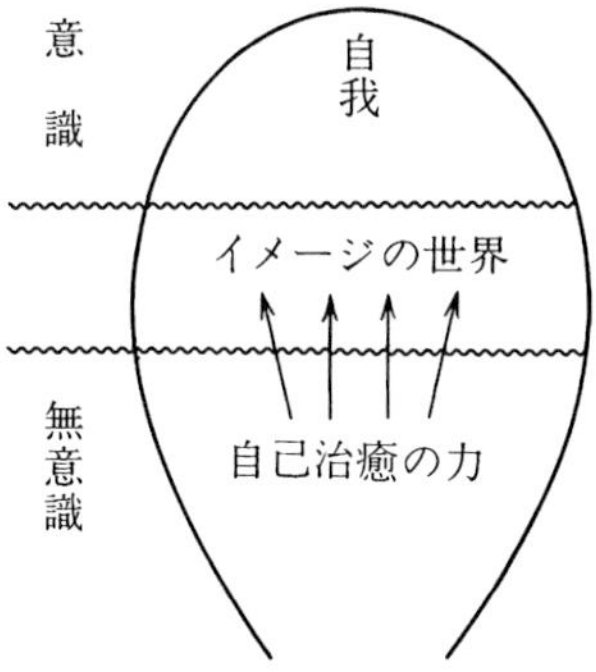

図11

砂をさわることができるのは、予想以上の利点をもつ。これは成人でも自ら試みるとよくわかることであるが、砂をさわることによって、治療にとって望ましい退行を生じやすくするからである。また、三次元であるので、相当現実的な表現が可能であり、戦争や火事などという相当攻撃的な表現も箱の中で行うかぎり、治療者も危険を感じないで受容しやすいという利点をもっている。

イメージによって表現されたものを、治療者はなんとか理解しなければならない。これが解釈の問題である。これも非常に大きい問題で簡単に論じ切れないが(文献5参照)、興味深いことは、カルフが、イメージの発展過程について、一つの図式的な段階を示していることである。

カルフは、ユングの考えに従って、先ほど来強調している自己治癒の力を働かせる心の中心として「自己」という考えを重視する(ユングの自己の考えについては文献6第九章を参照されたい)。簡単に言うと、自我がわれわれの意識の中心であるのに対して、自己は心の奥深く存在し、意識も無意識も含んだ心の全体の中心をなすものと考えるのである。ユングは東洋的な考えをヒントとしてこのような考えを持つに至ったので(文献7)、われわれ日本人としては、彼の考えそのものではないにしても、それに近い考えを持っているため、この「自己」の考えもなんとなく了解されやすいと思われる。ところで、この「自己」の働きによって治療が進展するのであるが、箱庭に、その自己を表現するような作品が生ずることが、治療にとって非常に大切であるとカルフは考えるのである。

「自己」を表現するものとしては、いろいろなものがある。それは、神社や城などで表わされたり、石や山で示されることもある。しかし、箱庭の中に非常に特徴的に示されるものに曼荼羅図形がある。これについては後に詳しく述べるが、円や四分割をテーマとする幾何学的な図形である。

ところでこのような「自己」の表現がなされた後に、

① 動物的、植物的段階

② 闘争の段階

③ 集団への適応の段階

が生ずるというのがカルフの考えである。これは、確かにこの通りの展開を示すのもあるが、実は全くこの通りということは少ないのである。しかし、この発展の図式を心に留めておくと、この通りではないにしても、この段階を一つ欠いたような流れになったり、二つの段階が交互に出現したりしながら、だんだんと深い表現に変わっていったりすることもあるので、有用なことである。

カルフの考えのみならず、いろいろと作品を見ていると、その流れを通じてなんらかの主題が展開されてゆくのを認めることができる。これによって、クライエントの心の変化の状態がよく読みとれるのであるが、その代表的な例は、後に示すことにする。二つの世界が一つに統合されてゆくような展開や、攻撃的なものが表現され、それが全体の中に徐々に統合されてゆくもの、あるいは、安定した住居が形成されてゆくものなど、いろいろ発展過程がある。

それらを、治療者はよく見定めて把握してゆくことが大切である。

四　解釈と受容

ここに一つの重要な問題が生じてくる。つまり、クライエントの自己治癒の力を発揮させる場を提供することが大切であるならば、それ以外のこと、つまり作品を解釈することなど不必要ではないかという点である。しかも、治療者が解釈ということにとらわれすぎると、その態度が受容的でなくなる危険性が高いので、ますます問題となってくる。

これに対して、まず極論するならば、確かに大切なのは治療者の態度であり、解釈はできなくてもいいときさえあると言うことができる。では、どうして解釈が必要かと言えば、治療者も人間として、クライエントの表現の意味がわからずに、安定していたり、興味を示したりすることが非常にむずかしいということである。

これをカウンセリングの場合について考えてみよう。例えば、いくら受容的にしようと努力しているカウンセラーでも、「どうして、あのクライエントは同じことばかり言うのか」と言ってみたり、「どうして、あんな表面的なことばかり言うのだろう」といらだたしくなったりすることがある。これは、結局カウンセラーも、クライエントの言っていることや、行為の「意味」を了解せずに受容することが不可能に近いことを示している。あるいは、受容的にふるまうようにしても、その態度は安定を欠いたり、興味のないことによる不熱心な態度へと変わってゆくことが多い。つまり、解釈と受容は単純に考えられるほど、相反するものではない。

考えてみると、絶対的な受容的態度がだれに対しても、すぐに存在し得るような簡単なものではなく、それはふたりの人間関係の中でつくりあげられてくるものであることがわかる。クライエントの言っていることがわかり、その意味がわかるので、治療者は受容的になり、その態度に支えられて、クライエントもより深い表現ができる。またそれによって治療者の態度も変化すると考えてよい。

このようなカウンセリング関係と同じことが、箱庭療法でも生ずるが、それはただ箱庭という非言語的な手段を媒介としている点が異なるのである。そこで、われわれが解釈を深めてゆくことによって、この関係が進展してゆくことも了解されると思う。もちろん、ここでの解釈が、単なる知的なものであってはならないし、それを不用意にクライエントに伝えるときは、治療の流れを変えてしまうことにもなるので、十分注意しなければならない。

以上のような考えによると、解釈と受容とは、相反するものとしてではなく、相補的な役割をもっていることが理解されると思う。

質疑応答

質問　治療者の態度の重要性が強調されましたが、極端に言うと、治療者が受容的ならば、箱庭の解釈ができなくても治ることがあるということですか。

答　はい。そういう場合もあります。

質問　するとやっぱり解釈はいらないのではないでしょうか。

答　実際に治療をされるとわかりますが、困難なケースですと、意味をわからずに受容的な態度をとり続けることはほとんど不可能といってよいと思います。これはプレイセラピーでも同様で、何もわけがわからないでも治ることはあり得ますけれど、それは簡単なケースの場合です。

質問　今、プレイのことが出ましたが、特に箱庭を作らせることの意味について、もう少し詳しく言って下さい。別に箱庭を作らせなくとも、プレイで十分だとも思うものですから……。

答　確かに、クライエントの自己治癒の力によって治ってゆくという意味において、それを表現してゆく手段は、プレイでもカウンセリングでも何でもよいわけです。ところが、前に述べましたように、その力は破壊的なものとなる可能性ももっています。このため、カウンセラーにとっても、クライエントにとっても、安心してそれらのものを表現しやすい手段をもつということが大切になってきます。その点で、箱庭の表現は非常に適切であり、箱の中にまとまったものとして置かれるので、その意味も読みとりやすいという利点をもっています。その点、プレイセラピーの発展過程を読みとることの方がむずかしいと言えます。

前回のときに強調しておきましたように、もちろん、箱庭以外の方法でもクライエントが表現しやすい手段があれば、それにたよる方がいいので、箱庭に固執することはよくないことです。

質問　カルフの述べている段階について、それを示すような作品の具体例をあげてみて下さい。

答　動植物段階は文字通り、動物や植物を主体として作品がつくられているときで、熱帯に猛獣のいる作品などです。闘争の段階は、なんらかの戦いの表現です。これも二つの勢力が伯仲して生ずる方が望ましいようです。片方が一方的に片方を攻撃してしまうのなどは、あまりよくありません。集団への適応の段階は、町や村の光景などが置かれ、人間の社会生活を主体とした作品です。

質問 治療者とクライエントの関係が大切とのことですが、クライエントが作品を作る間、治療者に室外に出てくれと言ったときは、どうしたらよいでしょうか。

答 「関係」と言っても、これはあくまで内的な関係を意味します。だから、クライエントの言う通りに従う方が、かえって関係がよくなると判断すれば、室外に出てもいいでしょう。いつもクライエントの言う通りになるのがいいとは限らないことはもちろんですが……、治療者がいなくても、両者の関係が存在し、治療者に見てもらおうと思いながらクライエントが作るならば、これは治療的な意味をもつということができます。

質問 カルフの段階以外に、いろいろな主題の展開があるといわれますが、それにはどんなものがあるでしょう。

答 それについては、われわれの体験した事例の中から、適当なものを選んで次に見せることにします。

6 主題の展開(いろいろな事例)

われわれは、今までに相当数にのぼる事例を経験してきたが、それらのうちから特徴的と思われるものを次に示す。事例は、われわれの研究会のメンバーから提供していただいた。事例ごとに、年齢・性・主訴を示し、治療者の名前を次に明らかにしておいた。これらはすべて、一連の作品の中の一枚のみを抜き出して示すもので、詳細な事例の展開については、参考文献を参照されたい。

事例1 小学四年生、男子、学校恐怖症、治療者・中村良之助、京都市カウンセリングセンター(現在、聚楽小学校)。

これは第一回目の作品(図12)であるが、箱の中央を流れる川によって、世界が二つに分けられ、その橋の上を一頭のゴリラが渡ってゆく。それを他のゴリラが対岸で迎えているのが非常に印象的である。

その他は、木や象・ライオンなどが置かれている。川の中には河馬やあひるなどがいる。このとき、クライエントは他の箱を使ってもう一つの作品をつくり、それには家畜の世界を表現している。二つの箱に別々に置かれた家畜の世界と、野獣の世界が治療の進展につれて、だんだんと統合されてくるのであるが、それは文献8を参考にしていただくとして、ここに特に指摘しておきたいのは、ゴリラが「橋を渡る」という行為で、新しい世界への進展を予示していることである。二つの世界の統合や、橋を渡るという主題は、よく生ずるものである。これは十二回の治療中七回、箱庭を置いて登校している。

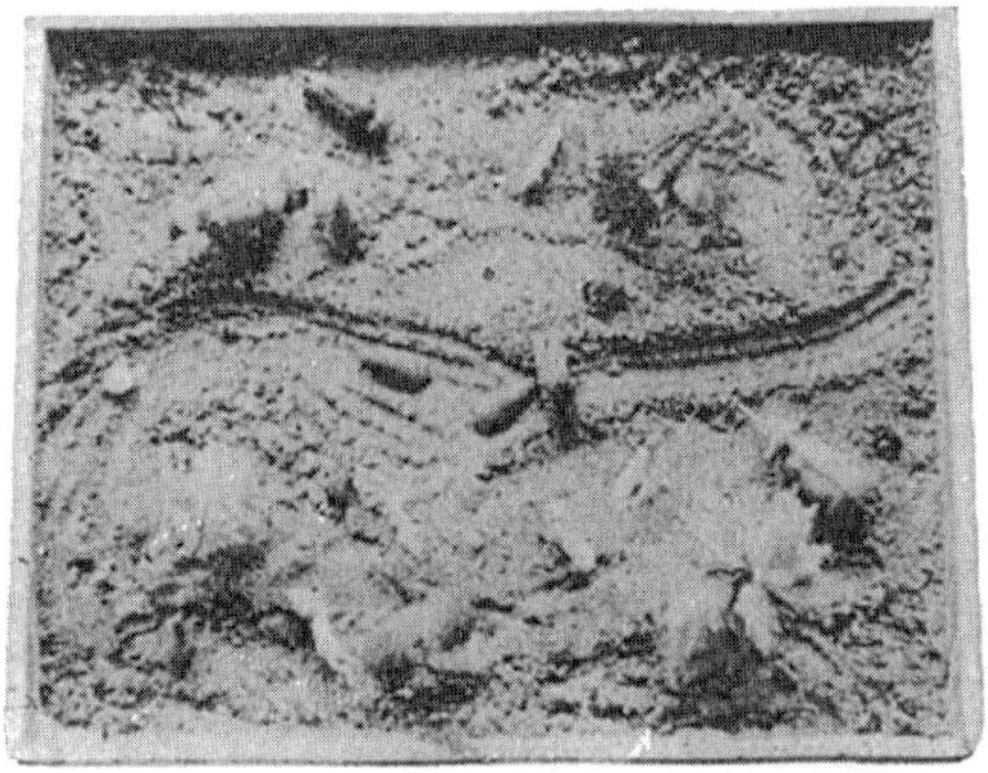

図12

事例2　小学二年生、男子、乱暴、治療者・森田琢美、京都市カウンセリングセンター。

これは第七回目の作品(図13)である。クライエントはひとりっ子で、両親に大事に育てられる反面、親からの干渉も多い状態で大きくなったため、学校場面に適応できず、乱暴や、衝動的な行動を繰り返していたものである。箱庭の作品は、初めのうちは、左下隅に少しの玩具が置かれるだけの、力の弱いものであった。それがプレイ場面においても、だんだん力を示し、治療者に対してボクシングや、チャンバラなどで直接的に攻撃をするようになる。この攻撃は

図13

非常に強くなって、治療者も受けいれ難いほどになったとき、この図13に示すような作品を置いたのである。

川を隔てた両側に、怪獣とウルトラマンたちが対決している。このような勢力伯仲した対決は、なかなか望ましい表現である。ところが、クライエントは左手の怪物は悪いやつであると言って、自分はそちら側になり、右側の良い方の怪物をやっつけてしまうのである。これは、彼の無意識界からの力(左側の力)が強すぎて、まだ簡単に自我に統合され難いことを示すと同時に、ひとりっ子に対して、いつも「良い」ことを期待する両親に対する反抗も示しているものとも思われる。

この場合は、片方が勝ってしまったので残念なことであるが、これも、もちろん治療のプロセスとしては必要なことであったろう。このような対決の主題は、非常によく示されるものである。なお、プレイにおける攻撃感情の表現と、箱庭の作品とが平行することもよく生ずることである。

この後、クライエントの学校内の適応がよくなり、治療は終結するが、詳細は文献9を参照されたい。なお、闘争場面において、殺されたものが生き返る、「死と再生」の主題が劇的に生ずるときもある。ここには例をあげないが、それらの事例としては、すでに発表されたものとして、文献11・12・13を参照されたい。「死と再生」の主題によって、クライエントの心の内部に生じた劇的な変化を窺うことができるものである。

事例3　中学二年生、女子、学校恐怖症、治療者・浪花博、京都市カウンセリングセンター。

これもひとりっ子の女子の学校恐怖症の事例であるが、図14に示したのは、第十四回目の面接時に、箱庭の作品としては、四回目の作品として作ったものである。

すでに述べた事例においても示したように、学校恐怖症の作品として、左右に領域が分割され、右側が非常に貧困な表現がよく現われる。これもその特性を示す作品の一つである。ただ、左右の世界を分けている川に、おびただしい蛇が置かれていることが、注目すべき点である。このような蛇の群れは、不気味な感じを与えるものであるが、蛇は象徴的にプラスの意味をもつ場合が多い。

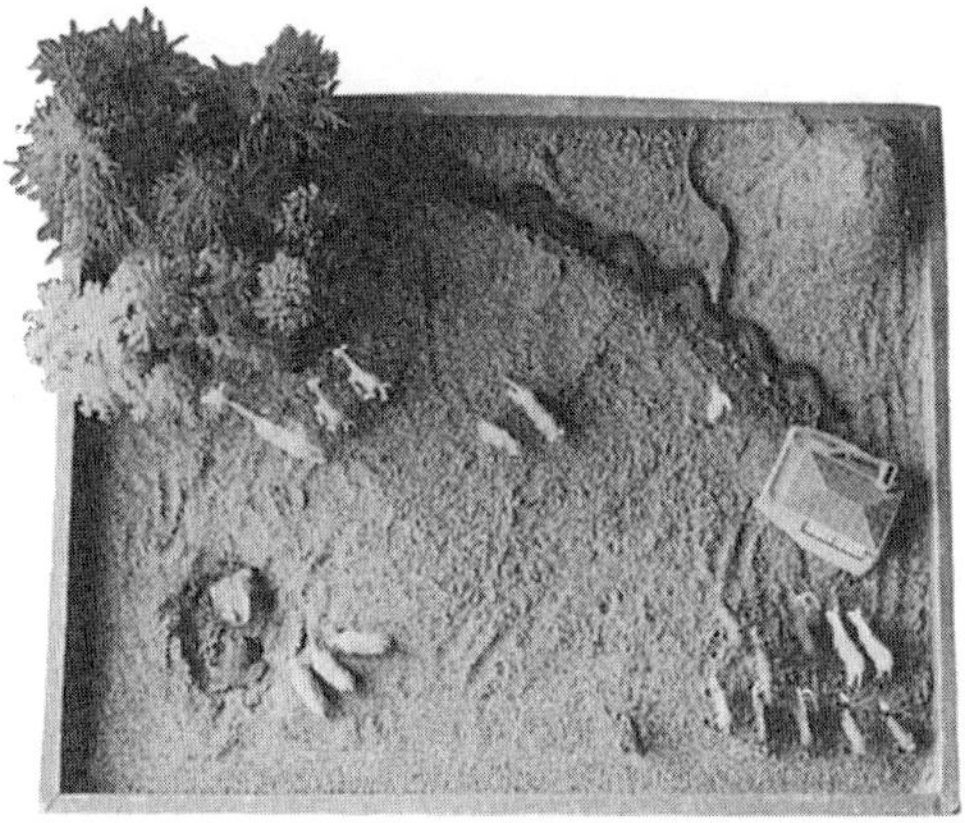

図14

蛇の象徴的な意味は多くあるが、世界共通に認められる点は、「再生」の象徴としてであり、死と再生ということから考えて、変容の前触れとして現われることが多い。この作品では、右側の貧困な世界に対するなんらかの統合の働きかけを予示しているものと考えられる。蛇のこのような意味での表現は、われわれは数多く体験している。この事例の詳細は文献13を参照。

事例4　幼稚園児、女子、乱暴、治療者・高橋史郎、天理大学(現在、奈良女子大学)。

これは幼稚園での乱暴があまりにもひどいので、来談した事例である。箱庭としては最初の作品(図15)であるが、それまでに相当長期間にわたるプレイセラピーの期間がある。

図15の作品は、いろいろなものが、いっぱい、無作為に入れこん

図15

であるところが特徴的である。ただ、ほぼ中央に椅子にすわった女の子が存在するところが大切な点で、これが、このクライエントの自我像を示しているのではないかと思われる。この周囲にあまりにも雑多なものが入れこんであるのは、自我防衛の極端な弱さを示しているものとみることができる。精神薄弱児や幼児の場合などは、やたらに玩具を投げこんだり、並べたりするだけのことが多いが、この例のように一つの中心を見出せるときは、それを治療の進展のポイントと考えられるので、救いが感じられる。事実、この例では、この自画像が発展していって、最後には自分が箱庭の中にはいりこんでまで、自我の確立を表現するのである。文献14参照。

事例5　小学校四年生、女子、学校恐怖症、治療者・井上義治、京都市カウンセリングセンター。

これは幼稚園当時から学校恐怖症の症状があったという困難な事例である。そして初めのうちは治療者に対して拒否的であったクライエントが、だんだんと治療者との関係をもちはじめ、十回にわたるプレイセラピーの後に、十一回目のときに、初めて置いた箱庭(図16)である。

このクライエントは、十一回、十二回にそれぞれ二つずつ箱庭をつくり、十三回目には、終結して登校するのであるが、箱庭を全然つくらなかったクライエントが、治療終結時に、今までの全過程を集約的に示すような作品をつくるときがある。この例もそのような一例であると考えられる。

図16の作品は、左側に柵で囲まれた領域があり、そこに二匹の犬が閉じこめられているのが特徴的である。こ

のように「閉じられた空間」もよく生ずる主題である。このクライエントは、続いて作った作品では、柵で囲まれた空間の中で、子どもが遊んでいるところへ、門に向かってひとりの人が訪れてくる作品をつくり、十二回目には、閉じられた空間のなくなった作品へと展開している。この例については、文献15参照。

事例6　小学三年生、女子、緘黙症、治療者・西村洲衛男、京都市カウンセリングセンター（現在、中京大学文学部）。

図16

これは幼稚園入園以来の緘黙症の事例である。緘黙症は、言語表現がないために、治療が行い難いが、箱庭のような非言語的なコミュニケーションの手段があることは、治療の大きな助けとなるものである。

図17は一見してわかるように、左下隅に小さく家と犬小屋などが置かれているだけのものである。クライエントが外界に対して極度の恐れをもち、小さく固まって生きていることを如実に示しているものである。

このように左下隅に小さく置かれる作品も、一つの特徴的な表現である。これが治療の進展につれて、だんだんと領域を拡大し、ついには箱全体に広がってしまうのである。事例については、文献16を参照されたいが、このような「領域の拡大」も、よく生ずる主題の一つである。もっとも、図17に示すような作品は、クライエントの自我が相当弱いことを示しているので、治療が長期にわたることを覚悟すべきであろう。

事例7　小学三年生、男子、ものを噛む、治療者・山中康裕、名古屋市立大学医学部。

これは、衣服や靴などをほとんど無意識のうちに噛み、ひどいときは上衣が唾液でべとべとになるほどであるとのことで、神経科の外来へ来談したものである。

図18の作品の特徴は、一見してわかるように、箱の外にまで世界が広がっていることである。このように箱の外にまで作品が及ぶことは、時に見受けられる。これは、一定の枠内(箱の中)に表現が納まり切らないことを示すものであるから、成人に生じる場合は、無意識的な力の強さを示すものとして、治療の困難を感じさせる。子

図17

図18

どもの場合は、成人よりは自由に表現し、プレイの延長として、プレイルームを一つの限界として表現を行なっている場合もあるので、成人の場合ほど、むずかしく考えることもない。このクライエントの場合は、箱を一つの中心として、四方に道をつくって部屋中に表現を行なっているものである。

子どもの場合であっても、箱の外にまで表現が及び、それがクライエントの制御を越えたものとなるときは、それを中止した方がよい場合もある。内的世界の力は、それがクライエントの自我に統合されてこそ、治療的な意味をもつものであるから、その表現に対して、クライエントと治療者とが耐えられないと感じたときは、制限を加えることが必要である。例えば、非常に残虐な表現などの場合もそうである。

図19

この例では、枠外のものではあるが、道路として規制されているし、それほどのこともないので治療が続行される。そして、その後の経過では、だんだんと作品は箱庭の中に納められるようになってゆき、症状も収まって、すなおな子になったので、治療が終結される。この例に関しては、文献17を参照。

次に図19に示すのは、ある中年男性の作品である。中央に円形の島をつくり、その中心に不動明王を置いている。明王のまわりには修道僧が立ち並び、島の外側の四隅にはそれぞれ異なる人物が一人ずつ立っている。このような円形の表現は曼荼羅表現の一種と考えられる。不動明王がその中心であり、明王の威厳と強さを中核とするひとつの世界がみごとに顕現されている。

ユングは、夢やイメージの研究において、多くの人が、円形や、四分割を主題とする図形を見ることがあり、それは、その人の心の安定の上で大きい役割をもつことを見出していた。ところが、東洋の宗教を研究しているうちに、そのような図形が曼荼羅と呼ばれ、宗教上の大きな意味をもっていることを知り、大変驚いたのである。

例えば、図20に示すのは、チベットの仏教の曼荼羅の一つである。これが、ユングの考えによれば、心の奥深く存在する「自己」のイメージ表現であり、これを把握することによって、人は心の安定を得、治療的な経験をすることができるのである。

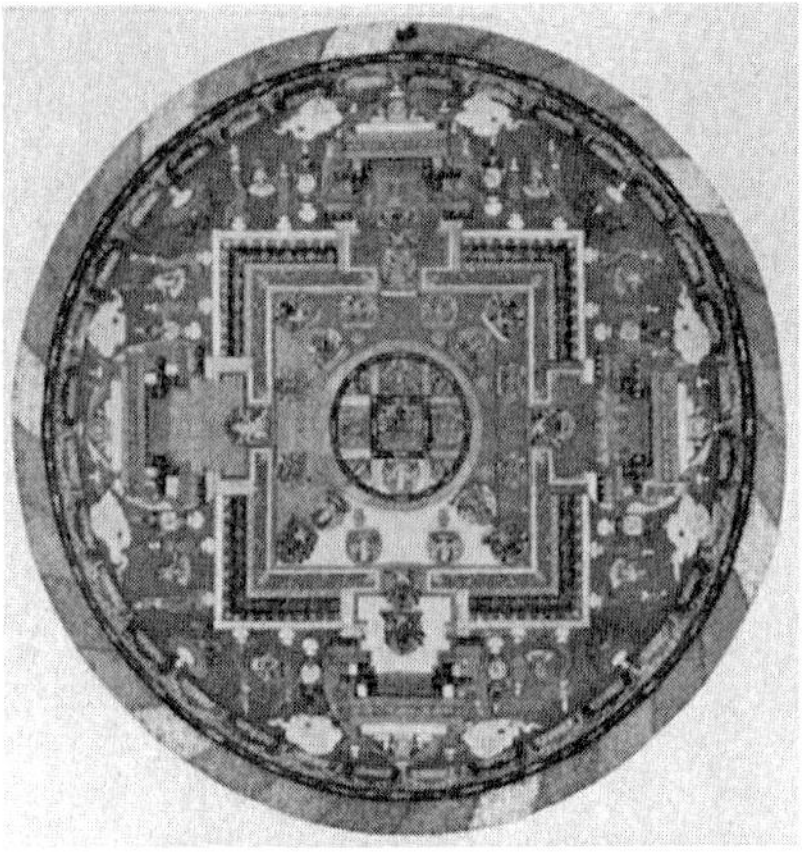

図20

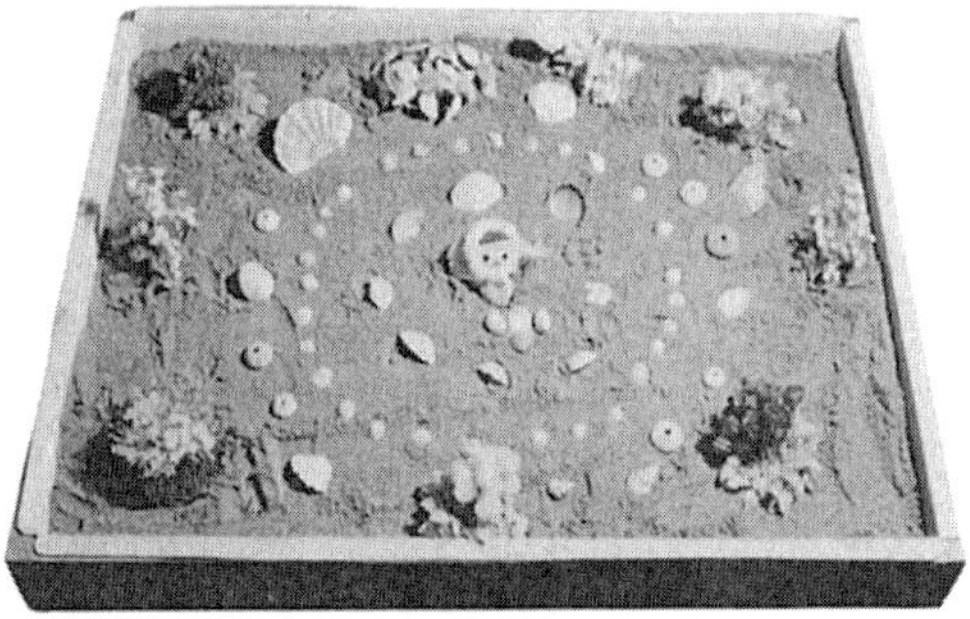

図21

このような、ユングの考えには、唐突な感じを受ける人があるかもしれない。事実、筆者も、このような考えを最初は受け入れることができ難かったが、多くの箱庭の事例を見ているうちに、このような考えが大切であると思うようになってきた(文献23にこのような例があげてある)。図21に示すのは、ある女子大学生の作品であるが、これも円形を主体とした、みごとな曼荼羅の表現である。中央には女性が置かれ、それを母性の象徴とされる貝で円形に囲み、その回りに花を飾ったもので、女性性の出現を示す曼荼羅として、すばらしいものと考えられる。少ない紙面の上で、このようなことを説得することは無理なことであるので、このような点に疑問を感ずる人があっても、仕方のないことと思う。そのようなときは、別にこだわらないで、実際の治療に当たるならば、クライエントの表現の中に、意味の深い曼荼羅が出現してくることを経験されることと思う。そのときになって、以上のことを考慮してみるとよいと思われる。

いろいろな事例を、非常に簡単に示してきたが、一応これで事例の紹介は終わることにして、質疑応答にはいることにする。

質疑応答

質問　箱庭療法の治療者になるためには、自分で作ってみることが大切と思いますが、その点はどうでしょうか。

答　確かにそのとおりと思います。まず自分で作ってみることを強く勧めたいと思います。なお、訓練中のサイコロジストに箱庭を作らせ、その内観報告や、観察者の報告をまとめた面白い研究が京都大学教育学部で試みられています(文献18)。このようなことをするのも、治療者をつくってゆく訓練の方法として意味のあることと思います。

質問　精神薄弱児や自閉症児にも適用できますか。

答　適用できます。と言っても、もちろん彼らが箱庭を置いてくれれば……ということですが、精神薄弱児には、その情緒的な問題を解決するために適用されますが、全く遅々とした歩みながら、少しずつ変化してゆくようです。

自閉症児ともなれば、なかなか置いてくれないことは事実です。しかし、これも少しずつ変化を示すこともあります。例えば文献19は自閉症児の治療の報告です。あるいは、大阪市立大学の児童学科の山松教授の教室では、自閉症児のための音楽療法を行なっておられますが、アスペルガータイプの児童には、箱庭療法を併用して効果をあげているようです。

質問　作品をよく理解するためには、やはり児童の発達的な差によって、どのように変化するか、あるいは知能の差によっても、傾向が異なるのかなどについても研究しておく必要を感ずるのですが……。

答　ヨーロッパの人たちは、統計的なアプローチがあまり好きではなく、ローエンフェルトなどは、このような心の内界の表現は、年齢差にあまり関係がないとさえ言っています。確かに、治療的に用いる場合、統計的な観点にとらわれると、かえって治療上好ましくないとさえ言えます。

しかし、年齢差による研究などは、もちろんあることが望ましく、そのような研究もなされ始めています。ここでは紹介することができませんでしたが、幼稚園児(文献20)、精神薄弱児(文献21)、優秀児(文献22)などについて、その傾向性を見ようとする研究がなされています。これから、このような研究を積み重ねてゆくことも大切と思います。

質問　夜尿とか、吃音とか、一つの症状に対して、特徴的に生じる傾向のようなものはありませんか。学校恐怖症の場合、領域の分割があって、右側の世界が貧困なことが多いということは言われましたが……。

答　特定の症状に、特定の作品傾向があるとは、まず言い難いように思います。学校恐怖症の場合でも、すべてが今言われたようなパターンを示すとは限りません。

ただ一つ、チックの場合は、攻撃的なものが徐々に表現されてきて、それを統合するような傾向を示すのが多いのではないかと思っています。わたしの知っているかぎりで、八例ほどあります。しかし、これも断言できることではありません。

そのような考え方でも、一応事例を見てゆきたいとは思っています。

質問　いろいろ主題のことや、象徴のことなどありましたが、これらのことを勉強するにはどうしたらよろしいでしょうか。

答　この勉強はなかなかひとりではむずかしいものです。できれば、われわれの行なっている箱庭療法の研究会やセミナーに参加して、そこで示される事例を通じて、知ってもらうことがいいと思います。
われわれは、ユングの象徴理論に相当のっとっていますので、ユングの著作を読むことも大切と思います。その他、神話や伝説、文化人類学者による未開人の心性についての本なども、読むと参考になると思います。
しかし、初めのうちはむずかしいことを考えず、受容的な態度で接しながら、クライエントに箱庭を作ってもらってゆくと、その経験を通じて、自分も勉強できてゆくことも事実です。そして、でてきたものについて、それをシリーズとして意味を考えてゆくことによって、治療者も成長してゆくことができます。

付記

以上の貴重な事例を提供して下さった方々、および、事例提供に配慮下さった京都市カウンセリングセンター渡辺博所長はじめ、所員のみなさまに、心から感謝致します。

参考文献

1 河合隼雄編『箱庭療法入門』誠信書房、一九六九年。
2 Lowenfeld, M., "The World Pictures of Children," Brit. J. Med. Psychol., 18, 65-101, 1939.
3 Kalff, D., Sandspiel, Rascher Verlag, 1966.（山中／大原訳『カルフ箱庭療法』誠信書房、一九七二年）
4 河合隼雄『カウンセリングの実際問題』誠信書房、一九七〇年。
5 河合隼雄「イメージの意味と解釈」、成瀬悟策編『イメージ』誠信書房、一九七一年。
6 河合隼雄『ユング心理学入門』培風館、一九六七年。〔本著作集第一巻所収〕
7 Jung, C. G. and Wilhelm, R., The Secret of the Golden Flower, Routledge & Kegan Paul Ltd., 1931.
8 中村良之助「学校恐怖症児Aの治療過程において表現された心像の変化について」、カウンセリングセンター研究紀要3、一九六九年。（本例は文献1にも所収）
9 森田琢美「攻撃感情の激しいK児の治療過程」、カウンセリングセンター研究紀要5、一九七一年。
10 秋山達子「サンド・プレイ・テクニック(箱庭療法)について③」、『幼児の教育』六九巻七号、一九七〇年。（この論文は同誌の六九巻五号から八号まで連載されている。)
11 大谷不二雄「チック症状の強いM・O児の治療過程」、カウンセリングセンター研究紀要2、一九六六年。
12 山中康裕「学校緘黙症児の治療と、その《こころ》の変容の過程について」、名古屋市立大学医学会雑誌二十一巻二号、一九七〇年。
13 浪花博「学校恐怖症女子中学生の治療過程」、カウンセリングセンター研究紀要3、一九六九年。(本例は文献1にも所収)
14 高橋史郎「攻撃性の強い幼稚園児」、『箱庭療法入門』、所収。
15 井上義治「ある学校恐怖症児の遊戯治療」、カウンセリングセンター研究紀要5、一九七一年。
16 西村洲衛男「緘黙症の事例」、『箱庭療法入門』、所収。
17 山中康裕「精神療法的創造療法過程にみられる象徴表現について」、名古屋市立大学医学会雑誌二十一巻四号、一九七一年。
18 東山紘久・岡田康伸「「箱庭」理解のための試験的研究」、『青少年問題研究』第21号、一九七二年。
19 並河信子「一自閉症児の遊戯治療過程について」、松蔭女子大学研究紀要十二号、一九七〇年。
20 杉原由美子・宮本文子「箱庭療法の診断的研究」、ノートルダム清心女子大学卒業論文(未発表)。
21 岩堂美智子・奈比川美保子「箱庭療法に関する基礎的研究」、大阪市立大学家政学部紀要10巻。
22 木村晴子「箱庭療法に関する実験的研究——知的優秀児を中心として——」、大阪市立大学児童学科卒業論文(未発表)。
23 森田福一・武田憲道「箱庭療法・遊戯療法にみられる自己治癒の象徴と治療終結へのある見通しについて」、豊中市立教育研究所研究紀要32、一九七〇年。

自我・羞恥・恐怖
——対人恐怖症の世界から

自　我

われわれ人間は意識というものを持っている。この意識について、フランスの精神医学者アンリ・エーは、「意識しているということは自己の経験の特殊性を生きながら、この経験を自己の知識の普遍性に移すことである」[(1)]と述べている。これは意識のもつ二面性を明確に指摘している。つまり、それは何かを経験することであると同時に、判断し、体系化することなのである。ここに、そのような経験をする主体であり、意識内容の体系の中心をなすものを「自我」と呼ぶこととする。つまり、自我をわれわれの意識活動の中心と仮定するのである。

ところで、このように自我を定義するとき、それはわれわれの行動や在り方を規定する重要な要因と考えられるが、われわれ日本人の自我を欧米人のそれと比較するとき、著しい相違が認められる。筆者はこの点に大きい関心をもち、さまざまの視点から論じてきたが[(2)]、わが国に特に多いとされる対人恐怖症の心性の問題と関連しても考察を重ねてきた。たまたま、『思想』六〇一号に掲載された内沼幸雄「恥・罪・善悪の彼岸」[(3)]を読み、それに触発されて、ここに今までこの道の先達によって既に多くの論議が展開されている領域に、敢えて一石を投ずることにしたのである。

内沼は対人恐怖の問題について、今まで閑却されていた倫理的な観点を導入して斬新な意見を述べている。筆者の考えもそれと重なり合う点をもつが、あくまで日本人の自我構造の問題を中心において考察しようとする上で、異なった展開を示すものである。ここに日本人の自我という表現を用いたが、これは厳密に言えば問題かも知れない。というのは、上述のように自我を定義する場合、極端に言えば、日本人は自我をもつのかという疑問さえ生じてくるからである。

自我をどのように考え、どのように定義するかは、学者によって異なるのであるが、上述のように、意識の統合の中心として自我を把握するのは、ユングの考えに従ってのことである。ユングは東洋の宗教に深い関心を抱き、理解を示しているが、チベットの宗教書に対するコメントのなかで[4]、西洋人は心というと意識のことを指すのに対して、東洋人はむしろ無意識の方を意味すると述べている。そして、西洋人にとっては、意識というものは自我なしでは考えることができないが、東洋人は、自我なしの意識ということを考えるのに困難を感じないと述べている。つまり、西洋人は、その意識内容は自我を中心とし、それに関連づけられて統合性をもつのに対して、東洋人の場合は意識を超える何ものかによって認知され、自我は消えさってしまうことになるらしい、というのである。このようなユングの言葉は、東洋人の密教や、あるいは禅の体験などを理解しようとして考え出されたことであるが、われわれ日本人としては、これをどう受けとめるであろうか。

後述するように、筆者は日本人の自我、あるいは意識構造は西洋人のそれと異なると思っているが、そのためには、西洋人の自我がどのようにして確立されてきたか、その形成過程を明らかにしておく必要があろう。さもなければ、両者の違いを的確に把握することは難しくなると思われる。日本人と比較して西洋人の子どもに対するしつけが厳しく、自我確立のための教育や訓練が行われることは、よく指摘されるところである。しかし、ここでは、そのような実際的なしつけの面ではなく、自我確立の過程をあくまで、人間の心の内面において捉えてみたい。

人間の新生児が始めは意識も無意識も分離しない、まったく原初的な未分化な状態から、だんだんとその意識をもち、自我を確立してゆく過程を、心の内面におけるドラマとしてみるとき、それは一定の段階をふまえてなされるものであり、その各段階における主要なテーマは、神話のなかにもっとも生々と描き出されていると、ユングは主張する。つまり、神話に生じるテーマは、人類の意識の発展を象徴的に語るものであり、それは個人の自我の発達過程の元型的なイメージを提供するものであると考える。

ユングの高弟の一人、ノイマンはユングのこのような考えに沿って、名著『意識の起源史』(5)を発表し、神話研究における新しい分野を拓くものとして注目を浴びた。ノイマンの説は既に紹介したが、今後の論議を展開する基礎となるものであるから、ここに繰り返し述べることにしよう。

新生児の原初的な未分化性は、創造神話におけるカオスの状態によって象徴的に示される。それはまさに混沌であり、意識も無意識も未分化であり、未分化のままの自己包摂的な完全性である。これを表わす象徴として、ノイマンは古代において全世界に広く存在していたウロボロスをあげている。ウロボロスは自らの尾を呑みこんで円状をなしている蛇で表わされる。「それは同時に男性であり女性であり、孕ますものであり孕むものである。呑みこむものであり生み出すものであり、活動的であり受動的であり、上であり下である」。それは「何かとの結合などではなく、全き同化なのである」。

このウロボロス的な全体性のなかに、自我がその萌芽を現わすとき、世界は太母《グレートマザー》の姿をとって顕現する。

太母の像は全世界の神話のなかで重要な地位を占めている。それはすべてを生み出し、弱い自我を養い育てる面と、逆に、出現し始めた自我を呑みこみ、もとの混沌へと逆行せしめる恐ろしい母としての面との両面性をそなえている。このような太母のなかで育っていった自我は、次の段階においては、父と母、天と地の分離、光と闇などの分離を体験する。まさに「世界の体験は対極性を通じてのみ可能なのである」。ここに意識は無意識から分離され、ものごとを区別することを学ぶ。しかしながら、神話における天と地の分離、世界父と世界母の分離は、意識の発達過程として必要なことではあるが、ひとつの無意識的な全体性の破壊として、損失と感じられる面をもっている。それは罪の意識へとつながるが、その源泉はあくまで超個人的なものであるとノイマンは述べている。

次の発達段階では、画期的な変化が生じるが、それはいわゆる英雄神話によって示される。英雄神話は全世界にわたって存在するが、その根本的な骨組は、英雄の誕生、怪物退治、宝物(女性)の獲得という主題によって構成されている。この英雄の誕生は、無意識から分離された意識が、その自立性を獲得し、人格化されることの顕現であると考えられる。次に生じる怪物退治をフロイトが、エディプス・コンプレックスへと還元して解釈したことは周知のことである。これに対して、ユングはこの神話を個人的な父と子の対立という肉親関係に還元することに反対し、この怪物を人類に普遍的な母なるもの、父なるものの元型的な象徴として理解した。つまり、怪物殺しは母親殺し、父親殺しの両面をもち、母親殺しは、自我を呑みこもうとする太母との戦いであり、無意識の力に抗して、自我が自立性を獲得するための戦いであると解釈したのである。さらに、父親殺しは、父なるものとして表わされる文化的社会的規範との戦いであり、自我が真の自立を得るためには、無意識からだけではなく、文化的な一般概念や規範からも自由になるべきであり、そのような危機的な戦いを経験してこそ、自立が達成し得ると考えたのである。

怪物退治の後に、英雄はしばしば怪物に捕えられていた女性を解放し、それと結婚する。このことは、母親殺し、父親殺しの過程を経て、自らを世界から切り離すことによって自立性を獲得した自我が、ここに一人の女性を仲介として、世界と新しい関係を結ぶことを意味している。ここに至って真の意味の、「関係」ということが生じるのであり、これはウロボロス的な未分化な一体性と明らかに区別しなければならない。

ここにノイマンの説を真に単純化してスケッチしてみせたが、ここに示した、自我確立の過程を、ノイマンは「西洋人のなした特異なアチーブメント」と呼んでいる。結論を先取りして述べるならば、このように「西洋人に特異な」自我確立の傾向が、日本人の心のなかに生じてくるとどうなるだろうか、それはおそらく、その人にとっては周囲の状況と何らかの摩擦を起こさざるを得ない事態に追いこまれることになるであろう。それこそ、対人恐怖の心性の根本をなすものであると、筆者は言いたいのであるが、結論を急ぐ前に、対人恐怖という現象を、このような観点から見直してみることにしよう。

対人恐怖症

対人恐怖症は欧米諸国と比較して、わが国において特に多いといわれている神経症である。それに後述するような特異性をそなえているためもあって、わが国の多くの精神医学者、臨床心理学者によって、既にさまざまの観点から論じられてきている。筆者の考えを述べる前に、対人恐怖症について簡単に説明し、それについての既存の理論も紹介するが、それはあくまで筆者の論議と関係あるもののみに限定することを断っておきたい。

対人恐怖症は症状としては、赤面恐怖、視線恐怖、表情恐怖(自分の表情が他人に不快感を与えぬかとおそれる)、醜貌恐怖、体臭恐怖(自分の体臭が他人に不快感を与えぬかとおそれる)などといろいろあるが、本来的には対人関係のあり方が問題であって、他人と円滑で望ましい関係を結び難いことを特徴としている。今までは圧倒的に男性の方が女性より多いとされていたが、最近は女性も増えつつあるという(これは学校恐怖症の場合も同様の傾向がある)。ちなみに、大原健士郎らによる高良興生院における統計によれば[6]、昭和三十三年に来院した対人恐怖症者の男女比は、一〇二対二一であり、昭和四十三年では、四五対三一となっていて、女性の増加がうかがわれる。

次にこの症状の特徴は、一過性に短期間だけ生じ、すぐに消滅する軽症のものから、精神分裂病の前期症状として生じる重症のものまで、広い範囲にわたっていることである。このため、治療も数回の面接で治癒するものから、数年間にわたってもなかなか症状の消えないものまで、さまざまの場合がある。正常者にもこのような傾向が生じやすいことは、笠原嘉らが昭和四十二年に京大入学生二四八一名に対して行なった調査において[7]、「赤面しやすい」項目にチェックしたものが四〇・一%、「他人の視線が気になる」が三二・二%あった事実がそれを示している。

次に、対人恐怖症の日本的特性について述べる。このことは「神経症の日本的特性」に関するシンポジウム[8]をはじめ、多くの精神科医が肯定的な見解を述べているが、「その事実を裏づけるための十分な統計的資料は未だ報告されておらず、あくまで憶測の域を出ていない[9]」現状である。ただ、西園が一九六〇年までの精神分析学に関する文献を調査し、対人恐怖に関する報告は二十一篇あるにすぎず、しかもそのうち六篇は日本人の発表であることを確かめ、その他の分野における日本人の発表の比率の低さからみて、やはり、対人恐怖は日本に多いと考えられることを示唆している[10]。

対人恐怖症の心性については、多くの意見があるが、そこに何らかの対立矛盾する二面性の存在を指摘する人が多い。まず、内沼も述べているように、対人恐怖の人が「強気と弱気の二つの相反する性格傾向をもって」いることは、誰しも気づくことである。対人恐怖で人前に出ると普通に話もできないと嘆いている学生が、ヘルメットに手拭という例のいでたちをすると、ゲバ棒を持って運動の先頭に立っているような場合もある。このような二面性をもう少し異なった見方をすると、三好の言うように[11]、「うぬぼれたいがうぬぼれられない」ジレンマとしても記述することができるであろう。

近藤[12]は対人恐怖における配慮的要請と自己主張的要請の矛盾と葛藤を重視している。ここに配慮的要請とは、人から嫌われないように好かれたい感情を内蔵しており、自己主張的要請とは、自分が他人に優越したい、優越しなければならないという要請であるという。これら両者の矛盾葛藤が対人恐怖の心性の根本であると近藤は考えるのである。内沼が没我的方向性、我執的方向性と呼ぶ二面性もこの考えに沿ったものとみることができる。内沼はこの二面性を「一方は共同体的な一体化の方向性を持ち、他方は無名性のなかでの間の意識の稀薄化への方向性を持っている。……ここでさらに二つの契機を明確化するならば、前者は自他一体化の方向であり、後者は自他分離の方向である[13]」と述べている。

筆者の考えもこれらの説と重なり合うものであるが、既述したような西洋的な自我の確立の図式をふまえて論議を展開しようとする点に、その意義を見出そうとするものである。筆者はユング派の分析家として、治療の際に夢分析の技法を用いる。夢は個人の無意識の世界を知るために、もっとも適当な素材を提供してくれるものである。次にひとつの夢を示す。これは重篤な対人恐怖症の男子大学生の見た夢である。

夢1　蛇が私の性器に嚙みつこうとしたが、パンツをはいていたので助かった。私は蛇をつかんで蛇にそのしっぽに喰いつくようにさせた。蛇が動いて手からはずれたところで目が覚めた。

この人は夢に対する連想として、性器に嚙みつこうとした蛇を、自分のしっぽに嚙みつかせることで、うまく防ぐことができたのが印象的だ。自分はこの頃他人が自分の心の中に侵入してくるのを大分防げるようになった、と述べている。ここにノイマンの述べるウロボロスの象徴が出現しているのは興味深いが、性器に嚙みつこうとする蛇を、何とか防ぐことができて本人はほっとしたことであろう。ノイマンは自我確立の過程における、太母の段階において、「少年の神のファルロスが太母に供せられる」ファリックな性の祭典の存在することを指摘している。ここに太母のいけにえとされる去勢の危機を何とか免れ、破壊的な太母の力はウロボロス的存在まで退行してゆくのであるが、このような凄まじい自我存在をおびやかされる戦いを、この人は何故経験しなければならなかったのだろうか。ともあれ、この夢に示されたような退行の深さは、この人の病いの重さにも関係していると思われるが、このテーマに沿っていると思われる、もう少し軽症の人の夢を次に示す。

軽症といっても治癒までに数年を要したのであるが、これは赤面恐怖症の男子学生の夢である。

夢2　ある野蛮な乱暴な族長や族の人らと争う。僕らの方もわりといる。野蛮で乱暴な族長は、たぶん僕をまかしてやっつけたい(支配権を得たい)のだが、こちらの頭のよさそうな大人の仲間たちや他の人らの暗黙の抑制でできない。彼は闘志をむきだしにして、僕の足の生皮をひんむくかわりに、野蛮な闘志をむきだしにして、僕の足の形をした木の生皮をひんむく。

夢に対する連想として、この人は、足の生皮をひんむくところは、ペニスのような気がしたと述べている。この連想に従うと、これも性器に対して危害を加えられる夢であるが、その意味は夢1の場合と大分異なっている。性器の皮をひんむくことが、ここでは象徴的に行われているが、これはあきらかに未開人のイニシエーション儀礼を想起せしめる。(14) この人は、この夢をみた少し前に次のような夢をみている。

夢3　歯医者にいる。……左下のおく歯が虫くっていて、やわらかいきれいな銀でふたをしてもらったが、もう一人の先生がそれをはずして、「こんな柔かいのは駄目だ、鋼鉄をたっぷり入れたのでフタをする」と言った。歯はほぼ底までけずりとられた。

イニシエーションの儀式で抜歯をしたり、歯を磨きあげたりすることも、よく知られたことである。これも「歯を強くする」儀式として、イニシエーションの意味の濃い夢と思われる。そして、夢2における野蛮で乱暴な族長や夢3の場合の鋼鉄の歯をいれようとする歯医者のような、強い男性像が出現していることが特徴的である。この両者においても、去勢不安が存在していることは確かであるが、この場合は夢1とは次元を異にしており、強い自我をつくるためのイニシエーションの意味が明確である。ではこのような人がどうして対人恐怖に悩まねばならないのか、という点については、わが国における特異な自我の在り方、従って対人関係についての考察を先ず必要とすると思われる。

個と場

西洋人の自我は既に述べたごとく、内面的な母親殺しと父親殺しを経て確立されたものである。その後で、女性と結婚するテーマが象徴するように、確立された自我があらたに他と関係を結ぶことになる。これに対して、われわれ日本人の場合は、確立された個々の自我が関係を結ぶような在り方ではなく、日本人の集りは、まず何よりも「全体としての場」が先に形成され、その場の平衡状態をいかに保つかということが、重要となってくるのである。西洋における、個人の成長、個人の自我の確立に高い価値をおく倫理観を「個の倫理」と呼ぶならば、わが国の、場の平衡状態の維持に高い倫理性を与える生き方は、「場の倫理」に基づくという点については既に述べてきた。

対人恐怖症の人びとは、場の倫理に基づく対人関係をもつことが出来ない。対人恐怖は、その他の恐怖症、たとえば馬が怖いとか、鼠が怖いとかと同様に、人が怖いのではなく、対人関係に問題があるのである。彼らの無意識内で、個を確立する傾向が強められると、それは「場を破るもの」として作用し始める。たとえば、対人恐怖症者がもっとも苦手とする自己紹介の場面をとって考えてみる。彼はそこで、恥かしがってはならないと考える。自分のことを明確に他人に伝えねばならないと、恥かしさと戦って自己紹介をやり抜くが、それはあまりにも自分を強く出しすぎたものとなり「場ちがい」の感を一同に与える。それを後で感じとった彼は、理由の解らないまま強い恥かしさを感じ、ますます対人恐怖の傾向を強めることになる。あるいは、夢2、3を見た赤面恐怖の人は、電車の中ですぐ赤面して目立って仕方がないので、赤面しても解らないようにと工夫をこらしたあげく、太陽灯を買いもとめ、顔を真黒に焼くことによって難を逃れようとした。ところで、このような真黒な顔が乗客の注目をひくのは当然のことであり、この人の自分の赤面を隠そうとする意識的な努力の底に、自分を他人の前で際立たせようとする無意識的な意図があることは、すぐに見てとることができるのである。あるいは、ある自己臭恐怖の人は、和服の方が臭が解りにくいという理由で、外出時には必ず和服を着ていたが、これも同様の無意識的な意図を感じさせる行動である。

夢2、3に示されるような強烈なイニシエーション儀礼を経過して、この人がその自我を屹立させようとするとき、日本人の「場」はそれを許さないのである。しかしながら、日本人は場の中に個を完全に埋没させているわけではない。われわれは場の平衡状態を維持しながらも、自分の個を生かしてゆく方法を身につけている。それは「自我かくし」とでもいうべき技法である。また、場のなかに共存しつつ、なおかつ自分を生かしてゆくためには、「間《ま》」の感覚を身につけなくてはならない。そのようなことが、対人恐怖症者にとって、いかに困難であるかは、たとえば彼らが一対一の人間関係のときはそれほど困難を感じないが、三人になると急激に困難さを感じるという事実によっても知ることができる(15)。

それでは、われわれが場の倫理を言語的な契約に基づかずに行なっているとするならば、何をもって行なっているのか、対人恐怖症者はどのような点で障害を感じるのかという疑問が生じてくるのである。

羞　恥

日本人の言語的コミニケーションの不足を補うものとしての非言語的コミニケーションの豊富さに注目し、その点を解明するために、身体接触の問題を取りあげた西洋人があった(16)。彼は西洋と日本とでは、身体接触による対人関係がどのように異なるかを統計的に検討したが、西洋人の方が日本人よりもはるかに多く、身体接触をすることが明らかとなった。これは、たとえば、握手という習慣を日本人がもたぬ点にも端的に示されている。この結果から解ることは、非言語的コミニケーションというと、すぐに身体接触を考えること自体が西洋的な発想であり、日本人のコミニケーション手段は、西洋人のそれと比較すると、言語と身体接触の中間帯に異常に多く依存していることが解る。

アンリ・エーは「意識するとはその経験を自らに語ることである[17]」とジャネーの説を引用しつつ、意識における言語の重要性を強調している。確かに何ごとかが言語化されたということは明確に意識化されたことを意味している。われわれは自分の身体の状態をすべては意識化することはできない。ところで、意識体験と身体の状態の中間に、情動体験が存在するが、それが自我によって把握されると、怖いとか悲しいとかの言語化が可能であり、それを感情と呼ぶことができる。この情動体験を基礎とし、時に言語化されたり、あるいは言語化されるにしても隠喩的表現であったりしながら、そのようなコミニケーション手段を日本人は西洋人よりはるかに多く使用していると考えられる。

感情というものが、そもそも前述したような中間的性格をもつなかで、わけても中間的な存在であるのが、羞恥の感情である。園原は羞恥の感情の生じるときを、「ふだん外にあらわれていなかった自分というものを、突然にエクスポーズ(露呈)してきた[18]」状況と述べている。思いがけぬ失敗を人前でしたときなど、われわれは羞恥の感情を体験するが、その際、自分の失敗を客観視できると、われわれはそれを「笑う」ことができる。あるいは失敗の行為と自分との距離が非常に近い場合は、われわれはその原因となった他人に対して、あるいは自分に対して「怒り」を向けるであろう。このような主観的体験と客観的体験の中間に羞恥が存在している。実際、羞恥の感情が一過性のものであり、永続性の少ないことが、その中間的性格をよく示している。

羞恥がまた、まったく別の意味で中間的性格をもつことを、作田は見事に解明している。彼はベネディクトに対する有名な反論のなかで、「羞恥が生ずるのは、普遍者として取扱われるはずの状況のもとで、個人として注視されたり、個体として取扱われるはずの状況のもとで、普遍者として注視を受ける時だ[19]」と述べている。このような点から考えると、羞恥の感情は、人間の心と体、自己と他人、個体と普遍などの対立のなかで、その中間帯に生じる微妙な感情ということができる。

この点を今まで述べてきたことと関連づけるならば、日本人が場の倫理に従って生活するなかで、自分の欲望を満足させつつ、なおそれが場の倫理に抵触していないかどうかを計るもっとも適切なゲージが羞恥の感情であることが理解されるであろう。われわれは、場の平衡状態をこわしそうなとき、自分の心の中に生じる羞恥の感情によって規制されるのである。西洋における個の倫理が言語による契約によって行われるのに対して、場の倫理は非言語的な羞恥の感情機能に支えられているのである。われわれ日本人は子どものときから、この羞恥の感情に基づく自己規制の方法を学習させられている。恥かしい、人から笑われる、という言葉が子どもの行動規制の上で、しばしば用いられるのも、このためである。

このように考えると、対人恐怖症者は、赤面などの羞恥の感情が生じるから問題なのではなく、その生じ方に問題があったり、羞恥にこだわったり、それを恐れたりする点に問題があることが解る。彼らは無意識内に存在する西洋的な自我が突然に露呈されそうになったとき、それを恥かしく思う。それは場を破るものとして作用するためである。ところが、一方、それは個の倫理に従えばむしろ他に優越すべきことであり、恥かしく思う必要のないことである。彼らは心のなかに、恥かしがってはならぬという声を聞くのである。このような矛盾が彼らを窮地に追いこむのである。ここで、彼らの無意識内に生じてくる自我確立の傾向は、ノイマンの説に示されるとおり「英雄」そのものであるが、彼らの意識の方は、これを現実化する力をもたないことが重要な問題なのである。対人恐怖症の人はしばしば英雄に強くあこがれ、時に同一化し、不可能なことを可能と考える。次に示すのは、毛沢東を尊敬していた対人恐怖症の人の夢である。

夢4 日本のテレビに毛沢東がでてくる。紅顔、童顔の美青(少)年である。国民服をきている。そして、後、左右に護衛かとりまきがいる。これは日本のある酒(ウイスキー?)のコマーシャルだ。毛はコマーシャルを話す。きれいに堂々と話すが、何か少しテレた感じもある。ニコニコしているが、ほんとうはあまり楽しいともいえんみたい。ちょっと顔がこわばる所があった。そして少し歩いていき、ジョッキの酒をのむ。その前に少し顔をしかめ眉をくもらせる。彼はこういう俗なことは意にそわないのだろう。しかし、すぐに何か嬉しそうになり、あどけない表情や心をあらわし、楽しそうに付き人らとテレビの方に向く。

この夢は対人恐怖症の心性を如実に描き出している。日本のテレビに出た中国の英雄、毛沢東はまるでティンエイジャーの歌手のようなふるまいをしている。まず、彼は紅顔の美少年なのである。少年英雄は付き人に囲まれ、得意になってPRをするが、「俗なことは意にそわない」のであろう、「眉をくもらせたり」するのである。短い夢の中で彼の感情は、テレたり、ニコニコしたり、顔がこわばったり、また嬉しそうになったり、あどけない表情で楽しそうにしたりゆれ動く。夢の中で英雄毛沢東は活躍するが、夢を見ている人はどうか。彼はただテレビを見ているだけである。彼はほとんど夢の外にいると言ってよい。夢では一般に夢を見る人が主人公となることが多い。しかし、ここでは主人公はあくまで毛沢東である。このことは、先に述べたように、無意識内には英雄が存在するが、それを現実化するための意識があまりにも弱いと述べたことを如実に示すものである。

彼らは突然に露呈する自我確立の傾向のため、優越感と劣等感を同時に味わい、その谷間のなかで、強い羞恥におそわれる。しかし、羞恥の感情は先にも述べたごとく永続性がないので、それが恐れの感情へと変化してゆくことが多い。そこで次に恐怖の感情について述べるが、その前に少しベネディクトの「罪と恥」の説について触れておく。彼女が文化を罪の文化と恥の文化に分類し、前者は内面的な罪の自覚に基づいて善行を行うのに対して、後者は外からの強制力に基づいて善行を行うとし、日本文化を西洋のそれと比較して、後者に属すると主張したことは周知のことである。これに対する批判は既に出つくした観があるが、たとえば、森口は罪の自覚においても外的制裁による場合があり、恥も内面的に生じる場合があることを示して、「ベネディクト女史のいうような〝内的制裁対外的制裁〟や〝他者の批評との関係の有無〟から罪と恥を分けるのは不十分[20]」であると指摘している。ベネディクトに対する作田の批判は既に紹介した。筆者もこれらの考えに沿うものであるが、あくまで、羞恥という感情に注目し、恥という言葉を使用しなかったのは、感情というレベルに焦点をしぼることが問題を解く鍵になると考えたからである。つまり、ベネディクトがこのような差異に注目したのは卓見であったが、「罪と恥」というあまりにも概念化されたレベルで問題把握をしたために、一面的となり日本人の批判を招いたと考えられるからである。明確に意識化されたレベルで論理を構築する西洋的な方法による場合、それは無理ないことであるが、そのために日本人が重要と感じる部分がすり落ちてしまうのである。そこで、筆者は、自と他、内面と外面などが分離されない状態に生じる羞恥の感情に注目してゆこうとしたのである。

羞恥は永続性のない感情であると述べた。それは主客の分離の定かでないときに生じるものなので、主体のあり方によって他の感情へと推移しやすいものである。たとえば、若い女性が異性に対して羞恥を感じる場合を例にとれば、彼女がもし相手に対する好感によって接近しようとするとき、それは喜びの感情へと変わるであろうし、あるいは逆に相手に対する恐怖へと変わるかも知れぬ。それにもかかわらず相手が距離をつめようとすれば、それに対する怒りの感情に変わるであろう。このような例から考えても、対人恐怖症者の感情が羞恥から恐怖へと推移することは容易に理解されるであろう。

夢1を見た人は、その後半年経たときに次のような夢をみている。

夢5　おばあさん(といっても本当の祖母ではない)が短刀をもって僕を殺しに向かってきた。そこで目が覚めた。

以前は蛇が性器に噛みつくものとして現われたが、ここでは相手はおばあさんになっている。これはノイマンのいう母親殺しのテーマの逆転である。それに対して彼は戦うこともできない。やっと目が覚めることによって難を防ぐのみである。この夢の連想で、本人はこのおばあさんは祖母ではなかったが、母と同年輩ぐらいだったと言っている。これらのことから、夢に現われた老婆は彼の母や祖母との関連を示しながらも、実際の人物とは異なっている、つまり、彼の個人的な関係をこえた普遍的な意味をもつ太母の像に近いことが窺われる。自分の子どもを殺す恐ろしい母(terrible mother)の姿に顕現されるものは、本人の自我の確立をはばむ「場」の力の恐ろしさということになるであろう。この段階においては、恐怖の感情は、自我確立の傾向を秘めた自分の無意識に対する恐怖か、あるいはそれを妨害する他者に対する恐怖か未分化のままである点が、特徴的であろう。これは、新福が「対人恐怖は単なる「ひと」恐怖でないどころか「おのれ」恐怖的である。……「おのれ」と「ひと」が交錯し、混交し、未分化であるところが本症の本症たるところかもしれない(21)」と述べているのに符合するのである。

このような段階で、自我確立の問題が関係していることは、対人恐怖症は思春期から青年期に生じやすく、三十歳をすぎても症状が続くことが稀であることなどにも示されている。また、最近になって、女性の自我確立が問題とされるようになって、女性の対人恐怖症者が増加してきたことにも反映されている。西洋的な自我の確立は、日本的な場の破壊へとつながるので、その傾向が無意識内に存在することを意識し始めると、自分自身を一種の加害者と見なすことになってくる。この点を強調すると、山下が端的に表現しているように、「対人恐怖は加害恐怖ないし加害妄想である(22)」ということになろう。

笠原らが多くの事例によって示したように(23)、対人恐怖症にはいろいろと症状の在り方が異なっており、そのなかでも、自分の視線が他人を傷つけはしないかを恐れる症状が、赤面恐怖や他人の視線を気にする症状より重篤であることが明らかにされている。このような症状変化に注目して、内沼は「恥」→「罪」という倫理的推移に着目したのであるが(24)、ここにおける罪は、ノイマンの説において述べた、意識と無意識の分離に伴う罪を想起させる。人間が意識を獲得すること自体、罪を生ぜしめる。後述するようにそれはアダムとイヴの神話に示されている。ノイマンはこの罪の源泉は超個人的なものであると言ったが、このような罪を意識化し統合することは、一個の人間としてほとんど不可能に近いと思われる。このような心的内容に直面した人が、意識の統合性を失い、妄想などの症状をもつに至るのも、もっともなこととうなずけるのである。しかし、一般にはそれほどの深い対決にまで至らないままに、適当な程度において意識はそれなりの統合と安定を保っているのである。言ってみれば、日本的な人が日本的場のなかで普通に生きているかぎり、その人は対人恐怖にも何にもなることなく、正常な生活をおくるわけである。

先に示したほどの深さをもたないにしても、対人恐怖の人にとって異性との関係はまことに困難なことである。英雄神話の結末が怪物から解放された女性との結婚によって示されるように、女性の獲得は自我確立のための重要な段階である。対人恐怖の人で、だんだんとよくなってきたとき、異性との接触の困難さのみを訴えるようになることも多い。夢2、3を見た人は、長い治療期間を経て、相当よくなってきたとき次のような夢をみた。

夢6　一人の、たぶんベレー帽をかぶった若者が、たぶん僕に話しかけているよう。いや、そうではなくて、彼は僕自身なのかな？　よくわからないけれど、彼と僕とは他人でない事だけはまちがいないよう。その彼が、それとも僕かが、ある若い娘さんをくどきおとすのに成功した。彼女は少し、けっぺきな看護婦さんのような娘さんで、最初は拒んでいたけれど、気持がほぐれて、素直に口づけを受けた。

この夢においては、もう一人の自分が現われていることが特徴的である。この人もこのような人物の出現に驚き、夢の説明の際には「僕の分身」という説明をしている。この夢では、けっぺきな娘さんに口づけしようとし、最初は拒んでいた彼女も、素直にそれを受け容れてくれたという好ましい結末になっているが、問題はそれを行なったのは本人ではなく、分身であるという点にある。彼は全人格をあげて女性と関係をもつことができない。一部がそれを果たし、一部はそれを見ている。コマーシャルに出演した美少年毛沢東をテレビのなかに見るよりは随分ましではあるが、なお、完全なものとは言い難い。

夢の中に生じるこのような分身現象は、西洋では非常に稀なことであると言われている。[25] ところが、筆者の今までの夢分析の経験では、相当多くの分身の夢の報告を受けている。今のところ、統計的な検討を加える方法もなく残念であるが、これは筆者の体験から考えて、おそらくわが国の方が西洋よりも、分身の夢が多いと言えるのではないかと思っている。この点については、未だ試論の域を出ていないが、後述する日本人の自我の在り方を検討するひとつの鍵となると考えている。つまり、西洋人の自我の統合性の強さは、夢のなかにおいても「分離」を容易に許すものではないが、日本人の自我は比較的容易に分離されるのではないかと思われる。なお、この夢を見た時点では、彼は外出が可能となり、少しずつ家の仕事などを手伝ってはいたが、女性に対しては口づけはおろか、話し合うこともできない状態であったことを、つけ加えておこう、もちろん治癒したときには異性との交際もできるようになったが。

ところで、このような対人恐怖症の人がどのような治癒過程を歩むか、あるいは、いかなる「自我」をつくりあげるかは大いに興味のあるところであろう。今まで示してきた夢の系列によっても、ある程度の推察がつけられようが、最終段階としてはどうなるかに関心がもたれると思う。これに対して、実際の臨床家として言えることは、あまり一般の期待に応えられるようなものではない。日本人が深い罪の問題に直面することは、その意識の統合を危くするほどのものがあると述べたが、ここで、そのような問題との直面を避けた場合、その人は症状に苦しむことはないであろう。そして、その人は症状が消え去ったという意味では治ったことになるであろう。

筆者は臨床家として、問題と直面すべきとも避けるべきとも断定することができない。ただ、本人のすすむ道に従ってゆくのであるが、多くの場合、症状の背後のメカニズムが解明されたり、筆者がここに長々と述べてきた西洋的な自我の確立の問題が明らかにされたりすることなく、症状が消えることによって治ったことになるのである。対人恐怖症の治療を数多く行なっている山下が、ほとんど同様の見解を述べ、「症状の背後にある対人的態度について十分な洞察を得ることは、少なくとも短期間の治療においてほとんど望み得ない」と述べているのは興味深いことである。彼が「支障のない生活に復帰するという意味では……非常に多くの症例が治ってゆく」[26]と述べているのも了解できる。

日本人の自我

実際的な問題の方に筆がすべったが、本題にかえって考察を続けてみよう。今まで述べてきたように、筆者の見解は、対人恐怖症という症状の背後に、わが国の文化の一般傾向を補償しようとするような動きが存在することを認めることである。筆者が一応「場の倫理」と呼ぶわが国の傾向に対し、個の倫理とも呼ぶべき傾向を無意識内に強く感じるため、彼らは不適応を起こしている。それは一応、不適応というべき現象ではあるが、文化の一般的傾向を補償する意味をもつのである。このように考えてゆくと、次に生じる大きい問題は、では日本人の自我はどうあるべきであるか、ということであろう。筆者は、個の倫理と場の倫理についてどちらの優劣も断定する気はない。むしろ、第三の道を拓くことに意味があると考えているが、これについて明確な答を述べることはできない。日本の神話の構造にその示唆を得られるのではないかと他所で論じたことがある。[27]ここでは、ひとつの夢を示すつもりであるが、夢や神話などを好んで取りあげるのは、この解答が文字どおり「夢」の解答であり、現実的に把握されていないと言えるかも知れない。しかし、明確に言語化された答を探そうとする限り、それは既に、西洋の自我構造に依ることになり、西洋的な立場から自由になることはできないのではないかとも思われる。われわれは今のところ、隠喩に頼るより仕方がないのではないか。

次に示すのは、対人恐怖症でも何でもなく正常な男性の夢であるが、長い分析体験を経た後に生じたものである。

夢7　私は○○さんから紹介されたといって、アラキという女を訪ねて行きます。そして、私は彼女に爪を切ってくれといいます。私の手の爪はきれいに切ってあるので、足の爪を切ってくれといいます。私は学校の職員室みたいなところに横になって足を投げ出し、足の爪を切ってもらいます。アラキはどうして私が彼女に爪を切らせるのか不思議でならない感じをもっています。というのは、彼女は私のことを全然知らない赤の他人であるからです。爪を切って貰っている最中に、私の身体をまたいで通るものが二、三人いますが、私は別に怒るでもありません。アラキは私の爪をはさみできれいに切り終ります。

私はその場所を出て、再び戻って来ます。アラキは嫁さんに行かず、高野山で得度するといいます。私は彼女とは全然結婚をする気はないのですが、彼女に私の爪を切らせていることの負担を感じ、またその現場を他人に見られているので、彼女にも負担を与えていることを感じます。私はやはり帰ることにします。私が階段をおりると、私の背中に何かずっしりと重いものがのしかかってきます。私にはすぐにそれがアラキの魂であることが解ります。私は背中にのしかかった重いアラキの魂を持ちかかえて、階段をあがり、アラキのもとに帰ります。

アラキは教室の後の方で倒れています。私は腕にかかえたアラキの魂を、アラキの身体の上に投げこんでやります。するとアラキは息を吹きかえします。しかしすぐには覚醒せず、まだ寝ぼけまなこです。近くにはもう一つの男女のカップルがいて、彼らは恋が成就したことを涙を流して歓んでいます。私は黒板のところにいき、そして仏教の文章を書き、今までの記録を書きます。それからまたアラキのもとに来ます。私はこの夢の内容が女性のイニシエーションを象徴したつぐみひげの王様がモデルになっていることを自然と知ります。

アラキは私にいいます。「あなたはあなたの道を歩んで下さい。私は高野山で尼になります」と。私は彼女がやっと自分自身の道を選択してくれたことに安堵の気持を覚えます。そして私は自分の道を歩むことにします。私はアラキのもとを去ると、一人の老人が側に来て、「何をしているのですか」と問います。そして、まごまごしている私を見て「わかりますよ」と申します。私は私のしていることがその老人にはすべて知られていることが解ったので、多分彼が思っていることと同じだろうと推量して「多分それでしょう」と答え、具体的に話すことをやめます。彼は私の職場の方に行きます。私は自分の職場に帰ります。彼は職場に帰る私を見て、ニコッと笑います。「やっぱりそうだったのか」という顔をして。彼には私の職業が会ったときに直観的にわかったようでした。

長い夢であるが、職業のところ以外はすべて省略せずに示した。この夢について詳述する気はないが、その夢に現われた謎の女性アラキという名から、筆者が連想したことはぜひとも述べておかねばならない。

アラキは殯《アラキ》(モガリともいう)を連想せしめる。アラキとは古代に死体を墳墓に埋葬する前、死体をかりにおさめるところである。『日本書紀』に一書に曰くと記載されているところでは、イザナギは死んだ妻イザナミに会おうとしてアラキの所に至ったと述べている。このイザナギとイザナミの神話は、実にわれわれ日本民族の恥の原体験を露わにしている。(28) イザナミに見るなと言われた禁を破り、イザナギは妻の姿を見る。怒ったイザナミは、「吾に辱《はぢ》見せつ」と夫を追うのであるが、ここに興味深いことには、見るなの禁を破ったことによる罪よりも、見られたことによる恥が強調されていることである。これは、イヴが禁断の果実を食べたとき、禁を犯した罪が問われ、裸を見られることを恥じた部分はそれに従属的に扱われているのと好対照を示している。あるいは、これは罪には恥が、恥には罪が伴うが、ある文化によってどちらか一方が強調されることを示しているとも考えられる。

死体がアラキに納められている間は、未だ生死不明の期間であり、このときに死者の魂を呼びもどそうとして、魂呼ばいが行われる。このような点から、西郷は通過儀礼としてのアラキの意味を強調しているが、(29) この夢もこの人にとってイニシエーションの意味をもったことは明らかである。実際、夢を見た人自身も夢のなかでその点をうすうす意識しているのも興味深いことである。

この夢について簡単に述べる。最初に生じる爪を切るということは、夢1、2、3のときに述べた去勢のテーマを継承している。しかしここで主人公は自ら身を横たえ足を投げ出し、爪を切ってくれるように頼むのである。このように自ら望んでなされる去勢は、「より高い関心のためになされる低い男性の禁欲の象徴(30)」と受けとってよいのではなかろうか。事実、このような儀式を経た後に、この人はアラキの魂を救うのである。イザナギ、イザナミの神話と異なり、彼はアラキの魂呼ばいに成功する。ここでアラキが息を吹きかえしたことは素晴らしい。しかし、主人公は西洋の英雄のように救済した女性と結婚はしない。ただ、恋の成就を喜びあっているもう一つの男女のカップルの存在が、そのような傾向の潜在性を暗示している。

アラキは高野山で尼になり、自分は自分の道を歩むことになる。そこへ、すべてのことが解っている老賢者が出現する。本稿では自我の確立の過程に重きをおいたため、ユングが重要視する老賢者のイメージについて述べなかったが、ユングはこのようなイメージを自我を超えた存在としての心の中心、自己《セルフ》の象徴と考えている。ところで、老賢者との暗黙の同意によって、主人公が職場へと戻るところで、その夢は終りとなっている。

ここで、この人の職業を伏せているためもあって、職場との結びつきで夢が終るところを陳腐に感じる人があるかも知れない。実際、日本の多くの男性は職場という「場」のなかに自分を埋没させて生きているからである。しかし、この夢に示されたアラキの女性の救済は大きい意味をもつ。ノイマンの説に示されるように、女性の救済のテーマは自我確立のための重要な要因であり、このような女性像こそユングの強調するアニマ像の典型であろう。ユングはアニマ(Anima)を男性の魂の元型と考えるが、この夢のなかで文字どおり「魂呼ばい」が行われ、死と再生の過程を暗示しつつ、アラキの女性が息を吹きかえすのは印象的である。ここで救済に続く結婚のテーマが生ぜずに、女性が得度して高野山に向かう点が、西洋の自我確立の過程との著しい差異を示している。しかしながら、それに続いて老賢者が出現し、職場への復帰に暗黙の合意を与えるのは、心全体の中心としての自己《セルフ》の存在が、自我を超えるものとして高い統合性をもつことを示唆している。ここに、老賢者と主人公との交信は、ほとんど非言語的になされることも興味深い。

このように考えると、この夢は単なる日本的な職場への埋没を意味するものとは思われない。その背後に生じたアラキの女性の救済と老賢者による無言の承認の事実は、日本人の自我の在り方についても示唆を与えるものとして、重要な意味をもつと考えられる。

注

（1） Ey, H., La Conscience, Presse Universitaires de France, 1963.（大橋博司訳『意識』みすず書房）

（2） 河合隼雄「東洋と西洋の問題」、『ユング心理学入門』培風館、一九六七年。同「母性社会日本の〝永遠の少年〟たち」、『母性社会日本の病理』中央公論社、一九七六年。〔本著作集第十巻所収〕

（3） 内沼幸雄「恥・罪・善悪の彼岸――精神病理学的考察――」、『思想』六〇一号、一九七四年。

（4） Jung, C. G., Psychological Commentary on "The Tibetan Book of The Great Liberation," in The Collected Works of C. G. Jung, vol. 11, Pantheon Books.

（5） Neumann, E., Ursprungsgeschichte des Bewusstseins, Rascher Verlag, 1949. 以後の説明および引用は同書による。

（6） 小川捷之「いわゆる対人恐怖症者における「悩み」の構造に関する研究」、『横浜国立大学教育紀要』第十四集に、大原による未発表データとして引用されている。

（7） 笠原嘉／稲浪正充「大学生と対人恐怖」、『全国大学保健管理協会会誌』四号、一九六八年。

（8） 村上仁他「神経症の日本的特性」、『精神医学』六巻二号、一九六四年。

（9） 小川捷之、前掲注（6）論文。

（10） 西園昌久「対人恐怖の精神分析」、『精神医学』十二巻五号、一九七〇年。

（11） 三好郁男「対人恐怖について――「うぬぼれ」の精神病理――」、『精神医学』十二巻五号、一九七〇年。

（12） 近藤章久「対人恐怖について――森田を起点として――」、『精神医学』十二巻五号、一九七〇年。

（13） 内沼幸雄、前掲注（3）論文。

（14） イニシエーションについては、Henderson, J. Thresholds of Initiation, Wesleyan University Press, 1967.（河合／浪花訳『夢と神話の世界――通過儀礼の深層心理学的解明――』新泉社、一九七四年）、参照。

（15） 笠原嘉「「人みしり」――正視（視線）恐怖症についての臨床的考察――」、『精神分析研究』、一九六九年。人間関係の困難さという点で対人恐怖症の解明を行なったものとしては、高橋徹「対人恐怖の精神病理――その微視社会学的分析――」、『精神神経学雑誌』一九六六年、が興味深い。

（16） 京都大学教育学部、外国人留学生、Elsinger による研究（未発表）。

(17) アンリ・エー、前掲注(1)訳書。
(18) 園原太郎「羞恥心について」、『創造の世界』十四号、一九七四年。なお同書のシンポジウム、湯川秀樹他「恥と文化——日本人の意識構造」、参照。
(19) 作田啓一『恥の文化再考』筑摩書房、一九六七年。
(20) 森口兼二「自尊心の発達段階における罪と恥——日本人における自尊心の研究第一部」、『京都大学教育学部紀要』一九六三年。
(21) 新福尚武「特集 対人恐怖 序文」、『精神医学』十二巻五号、一九七〇年。
(22) 山下格「対人恐怖について」、『精神医学』十二巻五号、一九七〇年。
(23) 笠原嘉/藤縄昭/松本雅彦『正視恐怖・体臭恐怖』医学書院、一九七二年。
(24) 内沼幸雄、前掲注(3)論文。
(25) Leischner, A. von, "Die autoskopischen Halluzinationen (Héautoskopie)," Fortschritte der Neurologie, Psychiatrie und ihrer Grenzgebiete, 1961.
(26) 山下格、前掲注(22)論文。
(27) 河合隼雄「母性社会日本の〝永遠の少年〟たち」、『母性社会日本の病理』中央公論社、一九七六年。〔本著作集第十巻所収〕
(28) この点については、浦上帰一「対人恐怖と日本文化」、『精神分析研究』十巻六号、一九六四年、に触れられてある。
(29) 西郷信綱『古事記の世界』岩波書店、一九六七年。
(30) Neumann, E., *op. cit.*

夢のなかの治療者像

1　夢のなかの治療者

精神療法の過程は、治療者によって報告されることはよくあるが、患者の側からなされることはきわめて少ない。もちろん、治療者と患者とは毎回、対話を重ねているのだから、治療者はつねに患者から、治療に対する意見や感想を聞いていることになるのだが、それがいつも「真実」を伝えているとは限らない。もっとも、何につけても何が真実かということはつねに問題であり、精神療法の場面においては、次元の異なる真実が錯綜するものであるから、単純な結論は下しがたいものだが、治療者にとって、患者の体験している精神療法というものを、確実に把握することは難しいことである。教育分析を受けることは、自分が「患者」になることであり、その点からいっても意味のあることであるが、今回は、そのような観点からではなく、患者の見る夢に現われた治療者像を手がかりとして、この点を考えてみたい。

日本人の人間関係においては、たとえ真実であっても、相手を不快にすると思われることは直接に表現しないことが多い。このような「美風」は治療者―患者関係の成立には、むしろ妨害的にはたらくものである。しかし、患者としてはあえて言語化を避けようとしたことが、夢に出てくることはよくあることである。たとえば、随分以前のことであるが、第一回の面接後に、夢のなかで見た治療者が異常に大きい耳をしていたことを報告した人があった。「私は聴いてばかりいると思われたのでしょう」というと、その人は笑い出して、その通りですと答えた。当時は、非指示的カウンセリングが流行しており、何も答えてくれないカウンセラーに嫌気がさしたその人は、「分析家なら、もっといろいろ言ってくれるに違いない」と思って、筆者のところにきたというのである。ところが、その人が第一回の面接で感じたことは、「この人は非指示的カウンセリングより、もっと何もいわない」ということであった。もちろん、そのような「失礼な」ことはいわないつもりだったのが、夢に現われてきたのである。このために、この人は分析場面においては、「失礼な」ことも必要とあればいうべきであるし、分析家が抵抗なく、それを取りあげることを知り、指示を与えるとか与えない、などという次元と異なる、人間関係の在り方をすぐに経験することができたのである。

治療者—患者関係は、直接に治療者の姿としてではなく、夢のなかの人間関係に反映されることがよくあるので、その点についてはつねに留意する必要がある。たとえば、夢で、バッティングの練習をしているのだが、なかなか「よい球」を投げてくれないので、うまく打てない、といったようなイメージによって、両者の関係が示唆される。このようなときは、すぐに治療関係のことではないかと考えて、取りあげるべきである。もちろん、常にそうであるとは限らないのであるが、日本人の場合は、治療者に対する非難や批判は、おさえていることが多いので、治療者の方が先に言語化してみることが必要である。

上述のような治療に対する単純な反応や、意識されていながら言語化を控えたようなことよりも、もう少し深い内容が夢のなかの治療者像によって語られる。次に示すのは、不潔恐怖の三十歳代の女性が、分析開始後、間もなく見た夢である。

夢　Gさんと子どもと一緒に駅から出てきました。そこは人通りの少ない静かな坂道でした。一〇〇メートルほど先に先生がこちらの方に歩いていらっしゃるのが目にとまりましたとき、「どうしよう」とうろたえました。先生のことをほかの人に知られたくないからです。でも、一本道ですので先生とどうしてもお逢いしなければ仕方ないのです。そのとき、私は先生のなさる通りについて行きますよりほかないと思いました。先生がつかつかと私の傍にいらして「いつもあなたが書いている文のなかに、〝お目にかかります〟、〝お逢いします〟とのことばがよく使われていますがどうしてですか」と皆の前でたずねられました。私のまったく予期していない出来ごとでしたので驚きました。しばらく私は返事もできず黙っておりました。とにかく周りの人のことが気にかかりましたので、Gさんに子どもをつれて先に行って下さいとお願いしていましたら、先生はそのようにしなくてもいいですよとおっしゃいました。いつもの先生と私のなかにある先生とまったく違って見えましたので理解に苦しみました。先生の服装がなぜか印象的でした。先生が面接の時お召しになっていらした白いセーターが黒色でした。セビロもズボンも黒で統一されていましたので、牧師さんのようなスタイルを連想しました。

ここで、治療者の姿は、現実の治療者と二点において異なっている。すなわち、この人は治療を受けていることを他人に知られたくない(とくに、Gさんには)と思い、治療者もそれを承認していたのに、夢では逆のことをしている。そして、治療者の服装が白から黒に変わっている。この人は治療意欲の非常に高い人であるが、この夢のなかでは、治療者に会うことにとまどいを感じている。ほかの人たちのいることが抵抗を感じさせる理由となっているが、これを内的に解釈すると、この人は意識的には治療者に会い治療を受けることに意欲をもっているが、無意識的な要素(ほかの人たち)が、治療者と会うことには抵抗を感じている、といえるだろう。ここに「抵抗」と述べたことは分析用語として、よく用いられることであるが、これを患者の側から見れば、治療者が「理解に苦しむ」ようなことを強引にすると感じられることなのである。にもかかわらず、患者は「先生のなさる通りについて行きますよりほかない」と決心することで、治療がすすむことになるのであろう。治療者としては、治療が進展しているとのみ感じているときでも、患者側からすれば、治療者の強制に従って大変な努力をしていると感じていることも多いであろう。

治療者の服装が変化しているのも興味深い。牧師さんを連想しているので、患者が治療者をそのように見ていることを示しているが、一方では、白は清潔な色という感じがあり、黒はそれと逆とも考えられるので面白い。つまり、それは聖なる服装であると同時に、汚れた色であるともいえる。黒はまた、錬金術におけるニグレドとして、最初の未分化な素材としての意味をもつものである(Jung, 1953)。これらのことが、治療者に投影されている。それに、患者が不潔恐怖であることを考えると、これから、治療の進展にともなって生じることが、ある程度、予感されるのである。この人は、そのとき不潔、あるいは汚いと思っているものに、聖なる要素を見出すことになろうし、その間に、治療者はそれ相応の投影を引き受けねばならないだろう。

2　治療者の限界と可能性

先の例によって、治療への患者の期待、あるいは、発展の可能性などが夢のなかの治療者像によって示されることを明らかにした。しかし、患者の夢が治療、および治療者の限界を明らかにするようなときもある。

次に示すのは、離人症の二十歳代の女性の夢である。

夢　分析のため先生に会った。先生は私の学生時代の成績や欠席日数などを詳しく記してある綴をもっている。（中略）体育の時間になって、女性ばかり、体を回転したりする体操をすることになった。私は失敗したら先生が見ているので恥かしいと思うと余計できない。先生と出会ったにもかかわらず気持が晴れず沈んだ顔をしていると、女性の分析家がそれを感じてくれ先生を呼んでくれた。たたみの部屋に先生は案内してくれたが、話をせぬまま出ていった。女学生が数人入ってきた。私にペラペラ話しかけるが聞く気になれず、だまっていてほしいといった。先生と気持が通じ合えず重い気持で帰った。

ここで、治療者は「成績や欠席日数」などを詳しく調べることに力をいれているのに対して、患者は自分の沈んだ感情を受けとめてほしいと願っている。しかも、治療者はそれに気づかないのに、感じとってくれる「女性の分析家」が登場している。これは、明らかに、他人の感情をくみとる女性的な機能が、分析状況において必要であるのに、治療者は十分にそれをもっていないことを示している。このようなとき、分析家はそれをはっきりと患者に伝え、女性の治療者と交代する方がいいかを真剣に討議するべきである。実際、このような夢を契機として、分析家を交代することがありうるし、話し合いの結果、治療者が女性的役割を引き受けることを自覚し、患者もそれに同意して、そのまま続けることになるときもある（この事例では、後者の方になった）。

治療者の限界と可能性を微妙に表現する夢として、治療者の助手、家族などが夢に現われることもある。治療者が暖かく接していても、助手の態度が冷たかったり、治療者がぎごちなくしているときに、その子どもが自由にふるまっていたりする夢である。これらは、患者が治療者像として明確には意識していないが、潜在的に感じとられていることの表現としてみると理解されることが多い。これによって、治療者も自分の態度に対する洞察を得ることは多い。

治療者は直接に夢に登場していないが、連想のなかで治療者が浮かんでくることによって、治療者像が把握されることもある。次にそのような例を示す。長くなるが興味深い例なのでそのまま示すことにする。対人恐怖症、二十歳近い男性の例である。

夢　阪神の後藤新監督ともう一人誰か(藤本前監督？　鶴岡さん？)が二人で、地上のある一つの、人が入れるぐらいの穴から地下にはいってゆく。二人は地下のその大きな洞穴にある宝をさがしているのや。実は、その地下の洞穴には、一人の十幾歳かの少年がいてて、彼がその宝物の所有者なのや。二人が入ってきたのでその少年はとられないようにかくしてしまい、自分もかくれてしまう。二人は地上に帰っていく。実は宝物というのは、小さな小山ほどある、たくさんの純粋のラジウム(白金？)の、のべ棒なのや……。もう一度二人は地下に入っていこうとして、上から地下を一つの電灯でまともにてらしている。実は今までは地下にいる少年の方だけが、地上の二人をよく見られるようになってたんやけど、今度はお互いさまや、少年は二人に自分の姿を見られてしまったかもしれんと思ったので、ごまかすために宝物は横穴にかくしてしまい、大急ぎで魔法で地下にりっぱな建物など街をこしらえる。しかし人は一人も作らない(作れない？)、そして少年は木に腰かけて二人を待っている。二人がやってくると少年は話をし、宝はないていった。後藤さんはそれを信用しちょっとガッカリしたのか、ニガ笑いして、〝それなら「分析」でも教えてくれ〟ていった。

……眼鏡をかけた、ちょっと陰気な感じのフロイド(にそっくりの人?)が、誰か(はっきり姿も見えない人)に分析をしてる……実は今までの地底での出来事は、スタジオでテレビカメラで写してたもので、テレビカメラを通して僕は見てたのや。テレビカメラは右の方に移動して、広いスタジオに準備されてる五十人用ぐらいの宴席の方を写している。細長いいくつものテーブルには、白いテーブルクロスがかけられてある。もう何人かの有名人がきてすわってはる。今までの出来事を見て、いずみたくなどがニコニコ笑ってる。(彼一人? タバコをふかしてる。着物姿をしてる) みんな太って健康そう。(心身共に?) そして、ちょうど精神分析の先生も一人きてはる。みんなは、後藤さんが少年に〝それなら分析でも教えてくれや〟といったことで、クスクス笑って、分析の先生の方を親しげに見てる。分析の先生は急に入れかわり、ある若い、太った健康そうな人になった。さっきの人よりこの人の方が感じがよおなった。

これは昭和四十三年頃で、夢を見た人は阪神ファンであり、当時の後藤新監督に期待をかけていたものである。この夢に対する連想で、老練な藤本あるいは鶴岡監督に治療者を、後藤新監督に自分自身をなぞらえている。両者は「地下の世界」の宝さがしにゆくが、そこに住む少年にだまされて成功しない。このあたりは、それまでの分析の限界が明瞭に示されている。ところが、後藤さんが〝それなら「分析」でも教えてくれ〟というところから、場面が変わる。このことばはもうひとつ明白ではないが、分析に対する一種の冷やかしのような意味があった。「宝物」が手に入らぬなら、「分析」でも習うより仕方がない、といったような意味合いである。ここで、ちらっとフロイトにそっくりの人の分析場面が見え、けっきょくは、それまでの状況を患者は、テレビカメラを通して、皆とともに見ていたことになる。そして、皆のクスクス笑いとともに分析の先生の像が変化する。このあたりのことについて、患者は連想として、治療者は藤本、鶴岡監督のように「老練」であるが、老人のようで自分とは異質な感じをもっていたが、最近になって、治療者が若くて自分の「味方」であるというように感じはじめた、と述べている。治療者としては、今までは宝物を手に入れることのできない「分析」をしていたが、ここで、宝物が「横穴」に隠されていることもわかったので、もう一度、「若い分析家」とともに、宝探しをやってみませんかと問いかけ、患者も喜んで同意した。つまり、ここから新しい可能性に向かって、再度挑戦しようとする協力関係が成立したのである。このような展開のきっかけとして、覚醒時には決して攻撃的な表現のできなかった青年が、夢のなかで、「分析」を冷やかし、それに笑いが生じていることも興味深い。治療者の限界と可能性をよく示している夢の例であると思う。

3　転移の次元

これはユング派において特徴的なことであるが、治療者に対する投影が、個人的無意識 (personal unconscious) の次元からなされたのか、普遍的無意識 (collective unconscious) の次元からなされたのかを、治療者が明確に意識することが必要であるといわれている。ユングは、そのような点を明らかにする一例を示している (Jung, 1953)。あるヒステリーの女性患者が、ユングに対して、父親兼恋人としての転移感情を抱くようになる。そのうち、患者の夢に現われる治療者像は、彼女の父親像と重なり合ったりしながら、その姿が超自然的な存在へと変化してゆく。それはある意味では神の像へと近接してゆくような感じを受けるものであった。このような転移状況において、治療者はそこに投影されている普遍的無意識からの投影像と、現実の存在としての自分とを明確に区別し、それを患者に伝えるように努力する。

このような際に、治療者がそのような像を患者の個人的無意識内容として、還元的に解釈を与えることをせず、また、もちろん治療者がそれと同一化して自我肥大の危険に陥ったりせずにいると、患者の転移感情は自然に減少してゆき、適切なときに現実的な良き人間関係を他人と結ぶことができるようになり、治療者から別れてゆくことができた、とユングは述べている。

治療者像がこのように次元の異なる投影を受けていることを示す例として「二人の治療者」の夢がある。ユング派の分析家、ゲルハルト・アドラーは、次のような興味深い夢の例をあげている(Adler, 1961)。これは、アドラーが詳細な事例報告を行なった、閉所恐怖症の四十八歳の女性の夢である。

夢　私はアドラー博士と歩いています。私たちのあいだにはたいへん小さい女の人がいて、私たち二人は、保護してやるようにその人の腕をとっています。私はアドラー博士に、多くの点でたいへん彼と似ているもう一人の男の人について話しています——事実、私のしていることは、アドラー博士自身のことをいっているのです。私は二人が会うことをとても望んでいるといいます。私は二人がたくさんの共通点をもっていると確信しています。

この夢には、二人の治療者の出会いが示唆されている。つまり、日常的・現実的な人間としての治療者と、神話的・元型的な像を担うものとしての治療者とが、患者の心のなかで出会うことによって、そこに新しい関係が生じ、調和が生まれてくることが感じられる。患者は現実的には、治療者が限界をもった人間であることを受けいれるとともに、自分の心のなかに存在する神話的な像を大切にしてゆくことになるであろう。

4　治療者との別れ

深い転移感情を体験した後に、患者はそれについての洞察を得、治療者のもとから去ってゆくのであるが、終結時における、治療者—患者の微妙な関係が、夢のなかの治療者像に反映されることは多い。たとえば、治療者とともに車に乗っていたのが、途中で自分は車から降りて、一人で歩いて他の方向に向かう、などの夢を見ることがある。

治療者に対する元型的な投影と、別離の主題を如実に示すものとして、次のような夢がある。これは学校恐怖症の男性が、治療の終結時に見た夢である。

夢　先生(治療者)の家にくるが返事がないので裏にまわる。裏には人が半円形に坐っている。石の地蔵さんみたい。前は子どもで、後は大人。よくみると座敷にも同じように人がいて、中央に先生が横たわっている。(人のつくる半円は明と暗の対比がある。)後から大きい声で、今きましたとか、時間どおりきましたとかいうが返事がない。そのうち、先生が立ち上って何かいおうとするが声にならない。皆がおしとどめて横にならす。涅槃図のようであった。

これは治療者の死の夢であるが、治療者には仏陀の姿が投影されている。このような仏教的イメージが、仏教にほとんど関心をもたない青年の夢に生じることは、きわめて興味深いことであるが、「救済者」としては、日本人にとっては仏陀の像が自然に浮かんでくるのであろう。自分を救済してくれるものとして、治療者を見ていた患者も、治療の終結が近づくにつれ、むしろ、現実の人間としての治療者を認識し、それを受けいれるとともに、仏陀としての治療者像とは別離することとなったのであり、その死の状況を見ることになったと思われる。患者は、この夢を不吉なものと感じ、いうのをためらったのであったが、治療者の解釈に同意し、治療の終結が近いことを明確に感じたのである。

治療者を囲む人垣の円形配置は、マンダラ状をなしており、それに明と暗の対比があるのも印象的であった。この患者はとくに、影の問題と直面してきた人であったので、ここに明暗の対比をもつ、マンダラが出現したのであろうと思われた。

治療の終結近くなって、上記の例のように、治療者の死の夢を見る例は、わりにある。上記の例では、涅槃図のような静かなものであり、患者の心境とも一致していると思われるが、終結に伴う悲しみや淋しさなどを反映して、治療者の死の様相も、いろいろと変化する。ときには、治療によって快癒した嬉しさのみを意識しているときに、治療者の死の夢によって、治ることによって治療者と別れる淋しさを意識する場合もある。これは、単に、治療者との別れということのみではなく、「治る」ことは、古い自我との別れでもあるので、そこに淋しさや悲しさが感じられることは、むしろ当然である、と考えるべきであろう。

先に対人恐怖症の人の夢を示したが、その後、治療終結時に見た夢を次に示す。ここには、治療者像そのものは出現していないが、今まで述べてきたこととの関連で、興味深いと思うので、示すことにする。

夢　窓のそばの庭に菩薩像が横たわっている。僕は窓からのぞき込んで、家のなかにいる母や兄たちと何か話している。実は僕はこれから、一人として気の許すことのできない家の外の世界に、一人で出かけなければばならない。心細くて仕方ないのやけど、これはどうしてもやらねばならない冒険なのや。ふと見ると、菩薩像の目が動き、やがて起きあがった。これは生きてるのや。最初に見つけたときから警戒心を抱いていた菩薩像が生きた存在やというのがわかると、かえって少しホッとした。……家の外の世界では日本語が通じない。朝鮮語なら少し話せるので、それで何とかしのいでいこうと思っている。暗黙のうちに、この菩薩像が僕に同行してくれるのがわかった。母や兄もすすめるし、また自分一人では心もとなさすぎるので、できるだけ信頼して一緒に行くしかない。出発前に菩薩が朝鮮語の発音を教えてくれる。なかなか面白い発音なので習い、いよいよ出発することになる。

この夢は、治療も終結近くなり、「外の世界に一人で出かけなければならない。心細くて仕方ない」と思っているときに、菩薩が同行してくれることになる、という印象的な夢である。この人は対人恐怖症であったので、外出することが辛かったのであるが、菩薩が同行してくれるなら、それほど心強いことはほかにないだろう。けっきょくのところ、このような心の深層に存在する救済者の像を明確に把握することによって、治療者から離れても、孤独になることなく、生きてゆくことができると思われる。これは、ことばをかえていえば、治療者像が深く内在化された、ともいうことができるであろう。この人にとって、このように内在化された治療者像が明確であるかぎり、治療者と離れても、一人で外界へと出発してゆくことが可能となるのであろう。夢の最後は、「いよいよ出発することになる」ということばで終わっている。

先の学校恐怖症の例は、治療者と仏陀像とが重なり合っており、一度はそこに「死」をもたらすことが必要だったのであろう。この例は、数年間にわたる治療を続けたものであり、その故にこそ、このような見事な終結の夢が生じたものと思われる。「同行二人」とは、仏教でいわれることであるが、まさにそれをそのまま示している夢と思われる。治療者自身も仏教に対しては、ほとんど知識をもっていない状況だけに、このような夢が生じてくるのは、興味深く思われる。

参考文献

Jung, C. G., Psychology and alchemy, Pantheon Books, 1953.(池田紘一／鎌田道生訳『心理学と錬金術』Ⅰ・Ⅱ、人文書院、一九七六年)

Jung, C. G., Two essays on analytical psychology, Pantheon Books, 1953.

Adler, G., The living symbol, Pantheon Books, 1961.(氏原寛訳『生きている象徴』人文書院、一九七九年)

夢のなかのクライエント像

(I)

一　はじめに

心理療法を行う際に、筆者は夢を重要視している。多くの場合、クライエントに対して夢を記録してくるように示唆し、その夢を素材として話し合うことによって治療をすすめてゆく。なぜ夢を重視するかについては、これまで多くの論文や著書を通じて発表してきたので、ここでは省略する。

夢は極めて大切であるが、それが心理療法において用いられるとき、治療者のクライエントに対する基本的態度、治療者・クライエントの人間関係が、そこに大きくかかわってくることを忘れてはならない。治療者はまず、クライエントの無意識、従って自分自身の無意識に対して開かれた態度をもっていなければならない。そして、無意識からのメッセージとしての夢の告げることに対して、それを自らの生のなかに取り入れてゆく覚悟と、実践的努力を怠ってはならない。このような点を端的に、「夢を生きる」という表現で示したことがある(1)が、夢分析を行うものは、それに示されるような厳しい倫理性を要求されていることを忘れてはならない。

筆者はかつて「夢のなかの治療者像」という論文を発表し[2]、クライエントの夢に現われる治療者のイメージを通して、治療者・クライエントの関係や、治療の本質がいかに明らかにされるかを示したが、今回は、それと対をなすものとして、治療者の夢に現われるクライエント像について論じてみたい。ただ、これは後にも示すように、治療者自身の内面に深くかかわるものであり、この点は人間の「好み」の問題が関係するが、筆者としては自分の内面にかかわることを直接的に示すのはあまり趣味のいいことではない、と感じる方であり、これを書くのは正直のところ抵抗があった。また、これはクライエントの内面に深くかかわることも当然で、クライエントに対する守秘という点でも問題があった。

しかし、今回、還暦というひとつの節目を迎えたことと、十年以上前のものであれば、前述したような抵抗を少しは和らげられるところがあると思い、十年〜二十年以前の夢のなかから適当なものを選び、それらについて論じることにした。これなら夢のなかに登場したクライエントの方々に対しても御迷惑をかけることはないと思われる。夢のなかに現われるクライエントの年齢や診断名、その時期など、時にあいまいに表現することがあるのは、クライエントの匿名性に関するものとして御了承願いたい。

いろいろと一般的に述べる前に、ひとつの例を示す。筆者が京都大学に就任して数か月の頃に見た夢である。当時、その夢について筆者自身が書いたコメントも示す(以下、コメントはすべて夢を見たときのものである)。

夢1　Aさんが今までの治療体験について、心理療法の専門家に話をすることになった。なかなかしっかりした態度である。初期の頃の体験を語り、「私がいろいろ話をしている間、治療者はただ何もせずに聞いているだけだった」と言って、僕の方をチラと見る。聴衆はわっと笑うが、これは悪い感じではなく、皆わけが解っているという感じ。Aさんも自由にいたずらっぽいコメントができるという感じだった。「ただ残念だったのは私の絵が、自分の許可なく、あちらの部屋にかけてあったことだ」と言う。このとき、その絵のかけてあるところが見えるが、その絵はドーミエの「クリスパンとスカパン」のような絵(ここでBさんの描いた絵とこんがらがってくる)だった。Aさんは、しかし、ある程度了解してくれていて、それほど強く追及するようでなかった。このとき聴衆のなかのひとり(クライエントのようだった)が、Aさんに何か皮肉なコメントをする。ところがAさんはうまい冗談でこれに受け応える。僕は嬉しくなって拍手すると、他の人々も拍手をする。このあと、場所を他に移して何かするというあたりで記憶はうすれてしまう。

コメント　Aさんの夢を見ることは非常に珍しい。ともかく今までと違った元気さが出て来たことをポジティブに思う。それにしても、Aさんが長時間にわたって自分の体験をながながと語ったという印象があり、これは実際Aさんが今やりつつあることではないかと思う。最後に場所を他に移すという点にもみられるとおり、相当新しい転回があることと思う。絵を許可なく公開したという点は、昨晩の団交で学生たちがK先生に、「患者を研究対象としているのではないか」と質問したときに、自ら反省したことと関連している。クライエントに対して、もっとも人間的な接近をしながら、それを研究対象としているという二律背反性は心理療法の大きい問題である。特に学生たちのように、それを出世の道具であるという発想でみるとき、問題はますます難しくなる。しかし、これはすべての、人格をかけた「よき仕事」につきまとうことかも知れない。ただ、このことを解き得ない矛盾として常に意識し続けることが大切と思うが。それにしても昨晩の団交のことが、すぐ夢に結びついて出てくるので、学生たちの言っていることを自分が思いのほかに正面から受け取っているのだなと思う。学生たちの追及に対しては、僕は僕なりに正面から受けとめてゆくべきだと思う。Aさんが適切なジョークを言ったこと、ドーミエの「スカパン」が出てきたことなどは、Aさんの治療に道化的要素が必要になることを、意味しているのかも知れない。

当時の夢とそれに対する自らのコメントを省略せずにそのまま示した。これについて少し追加説明をする。Aさんは境界例で、それまで長期にわたり治療を続けてきた人である。この時までは、冗談どころか笑いにはまったく縁のない人であった。Aさんの「絵」が問題になっているが、Aさんについては、かつて公開の場で報告したことは、まったくない(Bさんについては当時は発表していないが、その後、口頭で発表したことがある)。

「団交」について。当時はいわゆる団交がしばしばあり、筆者も京都大学に着任早々から、その渦のなかに巻きこまれた。いろいろな「追及」のなかで、学生たちが、臨床心理学者は患者を出世の道具に使っているなどと主張したのに対し、そのあまりにも一面的で単純な発想に呆れながら、反面、筆者の無意識はそれを取りあげ問題にしていたのである。

実はこの夢を最初にとりあげたのは、このような論文を書く際に必ず問題としなくてはならない、クライエントの深い内的世界を公表することの可否について、まず述べたかったからである。心理療法家はクライエントに対して、主観的なかかわりを行い、両者の間の隔壁が極めて薄く、あいまいになる関係をもたねばならない。従って、これは事情を全然知らない人が考えるように、患者を実験台にするとか、いわゆるモルモット代りにするとかいうのとまったく異なっている。しかし、だからと言って、治療者が主観の世界に溺れこんでしまうと危険が生じたり、失敗が生じたりする。そこで、客観化が必要となり、現象のなかに入りこんでいる自分自身をも含めて、ある程度の客観化を行うことが必要となる。

そのような結果として、事例研究を発表することは、自らの成長のためのみならず、他の治療者に対して役立つことはもちろんである。しかしながら、それはクライエントの匿名性の確保を十分行なっても、ある個人の内奥の世界を公の場に示すということは、やはり望ましいこととは言えない。

考えてみると、この世にはよいことずくめということはまず無くて、よいことのかげには何らかの悪が存在しているように思う。われわれは、それらを単純に相殺して、それでもよい部分が多いからよいのだ、などという単純な発想にとらわれず、プラスとマイナスの両方をよく意識し、この時、この場合の自分にとって、(および、クライエントにとって)それがどのような意味をもつかを考えて、決定を下すべきである、と思われる。

筆者自身としては、これらのことを考えた末、昭和四十九年以来、自分の行なっている心理療法に関しては、事例の公的な発表を当分行わないことに決め、現在に至っている。この間、事例については直接に述べないにしても、自分の他に行なってきた研究を発表し、それは心理療法を実際に行なっている人が読めば、臨床的にも役立つことを述べてきたつもりである。ただ、心理療法を本当にやっていない人たちからは、筆者は臨床活動をせずに「評論」ばかり書いている、とか、ユング派は神話の話などが好きで面白い説明をするが、治療の実際に役立たないなどの批判を受けてきたが、これらには別に反論の必要も感じなかった。しかし、わが国の臨床心理学全体のことを考えると、その進歩に少しでも寄与するためには、事例を発表すべきではないかとも思われ、常にジレンマを感じながら現在にまで至ってしまった。今後、適切な機会があれば、発表を行うこともあるだろう。あるいは夢1が示唆しているように、クライエントの方自身が「事例研究」を発表して下さることがあるかも知れない、と期待している。

ところで、この夢について詳しく論じるならば、実に多くのことが言えるが、ごく簡単に重要と思われる点にのみ触れる。まず、「クライエント像」に関する夢といっても、クライエントに関することよりも、やはり夢を見た本人の筆者に関することの方がよほど語られていることは明らかである。考えてみるとそれも当然のことで、筆者のコメントも、まずAさんのことに触れているが、重点は自分自身に関する考えにおいている。ここで、Aさんが聴衆に語ったり、冗談を言ったりして、Aさんの像と治療者の像とが相当重なり合っているのも興味深い。

夢は筆者の夢であるという意味で、筆者自身の存在そのものに深くかかわることはもちろんだが、そのことを前提とした上で、このように、そこに現われたAさんのこと、および筆者自身のことなどと、一応は分けて考えてみることは得策であると思う。もちろん、この夢は「Aさんのことだ」と単純に考えてしまうのはナンセンスではあるが。一応分けて考えたり、またそれを全体として受けとめたりすることによって、夢の意味が豊かになる、と思われる。

なお、この夢はAさんの治療についてのひとつの転機となり(と言っても、治療はその後も長く続くのだが)、確かに、道化的な要素が少しずつ治療過程のなかにはいりこんでくるようになるのである。

二　京大の相談室の状況

夢1は筆者が京大に就任した昭和四十七年のときのものであるが、当時、京都大学の心理教育相談室のスタッフで、夢に関心をもつ者は、ほとんどいなかったし、筆者の心理療法に対する基本的態度を理解する者もあまりいなかったのではなかろうか。既述したように、臨床心理学者は患者をモルモット代りにしているなどと、主任教授に対して「団交」のときに攻撃する学生や、それに同調する院生や学生もいたし、狭い個室で一対一でクライエントに会うより、集団で戸外でのびのびと会う方が治療的であることを真顔で主張する、臨床心理学専攻の大学院生もいたのである。

このような状況のなかで、筆者は自分の考えを学生や院生にあまり押しつけなかったつもりである。ちなみに、筆者は京都大学就任以来、「ユング心理学」と銘打った講義は一度もしたことがない。学生たちが、どのような考えや立場をとるかについては、まったく自由にしてきた。当時は、自分の行なった心理療法の会話を録音し、他人に聴かせることが流行していたが、筆者はこれは一切しなかったし、事例の発表もしなかった。夢1でAさんが聴衆に語っているところなど、当時の筆者が大学で心理療法をいかに講義してゆくかを考えていたことに結びつけてみると、興味深い。

現在においても、京大の相談室のスタッフは、各自が自由に自分の好きな立場をとっている。しかし、興味深いことに、治療者となる者がクライエントに対してオープンな態度をとるようになればなる程、クライエントによる夢の報告や、治療者自身の夢に関する報告が自然発生的に増加してきた。筆者にとって、これは嬉しいことであった。

そこで、今回この論文を書くにあたって、筆者自身の体験に加えて、大学院生の体験も共に加えてみようと思い、彼らが見たクライエントの夢で報告し得るものがあるかを、大学院生に対して調査をした。早速、十二名の人が自分の体験を書いて報告してくれた。これはもちろん、報告してもいいと判断した人のみが、報告してくれたのだから、実際にクライエントの夢を見た人はもっと多いことと思われる。この数字からみても、京都大学の相談室において、治療者がクライエントの夢を大切にし、そのような機会をよくもっていることが推察されるだろう。

ところで、その夢の内容であるが、夢のみでなく本人のそれに対する解釈や感想も記されており、感動的なものが多かった。これらを読んだ後、筆者の考えたことは、これらの夢はそれを見た人の深い内面にかかわるものが多く、また素晴らしいものなので、発表するとしても、あくまで本人が適切な機会にするべきであって、筆者がここに引用すべきではない、ということであった。従って、本論においては、すべて筆者の見た夢を用い、大学院生にはせっかく協力していただいたが、その夢は用いないことにした。各自が自分の判断によって、発表すべきときに発表すればいいであろう。

夢そのものは引用しないが、そこに述べられていた、夢のテーマや、意味などについては、随時、筆者の夢との関連で言及させて貰うことにする。

ここにひとつだけ触れておきたいのは、修士一年生の人の夢に、プレイセラピーを行うクライエントに会うときに、どんな服装にするか迷うとか、適当な服を着ていない、というのと、時間に間に合わずに遅れそうになるとか、忘れていることに気づいてあわてた、という夢がよく生じている事実である。これは、初心者として、クライエントに会うとき、どのようなペルソナ(服装)を身につけて会うのか迷いがあるためにそのような夢を見ると言える。とすると、時間の方もそれを随分気にしているので、そのような夢を見るのだと言えるだろう。しかし、初心のときは張り切っているのに、どうして遅れる夢を見るのか、ということになるが、これについては次のようにも考えられる。

心理療法という人間存在の深みでかかわるような仕事は、本人の意識がいかにやる気満々でいても、その存在の深いところは、それほど性急に動かず、ゆっくりと動きを開始するのではなかろうか。人間というものは、エネルギーのいる仕事には、やはり抵抗を示すものであり、その抵抗の存在はその人の健康さを示すものではなかろうか。最初から何の抵抗もなく、このような仕事に全存在ごととびこむようなことをされると、クライエントの方も困ることであろう。つまり、意識的には張り切っていても、無意識はゆっくり目くらいでちょうどいいのではなかろうか。

初心者が時間に遅れる夢は、このように考えてみる方が、それを見たからといってすぐに、自分は本当に熱心でないのではないか、などと無理な反省をしてみるよりは、実状に合っているように思われるが、どうであろう。もちろん、いつもこのように解釈されるなどと主張する気は毛頭ないが。

誤解のないようにつけ加えておくが、上記のようなことから、京大の相談室のスタッフが集団で夢見を行なっているように受け取らないように願いたい。数の上から言っても、もちろん治療者がクライエントの夢を見ることは非常に少ないし、治療のときに、クライエントの夢も治療者の夢もまったく用いられないこともある。後にも述べるように、治療者とクライエントとの関係によって、このような夢が生じるのである。ここには無意識的要因が多く作用するので、あるクライエントに「熱心に」かかわっているほどよく夢を見る、というような単純な関係は成立しない。治療者とクライエントとの関係や、治療の過程が、治療者によって意識的によく把握されているときは、それに関して夢を見ることは、あまりないものである。ともかく、いろいろ条件はあるにしても、治療者が無意識に対して開かれた態度をもっていなければ、夢をキャッチできないことは事実である。

三　クライエントの状況

治療者の夢のなかに現われるクライエント像が、何らかの意味で、クライエントの状況を示していることは、当然考えられることである。ユングが発表している例として、よく引合いに出されるのに次のようなのがある。(3)

彼がある女性患者を分析していて、なかなかうまく進行しなかった。その時にユングは夢で彼女を見る。「高い丘の上の、城の上に彼女がいて、ユングは頭をよほど上にそらさないと彼女がよく見えなかった」という夢を見て、彼は、このように患者を仰ぎ見なくてはならないのは、自分がどこかで彼女を下に見下していたのではないかと気づく。彼はそのことを患者に告げ、話し合うことにより分析場面が好転するのである。

これは非常にわかりやすい例であるが、正直なところ、クライエントの夢を見ても、なかなかわからないときもある。また、クライエントの夢を見ても、必ずしもそれを相手に伝えるとは限らない。これは慎重に決定しなくてはならないことである。

大学院生の報告にも、夢によってクライエントの状況がよくわかったというのがあった。むしろ、治療の予後について語るような夢もある。ところで、自分の夢記録を見てみると、単純にクライエントの状況がわかったという夢が案外少ないのである。だいたいは、後に示すように自分自身との関連で考えているものが多い。考えてみると、筆者は自分の夢をすべて記録していたわけではなく、特に自分にとって重要と思うことのみを記しているので、単純にクライエントについての理解に役立ったと思うもの(それらは、今も覚えているものもあるが)は記録していないからである。

ひとつ例をあげる。筆者がまだ遊戯療法を行なっていた頃で、クライエントは自閉傾向の強い女の子である。そのときの筆者自身のコメントも共に示す。

夢2　Cちゃんを連れ、地下道のような所から出発してゆく。ともかく、上へ上へとゆかねばならぬが、窓のふちを歩いてゆくようで非常に危険である。やっとのことで外へ出るが、地下道は未だ(門まで?)続いている。しかし、無理に近道をして地下道をゆかなくとも地上をゆけばよいと思いつく。Cちゃんの手を引いてゆくが回り道でなかなか遠い。学校(中学校?)のような感じ。門の方へ子どもの手を引いてゆく母親たちが見え、小学校の入学式という感じ。僕も急ごうとするがなかなか行けぬところで目が覚める。

コメント　Cちゃんが一応の危険を越えたこと。今からは回り道をすることとか。細部については少しわからぬところがある。むしろ自分のことを思う。自分の劣等な女性性との苦闘で一段落ついたこと。まだまだしかし話は続くこと。小学校入学程度という感じ。

これを見てもわかるように、まずCちゃん自身に対する治療過程のことと見ているが、むしろ自分の内的世界のことに重点をおいて考えている。自分のなかの、劣等な女性性に関する仕事は、一段落したものの、「小学校入学」程度と考えているのである。このような例は多い。

次にあげる例は、クライエント自身のことに重点をおいているものだが、夢以外に関する記述も共に示す。これも古い記録である。

×月×日、Dさんより自殺の計画を聞き、非常に思い悩む。次の夢を見る。

夢3　Dさん、小さいが力強い声で、私は死なない、生き抜きます、と語る。

この夢によって相当に安定するが、書きつけるのが怖い感じで書かなかった。×月×日Dさんが分析にやってきて、そのなかで非常に宗教的な、元型的な子どもの誕生を思わせる夢があり、非常に嬉しくなる。

治療中に自殺の意図や計画について語る人がある。その際、それをどう判断し、それにどう対処するかは非常に難しいことである。いちいちそれに振り回されていては駄目であるし、それを無視していて本当に自殺されたときは、取り返しのつかぬことになる。この際も随分と苦しんだ。よほどDさんの両親に電話をしようと考えたが、守秘に関して極めてうるさいDさんは、おそらくそのことをもって分析の中止を申し込むに違いない。しかし、単なる治療者に対する挑戦として受けとめるにしては、自殺を語る言葉に重みがあった。悩み、迷ったあげく、われわれの関係を信頼する方に賭けた。その日に見た夢がこれである。

夢内容を文字通りそのまま受けとめるのは一般的に言って、馬鹿げたことである。しかし、この際は夢のなかのDさんの言葉を筆者はそのまま信じている。このことを説明し得る唯一のことは、夢のなかで筆者が感じた強い確信感に基づいているということであろう。このような時は、説明し難い確信感があり、それがはずれることは、まずないと言える。

ところで、この記録に「書きつけるのが、怖い感じで書かなかった」という点について、筆者はこのようなとき、強い確信をもつが、その主観性をあくまで大切にする意味で、そのことを文字によって記録し客観化してしまうのを恐れる気持をもっている。そのために、この例であれば、次週にDさんが現われるまでは記録をせず、その後で記録をするのである。こんなことは、まったく馬鹿げたことかも知れないが、未だにそれは守っている。というよりは、ここ十年くらいは、記録をせずにいて、それが事実となると、「うん、やっぱり」と思い、もう済んだことを取り立てて記録することもなかろうと、記録もしなくなってしまった。あまり、特別に記録するほどのことでもない感じもするのである。

「学者」としては、そのようなことをいちいち記録し、また条件も細かく分類などして発表すべきかとも思われる。しかし、そのような「学者的」態度を放棄してしまっているから、このような深い主観のかかわる現象がよく起こるのではないか、とも考えられる。この点については簡単に断定できないが、筆者自身は、ともかく治療がうまく行われることが一番大切で、発表などのことはあまり重要でないと思っている。

なお、これについて蛇足をつけ加えると、自殺の予知について、夢がいつも役立つものでないことは、筆者にとっても同様である。筆者にとってむしろ関心があるのは、なぜ、ある人の場合にこのようなことが生じるのに、他の人、あるいは、他の場合に夢が何ら関係しないのか、という点である。このことについて、筆者は確たる答をもっていない。ただこのような蛇足をつけ加えるのは、夢によって、いつもいつも重要なことが予知される、などと考えていただくと困るからである。夢はともかく、一般原則によっては捉えられないものである。

記録はしていないが記憶しているものとして、ごく短いものであるが、クライエントの明るい側面やポジティブな面を示し、それが治療の支えとなったり、結果的には、予後を告げていたのかな、と思わされるものがある。大学院生の報告のなかにも、このようなものがあった。

たとえば、あるクライエントをスケールの小さい人だな、と思っていたら、夢の中でその人の家に招かれ、行ってみると、壁がはずされて、思いの外に家が広く拡張されている、などという夢を見たことがある。これはユングの「仰ぎ見る」夢に類似のものであろう。

あるいは、抑うつ症のクライエントで、まさに八方ふさがりという感じのとき、夢のなかで、その人がニコニコと笑顔で現われる。あるいは夢で、病院のなかにいて、看護婦さんが83番の人はもう治ったと言う。どんな人かなと思っていると、83番の人が、筆者のクライエントの方であった、というのもある。これらは、まったく他愛もないようなものであるが、クライエントが周囲の人たちから見離され、その状況も暗いものばかりとなり、治療者自身も希望を失いそうになるとき、これらの夢は治療者を大いに支えて、励ましてくれるものである。治療者が希望を失ってしまったら、どうしても治療はうまくゆかないのである。

もっとも後の夢の場合、83という数字が何を意味しているか、いろいろと考えたが、意味を見出すことができなかった。夢はなかなかすべてのことがわかるわけにはいかないのである。しかし、「もう治りました」と言われたクライエントの姿を見たことは、筆者の大きい支えとなったわけである。今から考えると、筆者がこのように夢に支えられる経験を多くもったのは、筆者がスイスから帰国後わが国で指導者をもたない状況のなかで、事例について他に語ることもなく、一人で治療を続けてきたという状況も大いに関係しているかも知れない、と思われる。

クライエントの状況把握という点で、ある大学院生の報告に、「イニシァル・ドリームのように感じられた」というのがあった。イニシァル・ドリーム(初回夢)とは、クライエントが初回(または、それに近いとき)に見る夢で、これから行われる治療の全貌や、経過などが予示的に示されていると思われるものを、そのように名づけている。この際は、治療者の方が、そのように思われる夢を見たのであるが、治療者の方がそのようなイニシァル・ドリームを見ることは有り得ることで、そのような観点から、治療者の夢を考えてみることも必要である。筆者自身にはその経験はない。

四　クライエントの追体験

治療者の夢のなかに、クライエントその人が現われるわけではないが、本論との関連でぜひ触れておきたいことは、治療者が夢のなかで、クライエントの体験を追体験したと感じられ、そのことによって、クライエントに対する共感が高まる、という事実である。大学院生の報告にも、追体験に関する感動的な例が報告されていた。

筆者の経験では、分裂病圏のクライエントに会ったときに、このことが生じやすいように思われる。大学院生の報告などから見ても、自分の日常的経験や、意識的努力によっては、まず共感できないことを夢体験によって体験できることは素晴らしいことである。ひとつの例を示す。

夢4　強い衝撃を受けて目覚め、同様のテーマで繰り返し断片的な夢を見る。朝起きてからは、しかし、非常に想起し難い。大噴火、地震というよりは、地球の破滅の時という感じであった。すべての生物が滅亡するというとき、誰かと(不明)肩を組み合って、電気がかかってきたような強い熱気と、しびれのようなものを感じながら、自分だけでも生き残ってみせるという気持で頑張る。灼熱した光が見え、もう駄目かと思う。しかし、奇蹟的に生き残る。やっぱりすべてが滅亡することはなかったという気持と、恐怖、身体的苦痛などの入り混じった感じで目覚める。(死の体験というのではなく、死につつあるときの体験と言うべきか。これほど原始的な力を体験しなければならぬ理由は不明ながら、Eさんのプロセスと重なっているのではと思う。この夢を書きながら、スイスで見た夢(省略)を思い出す。)この後、誰かが苦しめられて死んでゆく。それが自分になる。あるいは、自分が身代りになるといったテーマの断片が繰り返し現われる。

ここで述べられているEさんは境界例の人で、自殺念慮、自殺企図の強かった人である。当時は境界例という考えも未だはっきりとはしておらず、理解するのに困難を感じていたのであるが、夢のなかでのこのような体験によって共感を助けられていたのである。このような夢の助けなしには、この人を理解し、長く治療を続けてゆくことは不可能であったと思われる。Eさんはその後、自殺未遂をしたりしながらも、「生き残って」ゆくのである。

次に、クライエントは全然出て来ないが、クライエントの追体験という意味で、非常に印象的であった夢を示す。

夢5　病室の廊下のようなところを歩いてゆく。すると、診療を待っているような感じで、ケシ色のスェーター(今よく着ているもの)を着た僕が坐っているのをはっきりと見た。通りすぎてから、これはドッペルゲンガー(二重身)の夢ではないかという驚きの感情が起こり、目が覚める。目覚めながら、歩いていた方の僕は紺色のスェーターを着ているなと思っている。

コメント　ドッペルゲンガーの夢をとうとう自分も見たという驚きを感じる。紺とケシ色のスェーターの対比に鍵がありそう。この夢からFさんのことを考える。Fさんのこと(以下、Fさんの分裂機制《スプリッティング》の強いことに関する生育歴の問題など……省略)について考える。スェーターは二つとも自分のものだが、ケシ色の方が好きである。

このコメントで、「ドッペルゲンガーの夢をとうとう自分も見た」と書いているのは、当時、夢のなかにおける二重身現象に関心をもっており、そのような夢を集めたり、文献を読んで発表しようとしていたためである。(4)

ここで、想起しているFさんは、特別の症状をもたない人で、あまり問題がないと思って会っているうちに、だんだんと分裂機制《スプリッティング》の強い人であることが明らかとなり、その対応に相当苦労していた人である。この夢のなかで、筆者自身が二重身の体験をし、まさに分裂機制そのものの体験をしたわけである。

この夢で、特に「もう一人の自分」が患者となって待合室にいる、という事実も非常に大切であると思われた。つまり、自分は「治療者」だと思っているのに、自分の半身が「患者」であること、病んでいること、をこの夢が告げているからである。クライエントの誰ということではなく、広い意味で、「病んでいること」の追体験をした、というより、病者としての自覚を明確にもつことができた、ということができる。

後にも明らかにするように、癒されるものと癒すものとの区別は、思いのほかに判然としないものである。治療者が自分自身を「健康で病むところのないもの」と錯覚するとき、グッゲンビュールが鋭く指摘するように、(5) 治療者元型《ヒーラー》が分裂を起こし、治療者は治療者、患者はあくまでも患者となってしまって、患者がその自己治癒力を発揮する(つまり、患者自身のなかの治療者元型をフルに作用させる)ことがなくなってしまうのである。このようなことを考えると、夢によって、筆者が自分の病める半面の存在を自覚したことは、大きい意味があったと思うのである。この自覚は、筆者の治療において常に大切な支えとなっている。

(II)

治療者の夢のなかに現われるクライエント像の意味について、(I)において、それがクライエントの状況をよりよく把握したり、クライエントに対する共感を高めたりする上で役立つことを論じた。本論では、それに続いて、むしろ、治療者自身の状況に重きをおいた方へと焦点を移動させる方向で論じることにしたい。

一　治療者・クライエント関係

治療者がクライエントの夢を見るとき、そこに何らかの意味で、治療者の逆転移感情がかかわっていると考えるのは当然のことである。ここでは、そのような観点から考えるが、転移／逆転移という言葉は、その定義が異なるときもあって混乱を招きやすいので、ここは、治療者・クライエント関係のこととして広く考えることにしたい。

治療者・クライエントの関係が良好であり、治療者のクライエント理解もうまくいっているときは、クライエントの夢を見ることは、あまりないようである。治療者があるクライエントを大切に思っているとか、それに対して熱心である、ということと、そのクライエントの夢を見ることとは、関係がないように思われる。やはり、治療者・クライエントの関係について、無意識からのメッセージが何らかの意味で必要なときに夢を見るわけで、その点に対する意識的検討を何らかの形で必要としている、と見るべきである。次にひとつの例をあげる。

夢6　長い夢の後の部分だけ覚えている。Gさんが僕をマイクロバスの運転手と思っている、ということから、僕はGさんにもっとときさくに自由にすべきであると思い、自動車のフロントガラスが曇っているところに、指で、英語で「もっと自由に」と書く。

コメント　半分目覚めて、具体的にどのようにGさんに接するかを考え続けるが、あまりいい考えは浮かばない。

これも随分と以前の夢である。Gさんは離人症の女性で、なかなか治らなかった。今から考えると、相当長期にわたっても当然と思われるが、その頃は未だ様子がわからぬままに何とか早く治したいと思うことが多かった。この夢の場合、記録したときは、「あまりいい考えは浮かばない」と書いているが、何日か考えていて、マイクロバスというのは、クライエント一人ではなく、家族全部を乗せることを意味するのでは、と思いあたった。

運転して「運んでゆく」は独逸語で、tragen であり、この語はドイツ語の転移(Übertragen)を連想させる。実際に、転移関係を表わす夢として、治療者とクライエントが同じ乗物に乗っている夢はよく出てくるものである。その際に、治療者とクライエントのどちらが運転しているか、または、他の人が運転しているかなどのことが大切な鍵となってくる。大学院生の報告のなかにも、マイクロバスに乗るのがあった。また、大学院生の報告ではないが、筆者がスーパーバイズした例では、治療者とクライエントの乗っている車のブレーキがきかなくなっている、などというのもあった。

ところで、この例の場合、筆者はクライエントのみならず、クライエントの家族全体の転移を引き受けてゆかねばならないことを、この夢から決心したのである。非常に興味深いことに、このクライエントの治療の間に、その家族の神経症症状がつぎつぎと消失していったのである。

ガラス窓に字を書くのは、曇ったガラスというところで、治療の見通しの悪さを示しており、字を書いたところだけが透けて見えるわけだから、「もっと自由に」行動することは非常に大切なわけである。この頃は、筆者は心理療法の原則や理論に縛られすぎていたので、こんな夢を見たのであろう。英語で書いたのは、未だ自分のものになっていないというところもあるが、当時はともかく筆者が心理療法を学ぼうとするとき、英語の書物から学ぶばかりだったので、指示を与える際には英語がでてきたのかも知れない。

曇った窓ガラス越しに外を見る、ということは、クライエントが離人症であることに関係しているとも思われる。もっと自由にふるまうことによって、治療者もクライエントも、世界をより鮮明に見ることになるのであろう。

乗物に関連する夢を、もうひとつあげる。

夢7　大阪の地下鉄か環状線の駅。Hさんと二人で切符を買うとき、「大阪二人」と言うと、駅員が英語で、"Same way?" と聞くので、"Yes, the same way." と答える。電車に乗って話している。そのうち、Hさん(後で考えるとIさんらしい感じになっていた)が、何か絵を描くので紙が欲しいと言う。鞄から紙を出そうとしていると、車掌が「見つかった」と言って来る。切符と違う方向に乗ったのを知っていて通報があったと言う。馬鹿なと言って切符を見せると、Same way 行きになっている。地下鉄に Same way という駅があり、それは逆方向だと言う。それは知らなかったし、切符の行先を確認しなかったので悪かったが、と事情を説明する。駅員が納得して、それでは切符を買い戻すので、あらためて買ってくれ、と面倒なことを言う。損をしないように値段の確認をしているところで目が覚める。

コメント　Iさんのことが関係していると思う。同道はするが Same way が目標ではない、ということか?

何だか面白い夢である。京都のバスの終点に「途中」などというところがあるから、案外、Same way などという駅名が存在するかも知れない。こんなところに、英語がひょいと出てくるところも面白く、夢自身のもっているユーモアには、時に感心させられる。

Hさんはそれ以前に教育分析をしたが、それも終了して心理療法家として活躍している人で、IさんはHさんにどこか似たところがあるクライエントである。Hさんと二人で大阪の環状線に乗り、「大阪二人」と切符を買っているところは、まったくの日常風景である。ところが、駅員が英語で話しかけてくるあたりから次元が変り、それは「地下」の旅になり、HさんはIさんに変貌する。

途中で、絵を描くので紙が欲しいなどと言っているのは、治療関係を示唆しているのであろう。そこへ車掌がやってくる。この車掌は、チェックし、コントロールする機能をもった者として現われている。彼の指摘によって、こちらの間違いが明らかになり、「切符の行先を確認しなかったのは悪かった」と言う。このことは、治療の目標の設定に何か思い間違いがあったことを示唆している。あるいは、「大阪」という目的地を知っていながら、どこかで失敗して、Same way を目的地としてしまうようなことになってしまった。

心理療法において、治療者はクライエントの歩む道に、あくまでも同道してゆこうとする。しかし、それは二人がずっと「同じ道」を歩いてゆくことを目標にしているのではない。クライエントが自分自身の道を見出し、自分の足で歩きはじめたとき、われわれは別れてゆかねばならない。当たり前のことのようだが、難しいことでもある。別れることを意識しすぎると、同道するのに熱がこもらない。そのあたりの難しさが問題となっていたIさんとの関係に、かつては同道していたが既に自分自身の道を歩んでいるHさんを重ね合わすことにより、Iさんとの関係を見直す機会が与えられたのである。切符の買いかえをしたり、損をしないように値段の確認をしたりしているが、治療者・クライエント関係を見直す上で、よほど意識化して確実にやらねばならぬことを、このことは示していると思われる。

次にひとつだけ、筆者がチューリッヒのユング研究所で資格を取る以前に、統制分析を行なっていた頃の夢を示す。

夢8 僕はJさんに会いに行く。彼女の結婚に必要な書類を手渡すためである。あるビルディングに入り、十階までエレベーターであがる。十階ではJさんの同僚の女性たちが働いている。Jさんが日本人の知己を持っていることを同僚たちに知られるのは、彼女にとって好ましいことではないだろう、と僕は思う。そこで、彼女に会うのを断念し、書類は後で郵送しようと思う。下には歩いて降りてゆくが、九階に日本の食糧品を売っている店がある。僕はそのようなビルで日本の食糧品が売られていることにびっくりする。安い品を少しだけ買う。僕は統制分析が二百五十時間をこえ、分析料を貰うようになれば、もう少し他のものも買えるだろうと思う。

こんな夢を読み直すと、当時(昭和四十四年)、未だスイスにいる日本人は少なく、外国で暮らす苦労や、経済的な苦労をしながら、資格を取るために努力していた頃が思い出されて、なつかしい気がする。

クライエントのJさんはヨーロッパの女性。分析もそろそろ終りに近づき、実際に結婚する日も近づきつつあった。現在の若い人たちには想像し難いことかも知れないが、当時、筆者は欧米人に対する劣等感を強くもっていて、統制分析を行わねばならなくなったとき、果たして日本人の自分にヨーロッパの人たちの分析治療ができるのか、第一、ヨーロッパの人たちが日本人に分析を受けようなどと思うのだろうか、と随分心配であった。ところが、やりはじめてみると、文化の差をこえて深い人間関係がもてることがわかり、非常に嬉しく思った。ヨーロッパの人たちを分析することによって、筆者の劣等感も少しずつ解消されていったのである。

ところが、この夢のなかでは、筆者は「日本人」ということにこだわっている。日本人の知己を持つことを同僚に知られるのは、Jさんにとって好ましくないと夢のなかで考えているが、これは現実と異なっている。Jさんは実際はそんなことに全然こだわっていなかったし、そのことを筆者はよく知っていた。それにもかかわらずこのような夢が生じるのには、二つの理由が考えられる。

まず、分析も終りに近づいてくると、分析関係が解消され、そこには日常的関係への移行が生じてくるときがある。この時期はちょうどその頃であり、Jさんが結婚することになって、筆者もそれを喜んでいたところもあって、日常生活場面へ、彼女の結婚に必要な書類をもって、入りこんでゆく。結局は「郵送」してもよいものだったらしいから、治療者である筆者が、わざわざ彼女の職場に行くこともなかったのである。そのような戸惑いに、第二の理由、未だ解消し切っていない日本人コンプレックスが結びついて、このようなことになったと思われる。

彼女が十階にいるとの設定は、彼女を高い存在として見ていることを示しているようである(現実には、彼女は高いビルのなかでなど働いていない)。彼女に会うのを断念し、今度は自分の足で歩いて降りようとすると、九階に日本の食糧品が売ってあることがわかり、驚いてしまう。ヨーロッパと日本の文化は筆者の内界で思いの外に入り混じっていたのである。実際、当時はこんなことはまったく考えられないことであった。

このことは、筆者の日本人としての劣等感が、それでも相当に解消されてきていること、それにはJさんとの関係が大いに役立ったことを示唆している。ただ、筆者は「安い品を少しだけ買う」くらいの力しかない。その次の文章には注釈が必要であろう。当時、ユング研究所では、統制分析を二百五十時間以上することが資格を得るための条件のひとつであった。そして、その二百五十時間に達するまでは、クライエントからの料金はすべて研究所に納められ、それ以後は、その料金を個人が貰うことができるのである。

当時、筆者は随分と切り詰めた生活をしていたので、せっかく日本の品があっても安物しか買えず、「分析料を貰うようになれば、もう少し他のものも買えるだろう」というのは、当時の生活の実態そのままではあるが、これは、資格を取るくらいになれば、自分の能力ももう少し高まるだろう、というふうに読みかえることもできるであろう。この夢は、治療者とクライエントの距離の取り方、ヨーロッパと日本との距離、などについて考えさせられた夢であった。

劣等感の解消などと一口で言っても、それを行うのには長い年月と相当な努力を要するものである。欧米人に分析を受けたり、分析したりの経験によって、当時は相当にそれが解消したと思っていたが、この夢の示すとおり、未だ努力を要するわけで、その後の長い年月と経験を経て、やっとこの頃では大分ましになったかなと思っている。

二　治療者の状況

これまで示してきたように、治療者の見るクライエントの夢は、クライエントのことや、クライエントとの関係などについて多くの情報を与えてくれるが、それが治療者自身について語っているところも大である。これらすべてがひとつとなって表現されるのが、夢の特徴であるが、比較的後者の方に比重がかかっていると思われる夢を次に示す。

夢9　カルメンの公演をする。主演はKさん、僕はその主催者という感じ。会場(未知、講堂のようなところ)には聴衆が来ているが、それ程多くはない。出演者はどうしたのかと思ってやや焦っていると、赤い服を着た子どもの合唱隊が来る。舞台へそのまま上がるかと思っていると楽屋裏の方へ行く。つづいてKさんも来る。Kさんが楽員を連れてくる。これで、歌劇の公演ではなく、Kさんがカルメンのなかのアリアを歌う独演会とわかる。これより前、会場の入口に車椅子に乗った人たちがいて入場を要求している。何か身体障害者のための坐り込みのようである。未だ問題は解決していないのだが、僕は自分の独断でみんなを入れる。責任はとるから、と言っている。

僕が指揮をしなければならぬと知り、しかも、広告にはカルメンの公演のように書いてあるので戸惑ってしまう。指揮をするにしてもスコアがない。Kさんに、恥ずかしいけれど誰か持ってないかと聞くが、ないと言う。いっそのこと、楽員の誰かに指揮を頼み、僕はカルメンの筋書き語りをやろうかと思う。一方では、ごまかして指揮をしようかと、カルメンの前奏曲のふしを思い出したりしている。当惑のうちに目が覚める。

コメント　昨晩、クライエントのLさんが酔って電話してくる。その荒れ方の予想外にひどいのに驚く。今日Mさんを引き受ける約束をしたし、Nさんのことも考えると、力量以上の仕事を引き受けたこと、それにスコアが無いという点から「全体的見通しが無い」と思う。自分は指揮者ではない協演者であるべきだ。

ユングの類型論で言うと、筆者にとって、感情機能は劣等な方に属している。音楽ということは、感情表現ということとの関連で、筆者の夢のなかにしばしば生じてくる。いつも、それは劣等な感情機能をいかに生きるか、という点について、いろいろなことを告げているように思われる。カルメンというのは自分の感情に忠実に生きた女性である。夢に出てきたクライエントのKさんは、感情の激しい人で、カルメンを演じるのはふさわしいと感じられるところのある人である。

この夢では、はじめのあたりは、カルメンの公演で、筆者は主催者ということだったが、Kさんの独演会ということに話が変ってくる。次に大切なのは、身体障害者の人たちのための坐り込みに対して、「未だ問題は解決していないのだが、僕は自分の独断でみんなを入れる。責任はとるから、と言っている」ことである。この後、夢は変って、筆者は指揮をしなくてはならず、しかもスコアがないという状況に追いこまれる。まさに「問題は未解決のまま、責任をとらされる」ことになってきたのだ。コメントに書いているように、筆者はここで、クライエントの、L、M、Nさんのことを考えている。「力量以上に仕事を引き受け」ることは、筆者の欠点である。この日に引き受けたMさんも、時間的に無理と思いつつも約束してしまったのである。

クライエントをどの程度お引き受けするか、は大変難しい課題である。困っておられる人に会うと、つい引き受けたくなる。それは、この夢のなかでも、坐り込みの人たちを独断でなかへ入れたりするところによく表わされている。しかし、酔っぱらって電話してくるクライエントの「荒れの予想外にひどいのに驚い」たりしているのだから、一人の人を引き受けることによって、まったく予想外——というところにこちらの未熟さがある——のエネルギーの消耗を強いられることになる。そして、うっかりすると「スコアがないのに、急に指揮をさせられる」ような状況に追いこまれて、つぶれてしまうことにもなる。

困った状況に追いこまれつつ、それでもしぶとく、ゴマカス手段をいろいろと考えているところは、笑いを誘われるが、やはり、よい方法はなく「当惑のうちに目が覚める」。つまり、この困難な課題の解決は、意識的な努力にゆだねられたのである。

歌劇の公演という主題も興味深く感じられた。つまり、歌劇を行うには実に多くの協力者を必要とする。舞台に出ている人だけではなく、オーケストラも必要、舞台裏で働く多くの人も必要、と考えてゆくと、ひとつの公演のために動く人数は莫大なものになる。しかし、考えてみると、心理療法も同様である。治療者とクライエントのみ、あるいは、独演者としてのクライエントのみが目立つとしても、その進展に伴ってどれほど多くの人の協力を必要とするか測り知れないのである。治療者はこのことをよくよく知っていなくてはならない。自分の意識していないところで、思いがけぬ苦労を他人に強いているかも知れないのだ。しかし、当時はまだまだこのことが解っていなかったようだ。

この夢を見たときは、無力感に襲われて、「自分は指揮者ではない、協演者であるべきだ」と書いている。しかし、そんな単純なことでいいのだろうか。心理療法を歌劇の公演にたとえるなら、いったい治療者はそのなかで、どんな役割を担っているのか。このことは、その後も何度も考えた課題である。おそらく、ひとつの役に固定した答はないであろう。それぞれの場合に応じて、治療者はいろいろな役割をやらされるのだ。指揮者のときもあるだろうが、聴衆として拍手する役になるときもあるだろう。大切なことは、そのときにふさわしい役を見出し、それをうまく演じることであろう。役割を固定していては、駄目のように思われる。もっとも、自分の得意の役、苦手の役というものも知っておくべきであるが。

「坐り込み」の人たちのイメージは、当時の学生たちとの団交の状況につながる。学生たちの団交は筆者にとってあまり苦になるものではなく、いくらでもつき合っていたし、どのような場面においても、そのために心理療法の仕事を邪魔されることはなく、それは守り抜いた。しかし、若者たちの無意識は、筆者の無意識に作用して、このように夢のイメージのなかに出てきたりして、そのような深いレベルでは、学生たちの「要求」――彼らにとって無意識な――に正面から対応しようとしてきた。しかし、このために、どうしても時間がなくなったり、エネルギーが不足したり、結局はこの夢のように混乱した状態に追いこまれることも、よくあった。この頃のコメントのなかに、「できもしないのに仕事を増やすことは、いつになるとなくなるのか」と嘆いているところがある。

この夢の後で、自分の全体状況をよく考え、心理療法の仕事以外で削られるもの、断れるものは思い切って整理をし、ケース全体の見通しということについて、いろいろと丹念に検討してみた。こんなときにいつも面白いと思うのは、一見大事そうに見える仕事や約束でも、やめると決心すると、ほとんどそのとおりにできるということである。そのようにして、少し心理療法の仕事全体について、ある程度のめどがつきそうに思ったとき、次のような夢を見た。

夢10　ユング研究所で、リックリン博士から資格を貰う。(長い夢であったが、記録を怠っているうちに忘れてしまう。)

これは後で記録をしようと思っているうちに詳細を忘れてしまったらしく残念だが、ともかく「資格を貰う」ことを記している。リックリン博士は、筆者が留学中のユング研究所所長で、彼からユング派分析家の資格を貰ったのである。ところで、夢のなかで再び彼から資格を貰うことになったが、この意味は明らかで、夢9に示されるような状態を何とか乗りこえたときに、分析家としての資格を更新し得たことを示している。心理療法家の「資格」というものは、常にこのような内的な更新を必要とするものではなかろうか。考えてみると、その後何度もこのような「更新」の経験をしてきたようである。常に自ら「資格」を更新し続けることが、専門家としての「資格」であろう。

三　個を超えて

治療者とクライエントの関係が、個人と個人としての関係としてよりも、むしろそれを超えたものとして体験されることが、特に夢のなかでは生じやすいと思われる。転移／逆転移を考える際に、その「深さ」について考慮することが必要であり、それは「強さ」と区別して考えるべきである、と論じたことがある。(6) 深い転移関係の場合は、個人的関係を超え、それは治療者・クライエントという区別をも超えるような体験となる。次にひとつの夢を示す。十年以前のもので、これまで示してきた夢のなかでは、もっとも新しいものである。

夢11　どこかの精神病院の食堂のようなところ。ノイローゼの人の家族に会って何か説得していた。そこへひどい精神病で仮面状の顔をした人などが入ってきて、あんなひどい病気もあるとか説明していた感じ。そのうちまた一群の人が入ってきて、僕の後ろに坐る。患者は小さい男の子で、完全な緘黙状態のよう。ところが、その子が僕の背中にもたれてくる。そのままにしているとだんだんと心が通ってきた感じで、こちらに抱きついてくる。姿勢をかえ正面から向き合って抱きあげると、表情が動くので、あれ？と思う。家族はそれを見て驚き、嬉しそうである。そのまま抱いていると、ものを言いはじめ、「これは分裂病じゃなかった」と思う。……その人は実は成人で（四十歳過ぎ）、アメリカに留学したときのショック？で、このような状態になっていたと言う。そして、その人は大いに感謝するし、僕も嬉しい。

コメント　最初に会っていたノイローゼの家族とのことにも、何か夢を考える上での鍵があったようだが忘れた。寝る前、精神病についていろいろ考え、ノイローゼの患者さんと分裂病の患者さんとの差について考えていたことが、この夢に関係しているようだ。アメリカでのショックについてはOさんを思い出す。しかし、これはむしろ僕の心のなかの硬い部分が、これで癒されたのかと思う。

この夢は、ノイローゼと分裂病の差について、クライエントのことをいろいろ考えて寝た夜に見たものである。何かその点でも理解を深める鍵のようなことが、夢に示されていたが、それを把握できなかった。アメリカでのショックを受けてノイローゼ状態になったクライエントOさんを、この夢から連想しているが、むしろ、Oさんのことよりも、自分自身が癒される感じを強くもった。これには既に述べたように、自分がアメリカに留学し、そこで苦労し、アメリカ人に対する劣等感をなかなか克服できなかったということも関連している。つまり、この夢では、いったい自分は癒す側なのか、癒される側なのか判然としないのである。

この夢では、ものも言えなくて、分裂病かと思われるような子ども（後で成人になるが）が、身体を接触させているうちに、だんだんと表情が出てきて、ものも言いはじめるところが感動的であるが、これは筆者がこの子を癒したという感じではなく、個人を超えた癒すはたらきが、両者の間にはたらいたという感じが強い。この子どもが一瞬のうちに成人になる点から考えても、これは現実の個人ではなく、超個的な存在であると考えられる。

このような感じ方がだんだんとわかってくるにつれて、自分がこのクライエントを治すとか、引き受けるのだ、という気持がなくなって、自分の個人的な力に頼ろうとしなくなってくる。これは、夢9を見た頃の感じとは大分異なっている。その頃は、夢9に示されているように、自分が「指揮者」になろうとしがちだったと思う。そんなときは、どうしても無用な疲れがたまって、治療者の方がつぶされそうになるのである。

次の夢は、夢11を見た後に見たものである。

夢12　たくさんの人が集って討論をすることになる。一方のリーダーとしてユング派の分析家ヒルマンが、「感情を表現することを可とする」といったことを主張する。それに対して反対するものがグループをつくるわけだが、クライエントのPさんが嬉しそうな顔をして、"beyond!"と言う。これは自分がヒルマンに対抗するという意味も、もっていることになっている。そうすると、約半数の者がそちらにつく。そこで討論ということになるのだが、僕は何だか論理的に考えて、ヒルマンの方が負けるに決まっていると思う。
beyond という言葉が印象的であった。

ここでは、ヒルマンという分析家のリードするグループと、Pさんというクライエントのリードするグループが対抗し、後者の方が勝つことになっているのが興味深い。もっとも、ビヨンドという言葉が、そのような勝負などということも超えられてしまうことを示唆しているが。

ヒルマンは現存するユング派の分析家のなかで、筆者が一番強い影響を受けている、と言ってもいい人である。

人間のたましいの重要性を強調する人で、西洋近代の自我の確立に治療の目標をおく人とは対立的な考えをする人である。

この夢で、「感情を表現する」ことに、まず強調点がおかれる。このことは心理療法に従事している者なら、誰でも同意するだろう。近代になって人間の理知的側面が強調されるあまり、人間は感情をおさえて理知的にものごとを判断することを高く評価し過ぎるようになった。あるいは、感情を表わすにしても、対人関係を円滑にすることに重きをおきすぎて、いわゆる否定的感情は抑圧することになりがちであった。このため、人間の心の深層に至ろうとするものは、必ずこのおしこまれた感情の貯留地帯に突き当ることになる。人間の自我をその深みにつなぐ、つなぎ目のところに感情のかたまりがあり、それが凝固していればしているだけ、自我はたましいと切れた存在となってしまう。

このような事情から、心理療法においては人間の感情ということが非常に大切となった。もっとも、このような非理性的存在とかかわり合うことによって、心理療法がこれまでの「学問」の範疇に入り難くなるということが生じてきたが、それにもかかわらず、われわれ臨床家は、感情を正面から取り上げざるを得ないのである。ただ、感情の問題は浅薄に理解され、感情の発散が心理療法の目的であるかの如く思われたりしているが、感情の発散と表現とは、大いに異なっている。

感情の発散は文字通り発散するだけである。このことも心理的負担を一時的に軽減するので、少しは意味があるが、本来的に治療的価値は薄い。やはり、それが感情表現となるときに治療的になるのである。そのことを狙うからこそ、治療的な関係と、日常会話とは異なってくる。感情の発散現象は、日常的経験のなかでいろいろと生じている。感情を表現するためには、その人の自我が主体的にかかわることが必要であり、その表現が他者に理解されることが望ましい。感情の表現を通じて、自我が他者の理解を得ようとしているとき、それはとりも直さず、自らの心の深層へのつながりを模索していることになる。

このような意味で、感情表現は心理療法において大切なことに間違いはない。しかし、それに溺れこむとセンチメンタルになる。このようなセンチメンタリズムは、カウンセラーもどきのような人によく見られるが、そのことは不問にしておこう。そのレベルを超えたとしても、感情表現にこだわると、それは問題を自我のレベルに固定してしまうことになる。自分が自分をいかに表現し、いかに相手に理解して貰うか。あるいは、理解して貰えるようになった嬉しさ、などに目標をおくと、個人と個人との関係に縛られてしまって、人間存在のもつ超個性、人間のたましいのもつ没我的側面を見逃してしまうのである。そのようなとき、治療者・クライエント関係は、まったく個人的なものに堕してしまう。

治療者・クライエントは、ある程度の個人的関係を結び、その支えを必要としなくなったときにその関係を解消または切断して、治療が終る、というのは、問題の探究のレベルの浅い場合である。むしろ、治療者・クライエント関係が、極めて深くなるときは、個人を超えてゆくので、別に個人的に定期的に会う必要がなくなり、治療関係という形態が解消される。しかし、その「関係」は解消も切断もされていない。それぞれが自分の道を歩んでゆく。しかし、関係は切れていないのである。このように考えるとき、「感情表現」を最もよしとする態度は超越《ビヨンド》されねばならないのである。

ところで、このような考え方は、むしろ、ヒルマンの主張するところに一致するものである。夢はここでよくやるイタズラをして、逆に感情表現をヒルマンが主張し、クライエントのPさんが「ビヨンド」を主張し、しかも、筆者は論理的に考えて、Pさんが勝つと判断している。ここに、いろいろなパラドックスが含まれているのだ。第一、Pさんの方が勝つにしろ、この二つのグループはほとんど半数に分かれているところから見ても、勢力は伯仲しているのである。このことは、先に感情表現とそれを超えることについて、ながながとわかったようなことを述べてきたが、いったいどちらが正しいのかについて、筆者の心は半分に割れて拮抗しているのである。あるいは、超越というものは、このような拮抗を基礎としてこそ生じてくる、と考えるべきだろうか。このような細部について考えてゆくと、夢のイメージというものは、本当にうまくできていると感心せざるを得ない。

以上の諸点を考えながら、夢のイメージについて考えてみると、まず、ヒルマンが超越の方ではなく、感情表現の方を主張しているのは、まずこれは夢で時々生じる反転現象かと思われる。たとえば、Aがよい、Bが悪いとそれまで判断していたのに、Aが悪くBがよいというような反転が夢のなかで生じる。これはそれまでの判断規準について思い返す必要があったり、既に判断の変更が生じつつあることを示している(必ずしもまったく逆にする必要はない)。この場合も、それまでは「感情表現」を大切に思っていたのだが、このあたりでそれに対する考えが既に述べたように変わりつつあるので、このような反転が生じたと思われるのである。

このようにも考えられるが、筆者としては、クライエントのPさんが「ビヨンド」と言っていることに意味を感じる。つまり、これは個人としてのPさんではなく、「病める者」を代表して言っているのであり、病むことこそ超越に至る道であることを彼女が主張していると感じられる。そして、興味深いことに、このような病むことの意味の指摘は、ヒルマンが常に行なっているところなのである。従って、これはヒルマンの主張しているところではあるが、クライエントがそれを主張するところに深い意味があると思われる。

この夢はまた、ヒルマンという個人に筆者があまりに追随しないようにとの警告も含んでいるとも思われる。ユング研究所から帰国して以来、相当の期間にわたって、筆者は外国のユング派の分析家とはあまり親しいつき合いをせず、むしろ、一人で自分勝手な道を歩んできた。そして、自分の考えや方法は、一般のユング派とは大分異なるのではないかなどと感じていた頃、ヒルマンの論文に触れ、その考えに同調し、自分と同じようなことを考えている人がいることを嬉しく思ったのである。しかし、だからと言って、それがヒルマン個人への傾倒となってゆくと、知らぬまに、また個人的レベルに落ちてゆき、彼が本来主張している考えに反してしまうのである。このようなパラドックスの存在を考えると、ヒルマンの考えに従いつつ、ヒルマンが勝負に敗れる側にいる夢を見た意味も感じられる。

この夢は、夢のイメージが示しているように、筆者の心のなかでは考えが対立拮抗するような状態であったが、その後、この夢の示す方向に向かって生きてきたように思う。その点で、これは筆者にとって大切な夢のひとつであった。

四　おわりに

還暦を記念しての論文ということで、筆者が心理療法家として歩んできた軌跡が、ある程度明らかになるようなものを書きたいと思っていた。それでも、はじめに述べたように、自分の内面を示すことには大分抵抗があった。それが、大学院生たちの夢の報告に大いに刺激され、元気づけられて、自分の夢を多く公開することになってしまった。

学生部長という職についたため、論文を書くような気分になかなかなれずに延引を重ねていたが、いざ書くと決心すると一気に書けてしまい、枚数も思いの外に多くなったので、二部に分けて発表することにした。

書いているうちに、少し過去への自分の想いが入りこんできて、論文にしてはやや、個人的、懐古的なところが出てしまって申し訳ないと思う。懐古的なことばかりを楽しみはじめたら、人間ももうおしまいと思っているが、そんなところが出てきて、やはり自分も年をとったと思う。それでも本論は過去のみではなく、少しは未来に向いた部分もあろうか、と自ら慰めて発表することにした。ここにあらためて、報告を提出して下さった大学院生たちに、お礼を申しあげる。

注

（1）河合隼雄『明恵 夢を生きる』京都松柏社、一九八七年。これを読んでいただくと、筆者の夢に対する基本的態度が了解されるだろう。〔本著作集第九巻所収〕
（2）河合隼雄「夢のなかの治療者像」、『心理療法論考』新曜社、一九八六年。〔本巻所収〕
（3）ヤッフェ編、河合／藤縄／出井訳『ユング自伝』1、みすず書房、一九七二年。
（4）河合隼雄「夢の中の二重身」、『影の現象学』思索社、一九七六年。同書は現在講談社学術文庫（一九八七年）、として出版されている。
（5）グッゲンビュール、樋口和彦／安渓真一訳『心理療法の光と影』創元社、一九八一年。
（6）河合隼雄「箱庭療法と転移」、河合隼雄・山中康裕編『箱庭療法研究2』誠信書房、一九八五年。

解　題

■心理療法序説

京都大学を定年で退職する際に、「卒業論文」のようなつもりで、自分のそれまでの心理療法の経験を踏まえて、ひとつのまとめとして発表した。心理療法というものは、長い間やっていても、開き直って「いったいそれはどんなものなのか」と尋ねられると答に窮するような、つかみどころのないものである。それを、いろいろな角度から論じつつ、できる限り本質的なことに迫るように努力して書いたつもりである。これを「序説」としたのは、まだまだわからぬところが多く、今後もずっと考え続けてゆかねばならぬ、という気持を反映している。

心理療法について細かい技法的な点に注目すると、それはそれで何冊かの書物になると思うが、本書ではそれらの議論に至るまでの、そもそも心理療法とはどんなことかという点に焦点を当てて、少しくどいと思われるほどに、あれこれと論じたものである。従って、心理療法の専門家に実際的な意味で役立つというよりも、人間に関する多くの他領域の専門家に何らかのヒントを提供することの方が多いのではないか、とも思われる。

最初の頃は、「心理療法は科学であるか」という点にひたすらこだわっていたのだが、問題点がだんだんに拡がって、ここに述べたような考えへと展開していった、と言うこともできる。

心理療法については、専門的な論文が多くあるが、本著作集には収録しなかった。やや専門的であるが、一般の読者にも興味が持て、私の心理療法に対する基本姿勢がわかるようなものとして、次の四稿を選んだ。

■箱庭療法の理論と実際

箱庭療法(Sandplay Therapy)は心理療法のなかの技法のひとつである。それをわざわざここに取りあげたのは、これの創始者であるドラ・カルフさんの跡をついで私が第二代目の国際箱庭療法学会の会長をしており、指導のために外国から招かれることも多く、私にとって非常に重要なものと考えるからである。入門として読みやすく書いてあるので、一般の読者も読めるし、箱庭療法についてのみならず、私の心理療法全般に対する考え方もよく示されていると思っている。

■自我・羞恥・恐怖

対人恐怖症というノイローゼは、日本に特に多いものとして注目されてきた。従って、本文中にも紹介しているような多くの論議がこれまでになされてきた。これに対して、私は日本人の自我の在り方に注目するという視点を導入し、それに夢分析の結果を援用するという方法によって論じた。これを発表した一九七五年頃は、まだ夢分析ということが一般には知られていなかったが、そろそろいいタイミングだろうと思って、『思想』に発表した。

■夢のなかの治療者像

『精神療法』という専門誌に寄稿したものであるが、ユング派の分析の中核となる夢分析について論じたものを、少しは本著作集のなかにいれたいと思い、これとつぎの論文を収録することにした。クライエントの見る夢にあらわれる治療者の姿に焦点を当てて論じたが、夢というものが、いかにある種の「真実」を語るものか、あるいは、「真実」を語るものとして夢を受けとめることが、どれほど意義あることか、が具体例によって示されている、と思われる。

■夢のなかのクライエント像

先の論文に呼応するものではあるが、本文中にも述べているように、自分自身の夢を公表することには迷いがあった。しかし、これは、私の還暦祝に京都大学の臨床心理学教室の皆さんが論文集を出版して下さるのに寄稿したので、少しサービス精神を発揮して書くことにした。

心理療法家としての私の理想は「何もしないことに全力をあげる」と冗談を言ったりしているが、「何もしない」外見の裏で、心理療法家がいかに内面的な仕事をしなくてはならないかを示している例として、読んでいただくと有難いと思う。クライエントの自己実現の歩みにつき沿っていると、こちらも何らかの仕事をすることを強いられるのである。その過程のなかで、夢がいかに重要な役割をするかを示し得たと思っている。

初出一覧

序説　専門職としての心理療法家　書下し。

I

心理療法序説　『心理療法序説』一九九二年二月、岩波書店刊。

II

箱庭療法の理論と実際　『児童心理』一九七一年十一月号、十二月号、金子書房。『カウンセリングと人間性』一九七五年一月、創元社刊に所収。

自我・羞恥・恐怖　『思想』一九七五年五月、岩波書店。『母性社会日本の病理』一九七六年九月、中央公論社刊に所収。

夢のなかの治療者像　『精神療法』一九八二年第四号、金剛出版。『心理療法論考』一九八六年二月、新曜社刊に所収。

夢のなかのクライエント像　『臨床的知の探究』上・下、一九八八年六月、創元社刊。

■岩波オンデマンドブックス■

河合隼雄著作集 3
心理療法

1994年 9月12日　第1刷発行
1998年 2月5日　第2刷発行
2015年11月10日　オンデマンド版発行

著　者　河合《かわい》隼雄《はやお》

発行者　岡本　厚

発行所　株式会社　岩波書店
〒101-8002 東京都千代田区一ツ橋 2-5-5
電話案内 03-5210-4000
http://www.iwanami.co.jp/

印刷／製本・法令印刷

ISBN 978-4-00-730312-8　　Printed in Japan